12套交易理论大师投资课

让你在家学完

护城河工 ◎ 著

图书在版编目（CIP）数据

12套交易理论让你在家学完大师投资课/护城河工著. -- 上海：立信会计出版社, 2015.8
（擒住大牛/荣千主编）
ISBN 978-7-5429-4717-8

Ⅰ.①1… Ⅱ.①护… Ⅲ.①股票投资—基本知识
Ⅳ.①F830.91

中国版本图书馆CIP数据核字（2015）第136352号

策划编辑　蔡伟莉
责任编辑　陈　昕
封面设计　久品轩

12套交易理论让你在家学完大师投资课

出版发行	立信会计出版社		
地　址	上海市中山西路2230号	邮政编码	200235
电　话	（021）64411389	传　真	（021）64411325
网　址	www.lixinaph.com	电子邮箱	lxaph@sh163.net
网上书店	www.shlx.net	电　话	（021）64411071
经　销	各地新华书店		
印　刷	廊坊市华北石油华星印务有限公司		
开　本	787毫米×1092毫米	1/16	
印　张	14.5	插　页	1
字　数	229千字		
版　次	2015年8月第1版		
印　次	2015年8月第1次		
书　号	ISBN 978-7-5429-4717-8/F		
定　价	42.00元		

如有印订差错，请与本社联系调换

为今天我们所见到的道氏理论，而他们所著的《股市晴雨表》《道氏理论》也成为后人研究道氏理论的经典著作。

道氏理论在19世纪30年代达到了辉煌的巅峰。那时，《华尔街日报》以道氏理论为依据每日撰写股市评论。1929年10月23日，《华尔街日报》刊登《浪潮转向》一文，正确地指出"多头市场"已经结束，"空头市场"的时代来临，而这篇文章是以道氏理论为基础提出的预测。紧接这一预测之后，果然发生了可怕的股市崩盘，于是道氏理论名噪一时。

为了褒奖道氏对投资市场研究的贡献，美国市场技术家联会颁给道琼斯公司一个哥翰银碗，以表扬查尔斯·道对投资分析界的贡献。道氏理论至今仍被权威人士视为反映股票市场活动的晴雨表以及市场技术分析的一个有力工具。

2. 道氏趋势理论的三个假设

那么，道氏理论的精髓在哪里呢？道氏理论的设计原理是什么呢？

关于这一点，罗伯特·雷亚在所有相关著述中都曾强调，道氏理论在设计上是一种提升投机者或投资者知识的配备或工具，并不是可以脱离经济基本条件与市场现况的一种全方位的严格技术理论。根据定义，道氏理论是一种技术理论；换言之，它是根据价格模式的研究，推测未来价格行为的一种方法。

道氏理论提出一个目前成为现代金融理论之公理的命题，即：任一个个别股票所伴随的总风险包括系统性与非系统性风险。其中，系统性风险是指那些会影响全部股票的一般性经济因素，而非系统性风险是指可能只会影响某一公司而对于其他公司毫无影响或几乎没有影响的因素。

而这一套理论在很大程度上市基于以下三个假设。

假设1：人为操作。指数或证券每天、每星期的波动可能受到人为操作，次级折返走势也可能受这方面有限的影响，比如常见的调整走势，但主要趋势不会受到人为的操作。

关于这个假设，一些股民朋友可能会觉得庄家能够操作证券的主要趋势。事实上，就短期而言，庄家如果不操作，这种适合操作的证券的内质也会受到他人的操作；而就长期而言，公司基本面的变化不断创造出适合操作证券的条件。总的来说，公司的主要趋势仍是无法人为操作，只是证券换了不同的机构投资者和不同的操作条件而已。

第一章 道氏趋势理论

一、道氏趋势理论的理论精要

1. 道氏趋势理论的形成

道氏趋势理论（简称道氏理论）是技术分析的理论基础。事实上，许多现代技术分析方法的基本思想都来自于道氏理论，因此股民朋友在学习操盘理论时一定不能忽略了道氏理论。

道氏理论是由查尔斯·道（1851—1902）创造的。道氏理论最早被用于股票市场，以此判断股市的升跌，看经济的兴衰。其后，他的继承人威廉姆·P.汉密尔顿（William Peter Hamilton）与罗伯特·雷亚（Robert Rhea）将道氏理论发扬光大，让道氏理论成为推测投资市场走势的一种工具。

查尔斯·道曾经在股票交易所大厅里工作过一段时间。后来，查尔斯·道设立了道琼斯公司，出版《华尔街日报》，报道有关金融的消息。1900—1902年，查尔斯·道充任编辑，写了许多社论，讨论股票投机的方法，事实上，他并没有对他的理论作系统的说明，仅在讨论中作片段报道。查尔斯·道在1894年创立了股票市场平均指数，他的全部作品都发表在《华尔街日报》上。1902年12月，查尔斯·道逝世，华尔街日报记者将其见解编成《股市投机常识》一书，从而使道氏理论正式定名。随后，威廉·P.汉密尔顿和罗伯特·雷亚继承了道氏的理论，并在其后有关股市的评论写作过程中，加以组织与归纳而成

二、相反理论的量化数据 /74
三、相反理论的测市指南 /75

第七章 市场轮廓理论 /77
一、市场轮廓理论的理论精要 /77
二、市场轮廓理论的四度详解 /80
三、市场轮廓理论的实战综合 /83

第八章 K线理论 /85
一、K线理论的理论精要 /85
二、K线理论的基础分析 /88
三、K线理论的实战综合 /105

第九章 均线理论 /113
一、均线理论的理论精要 /113
二、均线理论的形态种类 /118
三、均线理论的实战综合 /123

第十章 量能理论 /132
一、量能理论的理论精要 /132
二、量能理论的规律形态 /135
三、量能理论的实战综合 /146

第十一章 缺口理论 /158
一、缺口理论的理论精要 /158
二、缺口理论的形态种类 /160
三、缺口理论的实战综合 /167

第十二章 形态理论 /177
一、形态理论的理论精要 /177
二、形态理论的形态分析 /179
三、形态理论的形态实战 /183

目 录

第一章 道氏趋势理论 /1
一、道氏趋势理论的理论精要 /1
二、道氏趋势理论的分析方法 /6
三、道氏趋势理论的实战综合 /12

第二章 艾略特波浪理论 /17
一、艾略特波浪理论的理论精要 /17
二、艾略特波浪理论的形态判别 /25
三、艾略特波浪理论的实战综合 /33

第三章 江恩周期理论 /36
一、江恩周期理论的理论精要 /36
二、江恩周期理论的操作规则 /43
三、江恩周期理论的测市工具 /48

第四章 亚当顺势投资理论 /57
一、亚当顺势投资理论的理论精要 /57
二、亚当顺势投资理论的应用原则 /59
三、亚当顺势投资理论的实战策略 /62

第五章 黄金分割理论 /63
一、黄金分割理论的理论精要 /63
二、黄金分割理论的计算画法 /64
三、黄金分割理论的实战综合 /67

第六章 相反理论 /72
一、相反理论的理论精要 /72

掌握这些理论是不现实的，事实上，能透彻把握一些基本的、经典的理论已经是难能可贵了。因此，《12套交易理论让你在家学完大师投资课》特别精选了道氏趋势理论、艾略特波浪理论、江恩周期理论、亚当顺势投资理论、市场轮廓理论等趋势性理论以及均线理论、缺口理论、形态理论、K线理论等实战型理论来做量化讲解，希望这些经受住了市场检验的经典理论能为投资者的股票投资带来帮助。

  本书试图解决两个问题：首先，很多投资者因为不是专业投资股市，没有时间去掌握有关股市理论的内涵，因此，本书技术分析着眼于简单易懂，拨开股市理论复杂难解的迷雾，将其最精髓的部分提炼出来与读者共同分享；其次，让理论更好地指导实战，本书在操作和应用上都十分简单，投资者对比较晦涩难解的理论内因可不予理会，只要掌握操作原理就可以应用的得心应手了。这是一种高效率的投资技巧与策略。

  在某种程度上，理论比技术更重要，投资者要有所作为，建立正确的投资理念是基础。但是需要特别提醒投资者的是，任何一种理论都不是完美的。所以对于任何一个理论，既不要嗤之以鼻，也不要奉为神明。

  一位股票投资大师曾经说过：我们进股市为了什么？如果是为了赚钱而进股市，结局就是赔钱，最终退出股市；如果是为了改变人生品质，不但自身素质生了很大的变化，人生充实了，知识丰富了，而且也赚到钱了。

  愿每一位投资者都能在股市中圆自己的财富梦想，在股市搏杀中丰富自己的人生！

前 言

1602年,世界上第一个股票交易所创建于荷兰。400多年来,随着股市的发展,逐步形成了林林总总的股市理论,这些理论试图从不同的角度解析股市,找到股价每天涨涨跌跌的原因。例如,道·琼斯的"道氏趋势理论",江恩的"时间周期理论"和艾略特的"波浪理论"等。这些理论对投资者的投资行为起到了先导作用,也曾在股市中屡建奇功。

股市理论记录了股价走势和股市趋势,是每一个进入股市的投资者都必须了解的基本知识,新股民更应注意这一点。证券市场是一个博弈的场所,要想在这里生存下去,并且取得辉煌的成就,就必须要有坚实的基本功。股票投资理论就是股市中的基本功,只有掌握了正确的投资理论,并且将理论联系实际,用理论知识指导操作实践,才有可能成为一位成功的投资者。

一些股民认为,股市理论不过是阳春白雪,看着好看,但却很难用于实践,对实际股票操作也没有什么帮助。这是一个很大的误解。不识庐山真面目,只缘身在此山中!理论是从实际中总结出来的,理论可以从宏观上指导我们的实践。如果仅仅看到某些漩涡和逆流,而看不到历史长河的奔腾,只能说明观察者的短视。那些目光短浅的每天锱铢必较,斤斤计较于今天涨几分,明天跌几角,患得患失,总想精确预测股市的人,其结果只能是海森堡所说的:越想测准就越测不准。相反,如果你能了解并通过股市理论对股票市场建立一个完整的概念,那么你就有了更大的视野和驾驭全局的战略眼光,在操作股票时,你就能更好地把握并预测股市大的走势。

股市在不断地完善发展,也决定了股市理论创新的无穷尽。投资者要全部假设2：市场指数会反映每一条信息。例如，在我国每一位对于金融事务有所了解的市场人士，他所有的希望、失望与知识，都会反映在"上证指数"与"深圳指数"或其他的什么指数每天的收盘价波动中。因此，市场指数永远会适当地预期未来事件的影响。如果发生火灾、地震、战争等灾难，市场指数也会迅速地加以评估。

在中国的股市中，我们也可以看到，市场受消息面影响非常大，人们每天对于诸如财经政策、扩容、领导人讲话、机构违规、创业板等层出不穷的题材不断加以评估和判断，并不断将自己的心理因素反映到市场的决策中。不断变化的基本面使得股市的走势变得愈加复杂，因此，对大多数股民来说市场总是看起来难以把握和理解。

假设3：道氏理论是客观化的分析理论。成功利用道氏理论协助投机或投资行为，需要深入研究，并客观判断。当主观使用它时，就会不断犯错，不断亏损。

一个不容忽略的事实是，市场中95%的投资者运用的是主观化操作，这95%的投资者绝大多数属于"七赔二平一赚"中的那"七赔"人士。

3. 道氏趋势理论的五个定理

定理1：三种趋势。股票指数与任何市场都有三种趋势：短期趋势，持续数天至数个星期；中期趋势，持续数个星期至数个月；长期趋势，持续数个月至数年。在任何市场中，这三种趋势必然同时存在，只是彼此的方向可能相反。

在三个趋势中，长期趋势最为重要，也最容易被辨认。它是投资者的主要考量，对于投机者较为次要。

中期趋势虽然对于投资者仍是较为次要，但却是投机者的主要考虑因素。它与长期趋势的方向可能相同，也可能相反。如果中期趋势严重背离长期趋势，则被视为是次级的折返走势或修正。在这里要提醒股民朋友注意，次级折返走势必须谨慎评估，不可将其误认为是长期趋势的改变。

短期趋势最难预测，唯有交易者才会随时考虑它。投机者与投资者仅在少数情况下，才会关心短期趋势：在短期趋势中寻找适当的买进或卖出时机，以追求最大的获利，或尽可能减少损失。

对于股票投资者来说，只有准确把握这三种趋势才能从股市中获利：第一，如果长期趋势是向上，投资者可在次级的折返走势中卖空股票，并在修正走势的转折点附近，以空头头寸的获利追加多头头寸的规模。第二，在上述操作中，投资者也可以购买卖权选择权或锁售买权选择权。第三，由于投资者知道这只是次级的折返走势，而不是长期趋势的改变，所以投资者可以在有信心的情况下，渡过这段修正走势。最后，投资者也可以利用短期趋势决定买、卖的价位，提高投资的获利能力。因此，不要仅仅把这三种趋势的研判仅当成是学术研究，它同样是一种很好的股票实战投资策略。

定理2：主要走势。主要走势代表整体的基本趋势，通常称为多头或空头市场，持续时间可能在1年以内，也可能是数年之久。正确判断主要走势的方向，是投机行为成功与否的最重要因素，到目前为止，没有任何已知的方法可以预测主要走势的持续期限。

一般来说，一位投机者如果对长期趋势有信心，只要在进场时机上有适当的判断，便可以赚取相当不错的获利。有关主要趋势的幅度大小与期限长度，虽然没有明确的预测方法，但可以利用历史上的价格走势资料，以统计方法归纳主要趋势与次级的折返走势。

说得再清楚一点，目前面临的价格走势，幅度与期间都非常可能落在历史对应资料平均数的有限范围内。比如，如果某个价格走势超出对应的平均数水准，介入该走势的统计风险便与日俱增。

定理3：主要的空头市场。主要的空头市场是长期向下的走势，其间夹杂着重要的反弹。它来自于各种不利的经济因素，唯有股票价格充分反映可能出现的最糟情况后，这种走势才会结束。

空头市场会历经三个主要的阶段，这一点很多老股民也深有体会。

第一阶段，市场参与者不再期待股票可以维持过度膨胀的价格。一般来说，空头市场要持续1.1~2.8年之久，空头市场开始时，随后通常会以偏低的成交量"试探"前一个多头市场的高点，接着出现大量急跌的走势。

第二阶段，较高的卖压是反映经济状况与企业盈余的衰退。据统计，空头市场的平均跌幅是29.4%，经过一段相当程度的下跌之后，突然会出现急速上涨的次级折返走势，接着便形成小幅盘整而成交量缩小的走势，但最后仍将下滑至新的低点。

第三阶段，是来自于健全股票的失望性卖压，不论价值如何，许多人急于求现都会卖出一部分的股票。空头行情末期，市场对于进一步的利空消息与悲观论调已经产生了免疫力。然而，在严重挫折之后，股价也似乎上丧失了反弹的能力，种种征兆都显示，市场已经达到均衡的状态，市场笼罩在悲观的气氛中，股息被取消，某些大型企业通常会出现财务困难，于是一些投资者纷纷抛出股票。

定理4：主要的多头市场。主要的多头市场是一种整体性的上涨走势，其中夹杂次级的折返走势，平均的持续期间长于两年。在此期间，由于经济情况好转与投机活动转盛，所以投资性与投机性的需求增加，并因此推高股票价格。

多头市场也有三个阶段：

第一阶段，人们对于未来的景气恢复信心。多头市场的确认日，是两种指数都向上突破空头市场前一个修正走势的高点，并持续向上上升的日子。统计数据表明，主要多头市场的期间长度平均数为两年又四个月（2.33年）。

第二阶段，股票对于已知的公司盈余改善产生反应。

第三阶段，投机热潮转炽而股价明显上涨。这阶段的股价上涨是基于期待与希望，由前一个空头市场的低点起算，主要多头市场的价格涨幅平均为77.5%。

定理5：次级折返走势。次级折返走势是多头市场中重要的下跌走势，或空头市场中重要的上涨走势，持续的时间通常在3个星期至数个月；在此期间内折返的幅度为前一次级折返走势结束之后主要走势幅度的33%～66%。次级折返走势经常被误以为是主要走势的改变，因为多头市场的初期走势，显然可能仅是空头市场的次级折返走势，相反的情况则会发生在多头市场出现顶部后。

次级折返走势是一种重要的中期走势，它是逆于主要趋势的重大折返走势。在雷亚对于次级折返走势的定义中，有一项关键的形容词：重要。一般来说，如果任何价格走势起因于经济基本面的变化，而不是技术面的调整，而且其价格变化幅度超过前一个主要走势波段的1/3，称得上是重要。

一般来说，大多数次级修正走势的折返幅度，约为前一个主要走势波段（介于两个次级折返走势之间的主要走势）的1/3~2/3之间，持续的时间则在3个星期至3个月之间。对于历史上所有的修正走势来说，其中61%的折返幅度约为前一个主要走势波段的30%~70%之间，其中65%的折返期间介于3个星期至3个月之间，而其中98%介于2个星期至2个月之间。价格的变动速度是另一项明显的特色，相对于主要趋势而言，次级折返走势有暴涨暴跌的倾向。

二、道氏趋势理论的分析方法

1. 道氏趋势理论的应用要点

平均指数包容消化一切——它反映了无数投资者的综合市场行为，包括那些有远见力的以及消息最灵通的人士，平均指数在其每日的波动过程中包容消化了各种已知的、可预见的事情，以及各种可能影响公司债券供给和需求关系的情况。甚至于那些天灾人祸，其发生以后就被迅速消化，并包容其可能的后果。

"市场"一词意味着股票价格在总体上以趋势演进，而其最重要的是主要趋势，即基本趋势。它们是大规模地上下运动，通常持续几年或更多的时间，并导致股价增值或贬值20%以上，基本趋势在其演进过程中穿插着与其方向相反的次等趋势——当基本趋势暂时推进过头时所发生的回撤或调整（次等趋势与被间断的基本趋势一同被划为中等趋势）。此外，次等趋势由小趋势或者每一次的波动组成，而这并不是十分重要的。

基本趋势——基本趋势是大规模的、中级以上的上下运动，通常（但非必然）持续1年或有可能数年之久。只要每一个后续价位弹升比前一个弹升达到更高的水平，而每一个次等回撤的低点（即价格从上至下的趋势反转）均比上一个回撤高，这一基本趋势就是上升趋势，这就称为牛市。相反，每一中等下跌，都将价格压到逐渐低的水平，这一基本趋势则是下降趋势，并被称为熊市。

一般来说，基本趋势是三种趋势中长线投资者所关注的唯一趋势。中长线投资者的目标是尽可能在一个牛市中买入，只要一旦确定牛市已经启动，然后一直持有直到（且只有到）很明显它已经终止而一个熊市已经开始的时候。投资者可以很保险地忽视各种次等的回撤及小幅波动。

　　次等趋势——它是主要趋势运动方向相反的一种逆动行情，干扰了主要趋势。在多头市场里，它是中级的下跌或"调整"行情；在空头市场里，它是中级的上升或反弹行情。在正常情况下，它们持续3周时间到数月不等，但很少再长。在一般情况下，价格回撤到沿基本趋势方面推进幅度的1/3~2/3，即是说，在一个牛市中，在次等回调到来之前，工业指数可能稳步上涨30点，其间伴随着一些短暂的或很小的停顿，这样在一轮新的中等规模上涨开始之前，这一次等回调可望出现一个10~20点的下跌。然而，我们必须注意，这个1/3~2/3并不是牢不可破的，它仅仅是一种可能性，大多数次等趋势都在这里范围之间，许多在靠近半途就停止了，即回撤到前面基本趋势推进幅度的50%。很少有少于1/3的情况，但有些几乎完全看不出回调。

　　这样我们就有了两个标准用以识别次等趋势。任何与基本趋势方向相反、持续至少3个星期并且回撤上一个沿基本趋势方向上价格推进净距离（从上一个次等趋势的末端到本次开始，略去小幅波动部分）至少1/3幅度的价格运动，即可认为是中等规模的次等趋势。

　　小趋势——它们是非常简短的（很少持续三周，一般小于6天）价格波动，从道氏理论的角度来看，其本身并无多大的意义，但它们合起来构成中等趋势。一般的价格波动并非全是如此，一个中等规模的价格运动，无论是次等趋势还是一个次等趋势之间的基本趋势，由一连串的三个或更多的明显地小波浪组成。从这些每日的波动中作出的一些推论经常很容易引起误导。小趋势是上述第三种趋势中唯一可被人为操纵的趋势。

2. 道氏趋势理论基本趋势的阶段分析

　　牛市——基本上升趋势，通常划分为以下三个阶段。

　　第一阶段是怀疑期，这是一个建仓（或积累）的阶段，有远见的投资者知道尽管现在市场萧条，但形势即将扭转，因而就在此时购入了那些勇气和运气都不够的卖方所抛出的股票，并逐渐抬高其出价以刺激抛售，财政报表情况仍然很糟——实际上在这一阶段总是处于最萧条的状态，公众为股市状况所迷惑而与之完全脱节，市场活动停滞，但也开始有少许回弹。

第二阶段是乐观期，股市出现一轮稳定的上涨，交易量随着公司业务的景气不断增加，同时公司的盈利开始受到关注。也正是在这一阶段，技巧娴熟的交易者往往会得到最大收益。

第三阶段是狂热期，市场上所有信息都令人乐观，价格惊人的上扬，新股不断大量上市。此时，投资者们不应再盲目狂热而是应当警惕起来——涨势可能持续了两年，已经够长了，现在到了该问卖掉哪种股票的时候了，在这一阶段的最后一个时期，交易量惊人地增长，而"卖空"也频繁地出现；垃圾股也卷入交易（即低价格且不具投资价值的股票），但越来越多的高质量股票此时拒绝跟从。

来看一下1999年5月19日到2001年6月14日的牛市情形（见图1）。

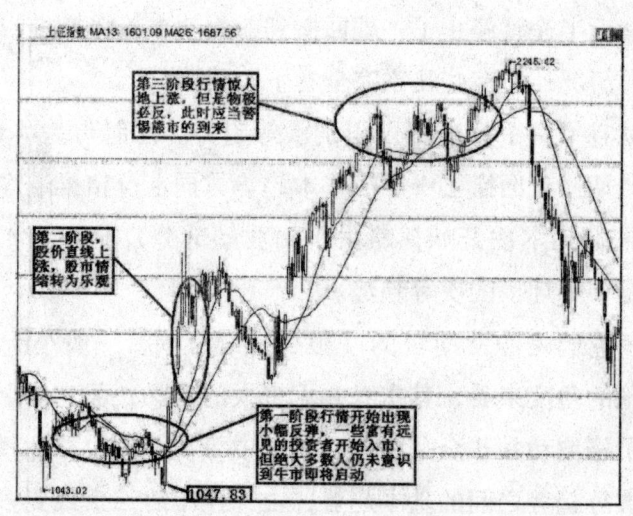

图1 牛市三阶段图解

熊市——基本下跌趋势，通常也以三个阶段为特点。

第一阶段是出仓或分散（实际开始于前一轮牛市后期），在这一阶段后期，有远见的投资者感到交易的利润已达至一个反常的高度，因而在涨势中抛出所持股票。尽管弹升逐渐减弱，交易量仍居高不下，公众仍很活跃。但由于预期利润的逐渐消失，行情开始显弱。

第二阶段我们称之为恐慌阶段。买方少起来而卖方就变得更为急躁，价格跌势徒然加速，当交易量达到最高值时，价格也几乎是直线落至最低点。恐慌阶段通常与当时的市场条件相差甚远。在这一阶段之后，可能存在一个相当长的次等回调或一个整理运动，然后开始第三阶段。

第三个阶段是跌势持续阶段。那些在大恐慌阶段坚持过来的投资者此时或因信心不足而抛出所持股票，或由于目前价位比前几个月低而买入。商业信息开始恶化，随着第三阶段推进，跌势还不是很快，但持续着，这是由于某些投资者因其他需要，不得不筹集现金而越来越多地抛出其所持股票。垃圾股可能在前两个阶段就失去了其在前一轮牛市的上涨幅度，稍好些的股票跌得稍慢些，这是因为其持股者一直坚持最后一刻，结果是在熊市最后一个阶段，这样的股票有往往成为主角。当坏消息被证实，而且预计行情还会继续看跌，这一轮熊市就结束了，而且常常是在所有的坏消息"出来"之前就已经结束了。

下面我们以 2001 到 2005 年 6 月的熊市来做说明（见图 2）。

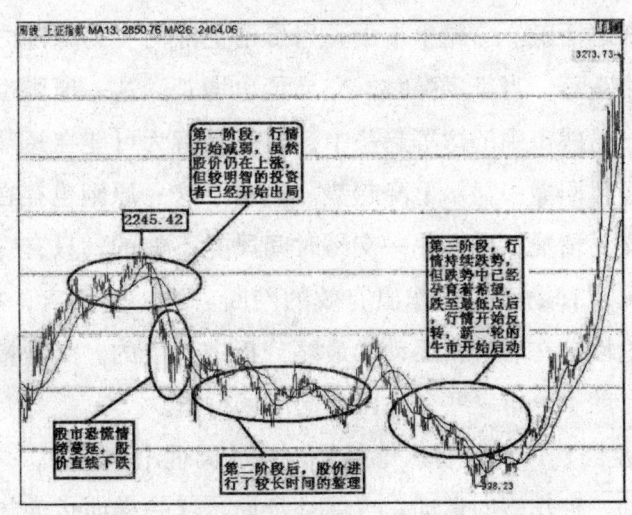

图 2　熊市三阶段解读图

需要提醒股民朋友的是，没有任何两个熊市和牛市是完全相同的。也有一些可能缺失三个典型阶段中的一个或另一个，一些主要的涨势由始至终只是极快的价格升值。一些短期熊市形成没有明显恐慌阶段，而另一些则以恐慌阶段结束，任何一个阶段，都没有一定的时间限制。因此，我们应时刻牢记基本趋势的典型特征。假如你知道牛市的最后一个阶段一般会出现哪些征兆，就不至于为市场出现看涨的假象所迷惑。

3. 道氏趋势理论的确认原则

两种指数必须相互验证——这是道氏原则中最有争议也是最难以统一的地方，然而它已经受了时间的考验。任何仔细研究过市场记录的人士都不会忽视这一原则所起到的"作用"。而那些在实际操作中将这一原则弃之不顾的交易者总归是要后悔的。这就意味着，市场趋势中不是一种指数就可以单独产生有效信号。如果两种指数未能相互印证，我们充其量只能认为主要趋势的方向还未定型。

事实上，两种指数没有必要在同一天确定。一般说来，两者会常常一同达至一个新的高点（或低点），在持续了几天、几周或一到两月的停滞状态之后会存在大量情况，一个交易者必须在错综复杂的情况下保持耐心，以等待市场自己显示出明显趋势。

根据成交量判断趋势的变化。一般来说，如果主要趋势中价格上涨，那么交易活动也会随之活跃。一轮牛市中，当价格上涨时交易量随之增长；而在一轮熊市中，价格跌落，当其反弹时，交易量也增长。这一原则也适合于次等趋势，尤其是在一轮熊市中的次等趋势中，当交易行为可能在短暂弹升中显示上升趋势，或在短暂回撤中显示下降趋势。但对于这一原则也存在例外，而且仅根据几天内的交易情况，或者单一交易时间段是不够的，只有一段时间内全面相关的交易情况才有助于我们作出有效的判断。进一步而言，在道氏理论中，市场趋势的结论性是在对价格运动的最终分析中产生的。交易量只是提供一些相关的信息，有助于分析一些令人困惑的市场行情。

"直线"（盘局）可以代替次等趋势。在道氏理论术语中，一条直线就是两种指数或其中的一种作横向运动，也就是盘局。这一横向运动往往会持续两到三周，有时甚至数月之久，在这一期间，价格波动幅度大约在5%或更低一些。这种直线盘局形状实际上显示了买进和卖出两者的力量是平衡的。当然，最后的情形之一是，在这个价位水准的供给完毕了，而那些想买进的人必须提高价位来诱使卖者出售。另一种情形是，本来想要以盘局价位水准出售的人发觉买进的气氛削弱了，结果他们必须削价来处理他们的股票。因此，价位往上突破盘局的上限是多头市场的征兆。相反，价位往下跌破盘局的下限是空头市场的征兆。一般来说，盘局的时间愈久，价位愈窄，它最后的突破愈容易。

盘局常发展成重要的顶部和底部，分别代表着出货和进货的阶段。但是，它们更常出现在主要趋势过程中的休息和整理的阶段。在这种情形下，它们取代了正式的次级波动。很可能一种指数正在形成盘局，而另一种却发展成典型的次级趋势。

股民应注意的是盘局之外不论是涨还是跌，都会紧跟着同一方向上一个更为深入的运动，而不只是跟随因新的波浪冲破先前基本趋势运动形成的限制而产生的"信号"。在实际突破发生之前，并不能确定价格将向哪个方向突破。对于盘局，一般给定的5%限度完全是经验之谈，其中存在一些更大幅度的横向运动，这些横向运动由于其界限紧凑明确因而被看作是真正的直线。

把收盘价放在首位——道氏理论并不注意一个交易日当中的最高价、最低价，而只注意收盘价。因为收盘价是时间匆促的人看财经版唯一阅读的数目，是对当天股价的最后评价，大部分人根据这个价位做买卖的委托。这是又一个经过时间考验的道氏理论规则。其作用如下：假设一轮基本上升趋势中的中等趋势在某日上午11点达到顶点，此时工业指数，比方说：是152.45点；然后又回跌到150.70点报收。那么前半日152.45这一高点就忽略不计。如果下一个交易日收市价高于150.70点行情就仍看涨。相反，如果下一个上涨阶段使价格在某一天当中达到一个高点，比如152.60点，但这一天收市时价格却低于150.70点，那么牛市趋势是否持续就很难判定了。

在反转趋势出现之前主要趋势仍将起主导作用——对于过去急躁的交易者，这无疑是一个警告，在反转信号出现前，提前改变对市场的态度，就好比赛跑时于发出信号前抢先跑出。这条规则并不意味着在趋势反转信号已经明朗化以后，一个人还应再迟延一下他的行动，而是说在经验上，我们等到已经确定了以后再行动较为有利，以避免在还没有成熟前买进（或卖出）。这条规则告诉人们：一个旧趋势的反转可能发生在新趋势被确认后的任何时间。

当然这并不是说当趋势改变的信号已出现时还要作不必要的拖延，而是说明了一种经验，那就是与那些过早买入（或卖出）的交易者相比，机会总是站在更有耐心的交易者一边。他们只有等到自己有足够把握时才会采取行动。当一轮牛市延展数月之后，买入的欲望，买入新的股票才能保证卖出获利的前景都比这一轮牛市的初期更低或更不乐观，但道氏理论告诉我们："持有你的头寸，直到出现相反的指令"。

股市指数波动反映了一切市场行为——股市指数的收市价和波动情况反映了一切市场行为。不论什么因素，股市指数的升跌变化都反映了群众心态。群众乐观，无论有理或无理，适中或过度，都会推动股价上升。群众悲观，亦不论盲目恐惧，有实质问题也好，或者受其他人情绪影响而歇斯底里也好，都会反映在市场的指数下挫中。与其分析市场上千千万万人中每一个投资人士的心态，做一些没有可能做到的事，不如分析反映整个市场心态的股市指数。股市指数代表了群众心态，是市场行为的总和。指数反映了市场的实际是乐观一面或是悲观情绪控制大局。

4. 道氏理论的缺陷

（1）信号过于迟缓。道氏理论最大的缺点就是信号迟缓，不过这种情况在很大程度上是由于股票投资者对于道氏趋势的判断没有严格意义上的统一，因而使得许多交易者在实际操盘过程中发现，并不能完全地把握整段行情。

在实战中，道氏理论的延迟判断（对于级别的出现需要事后认证），使得许多交易者往往错失最佳获利良机，而当趋势已经明显时，又面临调整趋势出现，周而复始，使得交易出现矛盾。因此，股民在应用道氏理论时，也要注意把它和一些技术分析工具结合起来，这样才能起到最大的效用。

（2）道氏理论对于中级趋势，尤其是在无法准确判断牛市还是熊市的时候，无法给投资者以明确启示。

（3）道氏理论每次都要两种指数互相确认，这样做已经慢了半拍，错失了最好的入货和出货机会。

（4）道氏理论对选股没有帮助。

三、道氏趋势理论的实战综合

1. 判断趋势买卖信号

道氏理论虽然无法帮助投资者选股，但它有一个很重要的作用就是从大趋势上判断买卖。按照道氏理论，只要价格没有回落到前期形成的成交密集区，趋势仍然保持完好；只要不断出现更低的头部和更低的底部，下降趋势将保持完好；只要不断出现更高的头部和更高的底部（注意！是两个条件同时具备），上升趋势仍将保好。

来看一下上证指数月线图（见图3）。从图上我们可以看到，从2007年10月见头部到2008年的10月底，整整1年股指都不断地创出新低，而从11月以后，股指出现了3个月的停顿——连续3个月的最低点没有创出新低，这说明所有看空的人都已经义无反顾地卖出了，显示了卖力衰竭的一个特征；这里就要开始警惕下跌趋势是不是已经接近尾声或结束。

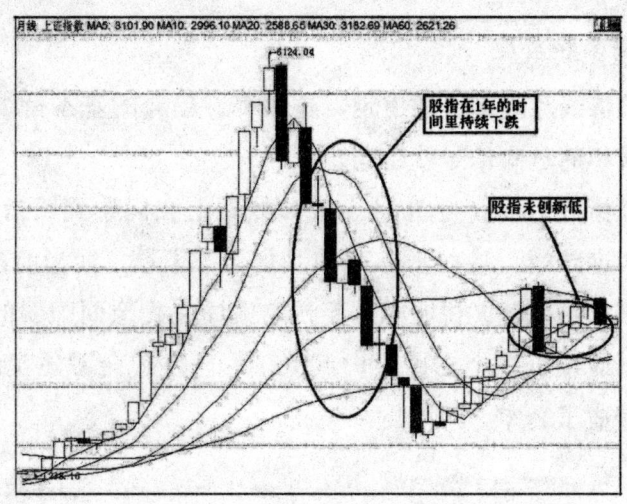

图3　上证指数月线图解

对道氏理论的买卖信号我们可以总结如下：

经典的买入信号是这样形成的：熊市中主要下行趋势的低点形成之后，次级上行趋势的反弹将会发生。之后，一种指数的回调一定会超过3%，理想情况下，也一定会在先前道琼斯工业平均指数以及交通平均指数的低点之上。最后，突破先前形成的高点构成了牛市形成的买入信号。

熊市的卖出信号（见图4）与买入信号的决定方法是一样的，但是卖出信号与买入信号是相反的。当牛市达到顶点，发生了倒退的次级折返走势，后续上涨回调（再次超过3%），但达不到先前的高度，然后在下一次下跌中工业指数和交通指数都穿过了最近的低点，那么，预示熊市的卖出信号产生了。

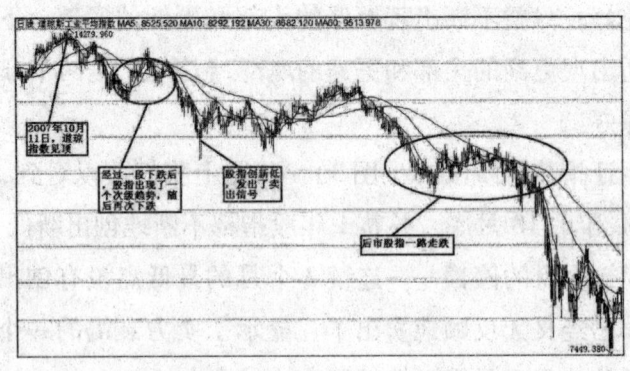

图4　道琼斯指数卖出信号图解

2. 趋势的斜率和角度

一般来说趋势线越陡峭，通道越陡越狭窄，趋势的基本持续性就越强，趋势线越陡，被破坏的危险信号就越弱。

还是以上证指数为例（见图5）。从K线图上我们看到股指从2007年一泻千里跌下来，角度陡峭，基本上是75度角的姿态下跌，而当前连续3个月的反弹，却是差不多水平位置，说明总体反弹的格局是犹豫而脆弱的，而且很容易被破坏，投资者应预设一个支撑保护点位，一旦跌破会考虑卖出手中的股票，否则获利就会变成了套牢。

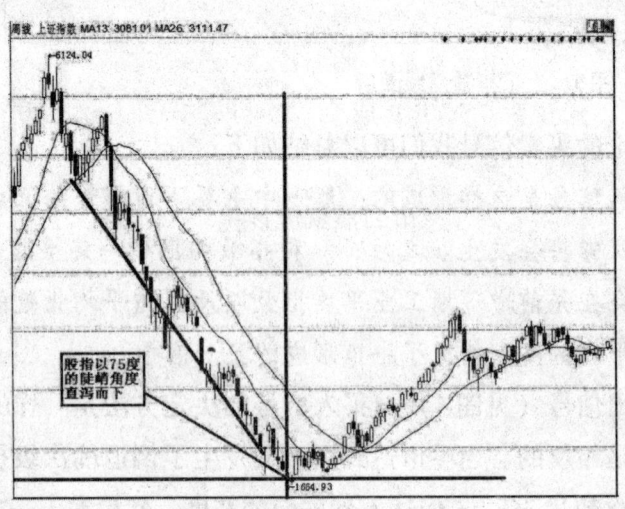

图5　上证指数趋势线判断图解

3. 指数与成交量相互确认

在道氏理论中，成交量是一个非常重要的指标。道氏理论的成交量确认趋势认为，成交量越大，支撑区和阻力区的效用就越强，而重要的上涨趋势往往伴随巨大的成交量配合：底部转折从下跌趋势到上涨趋势，一定是需要量的累积；然而从顶部转折向下突破往往不需要能量的支持（见图6）。

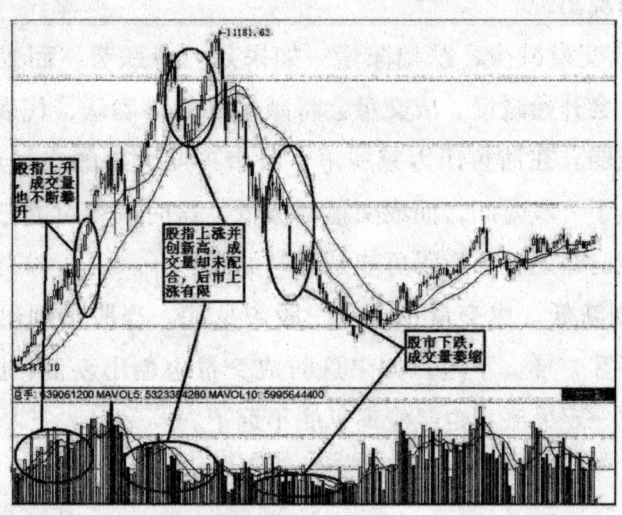

图6　成交量与指数相互验证图解

（1）升市成交量增加仍会再升。道氏理论认为成交量是买卖意欲的指标。如果是一个升市，应该是越来越多的人愿意买入股票，所以成交量应该是陪伴指数同时上升。只要指数上升，成交量也同时上升，这个升市仍然会持续不断，因为买意仍然不断增添，在买意增添之下，股市仍然有推动向上的原动力，潜力仍然未发挥到尽，股市当然就应该继续向上。

（2）股市上涨而成交量不增加，升势有限。如果指数正在上升，但成交量却并不配合，没有同时上升，道氏理论指出这是成交量并不确认股市的上升，因为并没有买意去配合指数的上升，这种上升就只会是虚浮的升势，极为有限。成交量未能确认股市的上升，这个升市通常就只是一个假象，只会很短暂，很快就会恢复下跌，或最少不会再上升。

（3）指数创新高，成交量也要创新高。成交量是应该确认指数升跌势的。如果指数升势凌厉，甚至创出历史以来的新高点，代表了买入的意欲极大。不过，这样的买入意欲是否真实要看成交量。只有成交量可以确认股市是否真正的上升，还是暂时的虚火，很快就会消失。指数创新高，而成交量也创新高的话，这个升势是确认的，成交量已经将升势确认。

（4）跌势成交量增加，仍会再跌。在指数下跌时，而成交量增加，代表了沽出股票的卖压强大。这时股市指数应该仍有下跌的余地，前面空间可能仍有很多。因为这时的成交量增加是沽货的人多，在供过于求的情况下，一定会再有股价下跌的情况出现。

（5）跌市成交量减少，跌幅减慢。如果是一个跌势，而成交量却一路减少，这时跌幅也会开始减慢。成交量会将减慢的跌势确认，代表了沽出股票的意愿暂时已经减弱。在沽售压力减弱下，股市再度大跌的空间也会同时减小。如果大市已经跌了一段时间，而成交量却极低，这时股市可能已经跌到无可再跌的地步，可能已经见底，起码可能是暂时见底。

（6）指数创新低，成交量也新低，股市见底。当股市创出新低，人心惶惶，好似愁云惨雾一样。不过，如果这时成交量也创出新低，股市见底可期。即使不是即日就一定见底，也已经离见底不远了。

第二章 艾略特波浪理论

一、艾略特波浪理论的理论精要

1. 艾略特波浪理论的产生与发展

说起技术分析，就不能不提到艾略特波浪理论（简称波浪理论）。波浪理论是由道氏理论发展来的，属于趋势分析的一种。由于其角度的特殊和完整独立的体系，已经和道氏趋势分析并列为三大经典分析体系了。

艾略特（Nelson Elliot，1871—1948）是波浪理论的创始者，他曾经是专业的会计师，精通于餐馆业与铁路业。由于他在中年染上重病，于1927年退休，长期住在加州休养。就在他休养的康复时期，他发展出自己的股价波浪理论，很显然，艾略特的波浪理论是受到道氏理论的影响，两者有许多的共同点。道氏理论主要对股市的发展趋势给予了较完美的定性解释，而艾略特则在定量分析上提出了独到的见解。

1934年，艾略特与正在投资顾问公司任股市通讯编辑的查尔斯·J. 柯林斯（Charles J. Collins）建立了联系，告诉了他自己的发现。到了1938年，柯林斯终于被他深深地折服了，于是帮助他开始了他的华尔街生涯，并且同意为他出版《波浪理论》一书。

艾略特认为，不管是股票或商品价格的波动，与大自然的潮汐一样，具有相当程度的规律性。价格的波动，如同潮汐一样，一波跟着一波，而且周而复始，展现出周期循环的必然性，任何的波动，均是有迹可循的。因此，可以根据这些规律性的波动，来预测价格未来的走势。他提出了一系列权威性的演绎法则用来解释市场的行为，并特别强调波动原理的预测价值，这就是久负盛名的艾略特波浪理论。

波浪理论具有独特的价值，其主要特征是通用性及准确性。通用性表现在大部分时间里能对市场进行预测，许多人类的活动也都遵守波动原理。但是艾略特的研究是立足于股市的，因而在股市上最常应用这一原理。准确性表现在运用波动原理分析市场变化方向时常常显示出惊人的准确率。

2. 艾略特波浪理论的基本概念

波浪理论的基本概念是：

（1）一个运动之后必有相反运动发生。

（2）主趋势上的推进波与主趋势方向相同，通常可分为更低一级的五个波；调整波与主趋势方向相反，或上升或下降，通常可分为更低一级的三个波。

（3）8个波浪运动（5个上升，3个下降）构成一个循环，自然又形成上级波动的两个分支。

（4）市场形态并不随时间改变，波浪时而伸展时而压缩，但其基本形态不变。

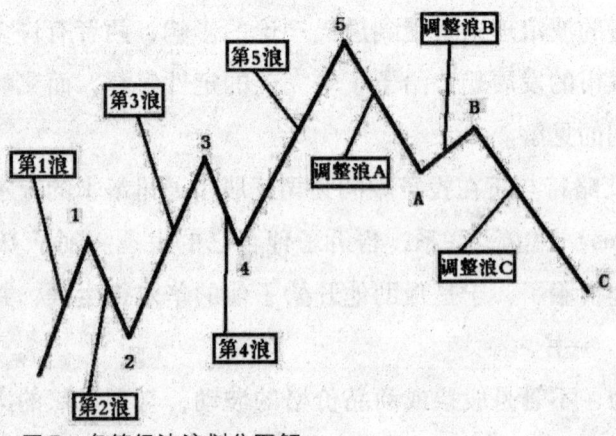

图7 各等级波浪划分图解

如图 7 所示：任一级别的涨跌循环都由 8 个浪组成，构成主要运动趋势的浪称之为推动浪，其一般由 5 个子浪组成（通常用数字注明）；与主要运动趋势方向相反的浪称之为调整浪，其一般由 3 个子浪组成（为与推动浪相区别、通常以英文字母注明）。

所有的波浪都可按相对规模或级数分类。波浪的级数取决于它相对的分量波浪、相邻波浪和环绕波浪的规模和位置。波浪理论中的波浪级数共有 9 个级别，从最小的 60 分钟摆动到可以设定的最大级别的波浪。由大至小依次是：特大超级循环级、超级循环级、循环级、基本级、中型级、小型级、细级、微级、次微级。在走势图表示波浪时，已经有了一套含有数位和字母的标准化标记方法。驱动浪用三套罗马字元和随后的两套阿拉伯字元交替表示。调整浪的标记在三套大写字元和两套小写字元之间交替更换。罗马字元在小浪级以下是小写，在小浪级以上是大写（见表1）。

表1 波浪等级和调整波划分

波浪等级	5 个方向波	3 个调整波
超级循环级	(Ⅰ) (Ⅱ) (Ⅲ) (Ⅳ) (Ⅴ)	(A) (B) (C)
循环级	Ⅰ Ⅱ Ⅲ Ⅳ Ⅴ	A B C
基本级	[1] [2] [3] [4] [5]	[A] [B] [C]
中型级	(1) (2) (3) (4) (5)	(a) (b) (c)
小型级	1 2 3 4 5	A B C
细级	ⅰ ⅱ ⅲ ⅳ ⅴ	a b c
微级	1 2 3 4 5	a b c

上述表记方法非常接近艾略特使用的方法，但下述方法却更加序列化（见表2）。

表2 序列化的波浪等级和调整波划分

波浪等级	5 个方向波	3 个调整波
特大超级循环级	[Ⅱ] [Ⅲ] [Ⅳ] [Ⅴ]	[A] [C]
超级循环级	(Ⅰ) (Ⅱ) (Ⅲ) (Ⅳ) (Ⅴ)	(A) (B) (C)
循环级	Ⅰ Ⅱ Ⅲ Ⅳ Ⅴ	A B C

(续表)

波浪等级	3个方向波	3个调整波
基本级	Ⅰ Ⅱ Ⅲ Ⅳ Ⅴ	A B C
中型级	[1] [2] [3] [4] [5]	[a] [c]
小型级	(1) (2) (3) (4) (5)	(a) (b) (c)
细级	1 2 3 4 5	a b c
微级	1 2 3 4 5	a b c

时间窗口是循环周期理论的精髓,表示循环低点或高点,最早与最迟出现的可能日期。斐波那契序列数(黄金分割率)——时间周期的预测:1,1,2,3,5,8,13,21,34,55,89,144,……

波浪理论按周期的长短,可按顺序排列如下:长周期、中央周期、子周期、短周期、分周期,最后也是最短的周期,称为微周期。每一个较长周期的波浪,可以细分为小波浪,小波浪再分割成更小的波浪,各种波浪的等级虽然不同,但是都显示有特殊的行为模式。这种变化的模式,如果并未以定期重复出现时,表示波浪的方向已经改变。

但不论周期的大小为何,一个完整的循环,应包括8个明显不同的走势。

3. 艾略特波浪理论的数浪规则

波浪理论总体来说就是牛市上升5浪下降3浪,熊市下降5浪上升3浪,以下是一些数浪的方法,供大家参考:

原则一,第2浪运动不能跌破浪1。

原则二,第3浪不能是推动浪中最短的一浪(记住不是最短的,可是不一定是最长的,一般来说是最长的推动浪大多在第3浪,可是这不是一定的)。

原则三,第4浪不能和第1浪终点重叠。

这三个原则是死律,只要违反这三个原则的数浪方法都是错的。通常浪1、浪3、浪5之间都存在着黄金比率。

为了防止因规则不清,造成数浪结果不同,下面我们再细述一下数浪规则:

1. 第1浪必须自己作为一个驱动浪或者一个引导倾斜三角形的形态。

2. 第2浪可以是任何艾略特调整浪形态,除了三角形。但联合调整浪中的最后一浪可以是三角形。

3. 第2浪的任何部分不能回撤超过第1浪的100%。

4. 第3浪必须是驱动浪。

5. 在价格上，第3浪必须长于第2浪。

6. 第4浪可以是任何的艾略特调整浪形态。

7. 第2浪和第4浪不能重叠（分享相同的价格空间），在三角形浪中除外。另外，在杠杆市场中也有例外。

8. 第5浪必须是一个驱动浪或者一个终结倾斜三角形的形态。

9. 第5浪在价格上必须至少是第4浪的70%。即使失败也是如此。

10. 第3浪从来不是最短的。（在用价格衡量第1浪到第5浪时）

修正浪分为3浪，浪A分浪基本上为5浪，浪C分浪基本上与5浪存在着黄金比率，浪C通常比浪A幅度大，基本上为浪A的1.618倍。浪B分浪一定是3浪。

4. 各级波浪的特性

波浪理论在具体运用中，常常会遇到较为难以分辨的市况，例如发现几个同时可以成立的数浪方式。所以投资者有必要了解各个波浪的特性。

第1浪：在整个波浪循环开始后，一般市场上大多数投资者并不会马上意识到上升波段已经开始。所以，在实际走势中，大约半数以上的第1浪属于修筑底部形态的一部分。由于第1浪的走出一般产生于空头市场后的末期，所以，市场上的空头气氛以及习惯于空头市场操作的手法未变，因此，跟随着属于筑底一类的第1浪而出现的第2浪的下调幅度，通常都较大。

第2浪：通常第2浪在实际走势中调整幅度较大，而且还具有较大的杀伤力，这主要是因为市场人士常常误以为熊市尚未结束。第2浪的特点是成交量逐渐萎缩，波动幅度渐渐变窄，反映出抛盘压力逐渐衰竭，出现传统图形中的转向形态，例如常见的头肩、双底等。

第3浪：第3浪在绝大多数走势中，属于主升段的一大浪，因此，通常第3浪属于最具有爆炸性的一浪。它的最主要的特点是：第3浪的运行时间通常会是整个循环浪中的最长的一浪，其上升的空间和幅度亦常常最大；第3浪的运行轨迹，大多数都会发展成为一涨再涨的延升浪；在成交量方面，成交量急剧放大，体现出具有上升潜力的量能；在图形上，常常会以势不可挡的跳空缺口向上突破，给人一种突破向上的强烈讯号。

第4浪：从形态的结构来看，第4浪经常是以三角形的调整形态运行的。第4浪的运行结束点，一般都较难预见。同时，投资者应记住，第4浪的浪底不允许低于第1浪的浪顶。

第5浪：在股票市场中，第5浪是三大推动浪之一，但其涨幅在大多数情况下比第3浪小。第5浪的特点是市场人气较为高涨，往往乐观情绪充斥整个市场。从其完成的形态和幅度来看，经常会以失败的形态而告终。在第5上升浪的运行中，二三线股会突发奇想，普遍上升，而常常升幅极其可观。

A浪：在上升循环中，A浪的调整是紧随着第5浪而产生的，所以，市场上大多数人士会认为市势仍未逆转，毫无防备之心，只看作为一个短暂的调整。A浪的调整形态通常以两种形式出现，平坦型形态与三字形形态，它与B浪经常以交叉形式进行形态交换。

"5"：浪终结前一般会有这样一些技术现象出现："3""5"浪价量背离、"3""5"浪指标背离等，因此当"5"浪1创新高就要开始严密注视其运行了；一旦有上述技术现象存在，就要看有没有拉升乏力、K线走坏（比如出现"长阴""穿头破脚""岛形反转""跳空反转"之类的图况）、均线交织等具体特征；宁可利润缩水、也不可被套。例如，由于被套而人为地为市场找可能继续上升的依据——这样会被套得更深。

B浪：B浪的上升常常会作为多方的单相思，B浪也叫"多头陷阱"，基本属于庄家自救式的行情，所以随时都有可能终结。其或表现得极其凶悍、或运行得相当复杂，因此会诱惑一些人误以为是新一轮上升推动浪展开了而跟风追买以及对"暂时"的被套不以为意。在图表上常常出现牛市陷阱，从成交量上看，成交稀疏，出现明显的价量背离现象，上升量能已接济不上。

综上所述，在B浪展开时首要的问题是要清醒地认识到这并不是"做新单"的好机会、而仅仅是纠正此前既已犯下目前尚未解决的错误的补救机会。B浪是"逃命"机会、不宜过度介入。

第一，B浪的产生具有偶然性，在判断A浪已经形成以后即应清仓离场、而不要指望在B浪展开时去解套。

第二，B浪经常来势突然、走法诡异，在操作上比较难把握。

第三，B浪往往是主力为了自救而发动的行情，随时或在任意一个高点都有可能结束。

C浪：紧随着B浪而后的是C浪，由于B浪的完成，使许多市场人士醒悟，一轮多头行情已经结束，期望继续上涨的希望彻底破灭，所以，大盘开始全面下跌，从性质上看，其破坏力较强。

C浪最难把握的是"究竟是不是C浪"。一般来讲，尤其是中国的股票投资没有做空机制，人们在感情上很难接受"从此很长时间将不再有行情"的残酷事实。于是经常会从一些"蛛丝马迹"中寻找"反转"的信号：比如"跌这么多了，该反弹了吧""指标都严重超卖了，应该会反弹了吧""现在已经没有任何人赚钱了，哪来的沽售压力"，等等；这些在平时行情里都经常起着"转势"作用的信号在C浪中就都显得是那么的"失效"或微弱。

5. 波浪的比率

在波浪理论的范畴内，多头市况（牛市）阶段可以由1个上升浪代表，亦可以划分为5个小浪，或者进一步划分为21个次级浪甚至还可以继续细分出长至89个细浪，对于空头市况（熊市）阶段，则可以由一个大的下跌浪代表，同样对一个大的下跌浪可以划分为3个次级波段。或者可以进一步地再划分出13个低一级的波浪甚至最后可看到55个细浪。

综上所述，我们不难得出这样的结论：一个完整的升跌循环，可以划分为2、8、34或144个波浪。在此不难发现，上面出现的数目字，包括1、2、3、5、8、13、21、34、55、89及144，全部都属于斐波那契序列神奇数字系列。

浪与浪之间的比率关系，亦经常受到斐波那契序列神奇数字组合比率的影响，下面我们介绍神奇比率与度量浪与浪之间的比例关系的具体运用。

（1）对于推动浪来说，如果推动浪中的一个子浪成为延伸浪的话，则其他两个推动浪不管其运行的幅度还是运行的时间，都将会趋向于一致。也就是说，当推动浪中的第3浪在走势中成为延伸浪时，则其他两个推动浪，第1浪与第5浪的升幅和运行时间将会大致趋于相同。假如并非完全相等，则极有可能以0.618的关系相互维系。

（2）第5浪最终目标，可以根据第1浪浪底至第2浪浪顶距离来进行预估，他们之间的关系，通常亦包含有神奇数字组合比率的关系。

（3）对于 A-B-C 三波段调整浪来说，C 浪的最终目标值可能根据 A 浪的幅度来预估。C 浪的长度，在实际走势中，会经常是 A 浪的 1.618 倍。当然我们也可以用下列公式预测 C 浪的下跌目标：A 浪浪底减 A 浪乘 0.618。

（4）对于对称三角形的整理形态的波浪走势来看，在对称三角形内，每个浪的升跌幅度与其他浪的比率，通常以 0.618 的神奇比例互相维系。

所以，波浪理论与神奇数字关系亲密。为使读者能较好地运用神奇数字对波浪的定量分析，下面列出与神奇数字比率及其派生出来的数字比率的特性：

（1）0.382：第 4 浪常见的回吐比率及部分第 2 浪的回吐百分比，B 浪的回吐过程（A、B、C 浪以之字型运行）。

（2）0.618：大部分第 2 浪的调整深度；对于 A、B、C 浪以之字型出现时，B 浪的调整比率；第 5 浪的预期目标与 0.618 有关；三角形内的浪浪之音质比例由 0.618 来维系。

（3）0.5：0.5 是 0.382 与 0.618 之间的中间数，作为神奇数比率的补充。对于 A、B、C 之字型调整浪，B 浪的调整幅度经常会由 0.5 所维系。

（4）0.236：是由 0.382 与 0.618 两个神奇数字比率相乘派生出来的比率值。有时会作为第 3 浪或第 4 浪的回吐比率，但一般较为少见，常常是在事后才如梦初醒，调整过程已经结束。

（5）1.236 与 1.382：对于 A、B、C 浪不规则的调整形态，我们可以利用 B 浪与 A 浪的关系，借助 1.236 与 1.382 两个神奇比例数字来预估 B 浪的可能目标值。

（6）1.618：由于第 3 浪在三个推动浪中多数为最长一浪，以及大多数 C 浪极具破坏力。所以，我们可以利用 1.618 来维系第 1 浪与第 3 浪的比例关系和 C 浪与 A 浪的比例关系；对于斐波那契神奇系列数字，读者已经了解到在波浪理论中，尤其在对波浪理论的定量分析中，起着极其重要的作用。其中，0.382 与 0.618 为常用的两个神奇数字比率。其使用频率较其他的比率要高得多。

在使用上述神奇数字比率时，投资者和分析者若与波浪形态配合，再加上动力系统指标的协助，能较好地预估股价见顶见底的讯号。

此外，如果回吐幅度超过 45%，则可以断言 0.382 的支撑或阻力作用已失去。

同样,当调整幅度超过70%时,亦表明0.618防线宣告失守。根据上述原则,投资者在具体操作时可以利用它来设置停损点。

6. 波浪理论的缺陷

(1) 波浪理论家对现象的看法并不统一。每一个波浪理论家,包括艾略特本人,很多时都会受一个问题的困扰,就是一个浪是否已经完成而开始了另外一个浪呢?有时甲看是第1浪,乙看是第2浪。差之毫厘,失之千里。看错的后果却可能十分严重。一套不能确定的理论用在风险奇高的股票市场,运作错误足以使人损失惨重。

(2) 甚至怎样才算是一个完整的浪,也无明确定义,在股票市场的升跌次数绝大多数不按5升3跌这个机械模式出现。但波浪理论家却曲解说有些升跌不应该计算入浪里面。数浪(wave count)完全是随意主观。

(3) 波浪理论有所谓伸展浪(extension waves),有时5个浪可以伸展成9个浪。但在什么时候或者在什么准则之下波浪可以伸展呢?艾略特却没有明言,使数浪这回事变成各自启发,自己去想。

(4) 波浪理论的浪中有浪,可以无限伸延,亦即是升市时可以无限上升,都是在上升浪之中,一个巨型浪,一百多浪都可以。下跌浪也可以跌到无影无踪都仍然是在下跌浪。只要是升势未完就仍然是上升浪,跌势未完就仍然在下跌浪。这样的理论有什么作用?能否推测浪顶浪底的运行时间甚属可疑,等于纯粹猜测。

(5) 艾略特的波浪理论是一套主观分析工具,毫无客观准则。市场运行却是受情绪影响而并非机械运行。波浪理论套用在变化万千的股市会十分危险,出错机会大于一切。

(6) 波浪理论不能运用于个股的选择上。

二、艾略特波浪理论的形态判别

1. 推动浪形态

推动模式有5浪构成(见图8)。5浪向上或向上方向均可。

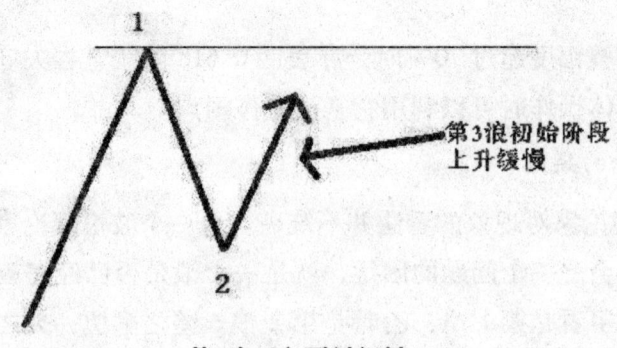

图8 推动浪第3浪图解

第1浪通常只是由一小部分交易者参与的微弱的波动。一旦第1浪结束,交易者们将在第2浪卖出。第2浪的卖出是十分凶恶的,最后第2浪在不创新低的情况下,市场开始转向启动下一浪波动。

第3浪波动的初始阶段是缓慢的,并且它将到达前一次波动的顶部(第1浪的顶部)。这时,在第1浪顶部的上方会有很多停损单。

交易者并不确信这是一次向上的趋势,并且利用这次波动增加空头(shorts)。如果他们的分析是正确的话,市场不能到达前一浪波动的顶部。

但是第3浪的波动获得了动力并且到达了第1浪的顶部。在第1浪顶部被突破的同时,那些停损单被触及了。根据停损量的大小,将在第3浪上产生一个跳空缺口。在第3浪上升的过程中,跳空缺口是一个好的现象,在停损单被触及之后,第3浪的波动将引起交易者的注意。

以下的序列将是这样:初始时在底部做多头的交易者可以观望。他们甚至可能决定增加头寸。处于停损出局状态的交易者(经过一段徘徊不安之后)断定行情是向上的,并决定买进参与波动,这种突增的兴趣给第3浪的波动提供了动力(见图9)。

最后,这种买进的疯狂变弱了,第3浪进入了停滞。获利回吐这时开始蔓延。在低点做多的交易者决定将利润兑现。他们获得了良好的交易并开始保护他们的利润。这就引发一次价格的回落,从而形成第4浪。

第2浪(见图10)是一次凶恶的卖出,第4浪是一次有序的获利回吐。在获利回吐进行的过程中,大多数交易者仍然确信行情是向上的。他们或者是迟

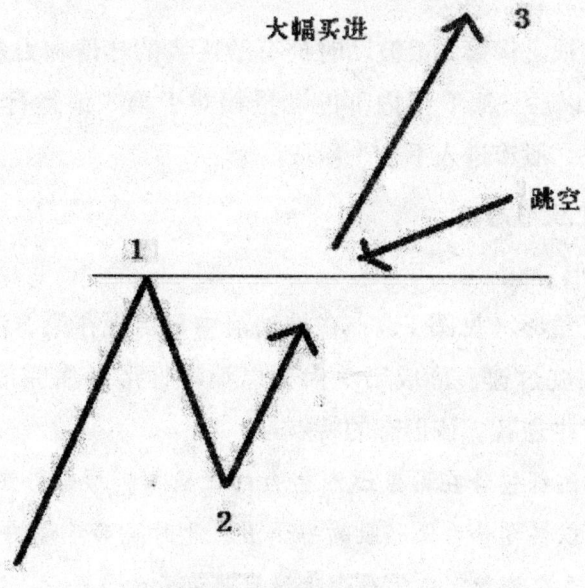

图 9　推动浪第 3 浪带动买进图解

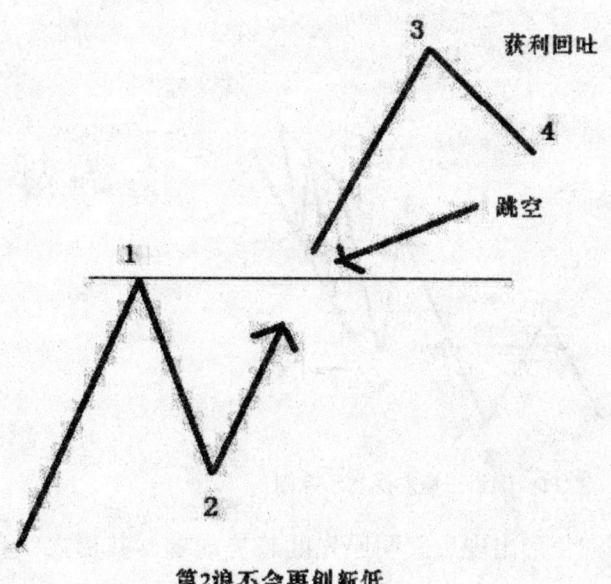

图 10　推动浪第 4 浪图解

了一步进入这一次波动，或是正犹豫不决。他们认为这次获利回吐是一次买进的好机会和平仓的好机会。因此在第 4 浪结束之时，更多的买单开始介入，价格开始再次波动上升。

第5浪的波动缺乏像第3浪波动时拥有的巨大的热情和力量。当价格在第3浪上方创出新高以后，第5浪内部的动量相对于第3浪运行过程是很小的。随后买进热情消失，股市进入下一个阶段。

2. 推动浪的变换形态

1）倾斜三角形

终结型倾斜三角形（见图11）：在推动浪中只出现在第5浪，通常在出现之前，市场变动幅度过速，形成第5浪会以消耗性形态去完成最后一段的走势，随后趋势将发生逆转。该形态的特点是：

第1至第5小浪都包含在两条逐渐会合的直线内，形态最终向汇合点发展。每个小浪全部只可以再划分为低一级的一个浪，此时脱离常规的1、3、5小浪可以划分为低一级的5个波浪。由于每个小浪只可划分为3个浪，市场本身就蕴含弱市的特征。此时第4小浪的底可以低于第1小浪的顶，是数浪规则的特例。

倾斜三角形

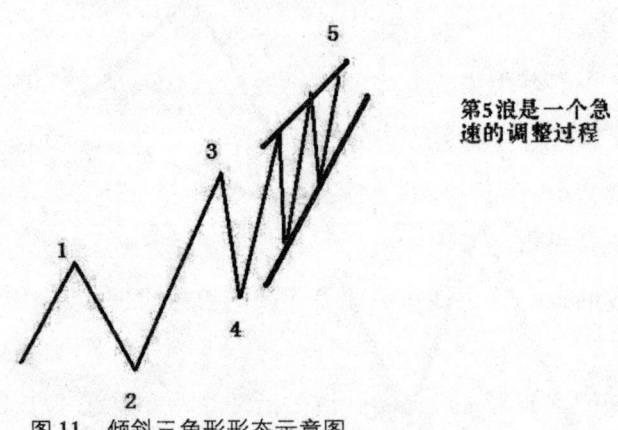

图11 倾斜三角形形态示意图

终结型倾斜三角形出现后表明原先的趋势向弱，其形态一旦完成，将会出现一段急速的调整，回到倾斜三角形开始形成的地方。该形态也会出现在调整浪的浪中。

引导型的倾斜三角形：在推动浪中只出现在第1浪，与终结型的倾斜三角形不同，引导型的倾斜三角形出现后，市场未来发展趋势将与形态发展的趋势相同。该形态的特点是：

关于倾斜三角形形态我们应该牢记艾略特波浪法则的原则：

(1) 倾斜形态在两条确定性的通道线内运行。

(2) 引导倾斜形态的第 1 浪是一个驱动浪或者是一个引导倾斜形态。

(3) 一个终结倾斜形态的第 1、第 3、第 5 浪经常是一个锯齿家族的形态。

(4) 第 2 浪可以是任何形式调整形态（除了三角形）

(5) 第 2 浪在价格上永远不会长于第 1 浪。

(6) 一个引导倾斜形态的第 3 浪是一个驱动浪。

(7) 第 3 浪在价格上经常大于第 2 浪。

(8) 第 4 浪可以是任何形式的调整浪。

(9) 第 2 浪和第 4 浪必须分享一些价格空间（必须重叠）

(10) 引导倾斜形态的第 5 浪或者是一个驱动浪，或者是一个终结倾斜形态。

(11) 第 5 浪在价格上是波浪 4 的 50%。

(12) 在价格上，第 3 浪在第 1 到第 5 浪中一定不是最短的。

2) 失败形态

在上升趋势中，失败形态是指第 5 小浪的顶点低于第 3 小浪顶点，形态上成为双顶，在下跌趋势中则相反，形成双底。

失败形态的特征：低一级的小浪可以明显的再划分为 5 个波浪，上升时出现的失败形态反映出市场潜在的弱市；相反，下跌时出现的失败形态显示出潜在的强势。失败形态一旦出现对后市有重要的参考价值。

3) 延伸浪

所谓浪的延伸（见图 12），是指浪的运动发生放大或拉长的现象。当波浪发生延伸时，将会使得此一波浪序列形成大小相似的 9 浪，而如果延伸浪中再出现延伸，则我们会见到 13 个大小相似的波浪。

延伸浪出现的频率较倾斜三角形和失败形态高，在 3 个推动浪中，有一个浪的走势显得较为夸张悠长，这个延伸浪一般包含 5 个与其他 4 个上浪差不多长度的小浪，形成 9 个波浪的走势，注意以下问题。

通常第 1、第 3、第 5 三个浪中，只有一个浪会出现延伸的情况：假如第 1

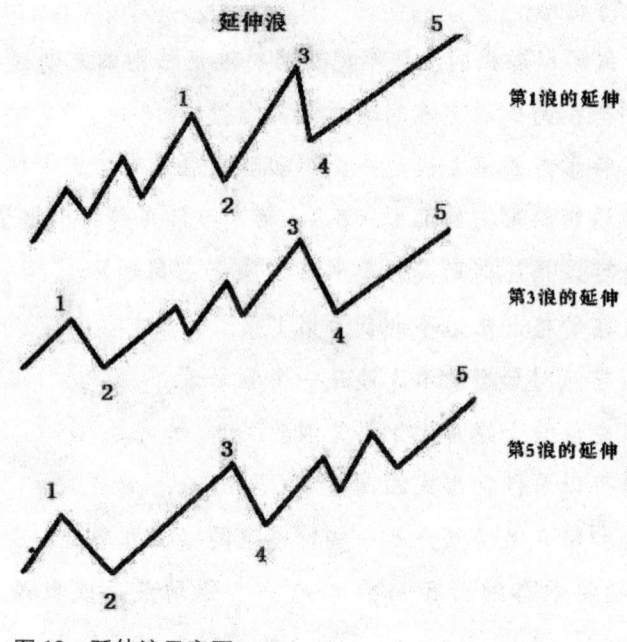

图 12　延伸浪示意图

浪与第 3 浪长度相若，则第 5 浪将会成为延伸浪，此时，如果第 5 浪成交量比第 3 浪多，则可以进一步验证第 5 浪出现延伸。如果第 3 浪属于延伸浪，则第 5 浪形态将较为简单，其长度和运行时间将与第 1 浪相似。如果第 5 浪属于延伸浪，接着出现的调整将会以双重回吐的形态展开。其中，可以再分为下列两种不同的情况。

如果第 5 浪的高一级波浪属于第（1）浪或第（3）浪，第一个回吐将属于第（2）浪或第（4）浪，将价位带回到延伸浪开始的地方。其后，第（3）浪或第（5）浪将会推动价位至新高峰。

如果第 5 浪属于第（5）浪中的一个小浪，双重回吐，首先浪将价位带回到延伸浪开始的地方，接着浪将会把价位推至新高价，成为第二个回吐，最后浪将会出现，令价位以 5 个波浪的形态下跌。

3. 调整浪的形态

1）之字型形态（包括双重之字型）

一个"之字型调整"是一个 3 浪模式（见图 13），其中 B 浪不能回调到 A 浪的 75% 之上。C 浪将在 A 浪之下形成一个新低，之字型调整的 A 浪经常会有

5浪。在另外两个调整（平坦型调整、不规则型调整）中，A浪有3浪。这样，如果你能识别一个有5浪组成的A浪，你就能断定这个调整是"之字型调整"型。

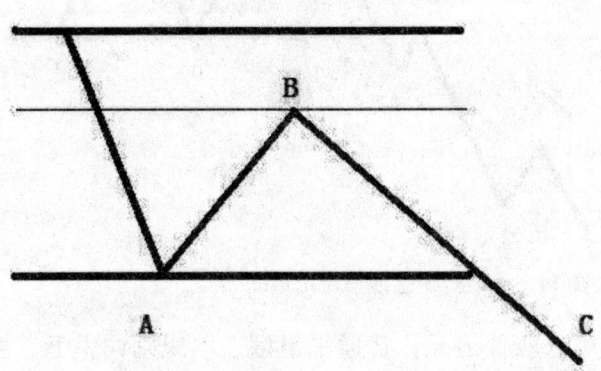

图13　之字型调整浪示意图

之字型的主要特点：可以再分割为5—3—5的13个小浪，浪的顶点明显低于浪开始的地方，在熊市中，基本形态不变，不过以相反的方向出现。双重之字型，属于较为罕见的形态，在两个之字型的调整浪中间加着一个逆流反弹的3个小浪。

在实战中，当A浪以超越C浪终点的方式运行，同时C浪也可以清楚地划分为低一级的5个小浪，此时动力指标出现极度超卖的信号。C浪通常与A浪等长，或是B浪的1.618倍左右。一组之字型的调整浪可能构成高一级的第2浪或第4浪，而利润目标至少应收回之字型的失地。

2）平坦型（包括不规则调整和顺势调整）

在平坦型调整中（见图14），每一浪的长度是相同的。经历过一次5浪的推动模式之后，市场进入A浪。而后，市场波动向上形成浪B，并到达前期高位。最后，市场下滑形成C浪，并到达前期A浪的低位。

平坦型的主要特点：平坦型调整的低一级浪可以再分割为3—3—5的一个小浪，有别于5—3—5形态；A浪由于欠缺足够的力量下行，只包含3个小浪；B浪经常可以升到5浪开始的地方，或出现超过5浪起点的情况；在熊市中，以上情况会以相反方向出现。

平坦型调整浪形态

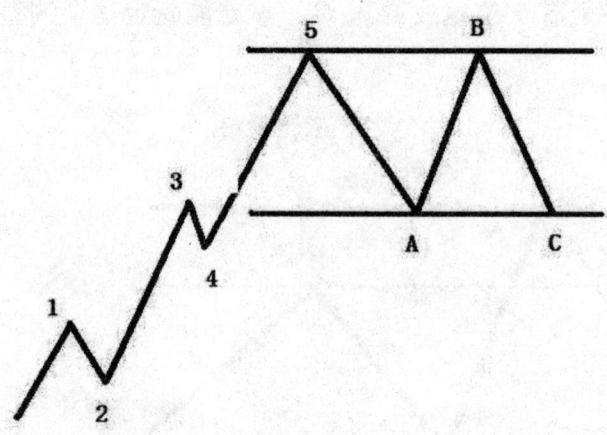

图 14　平坦型调整浪形态示意图

平坦型调整可分三种情况：普通平坦型、不规则调整型、顺势调整型。

平坦型调整的买卖策略是：在平坦型调整的底部买入，可以获得第 3 浪或第 5 浪上升的收益。如果平坦型的调整的浪与浪的起点相差不远，可以预期调整 B 浪会与第 5 浪幅度基本接近；当 B 浪超过调整浪的起点，则会构成不规则的调整，浪与浪将以黄金比率维系；在目标利润方面，最低限度会收回平坦型调整的失地。

3）三角形形态

三角形是 5 浪结构，被分别标记为 a、b、c、d、e。运行在由波浪 A 和波浪 C 的终点画出的线和波浪 B 和波浪 D 的终点画出的线构成的通道内。三角形一般是调整浪。三角形是一种比较特别的调整浪形态，大致上可以分为四大类：上升三角形，下降三角形，对称三角形以及扩张三角形。三角形只在第 4 浪、B 浪中出现，有别于推动浪中第 5 浪出现的倾斜三角形。

三角形形态（见图 15）的主要特点包括：三角形以 3—3—3—3—3 的 5 浪方式运行，总共 15 个小浪；由于可以分割为低一级的 5 浪，有别于正常的 3 浪调整；三角形的走势基本上属于横行性质的巩固形态，等待市场形成突破；形态内的 5 个小浪通常会受到奇异数位组合的比率维系，如，同方向的波浪，固然受到黄金比率的影响，如 0.618，而与浪之间也会出现类似的情况；第 5 浪浪通常会超越三角形的界限，形成假突破，然后恢复向原来的主流作最后的冲刺。这种情况在对称三角形和扩张三角形中较为常见。

三角形形态

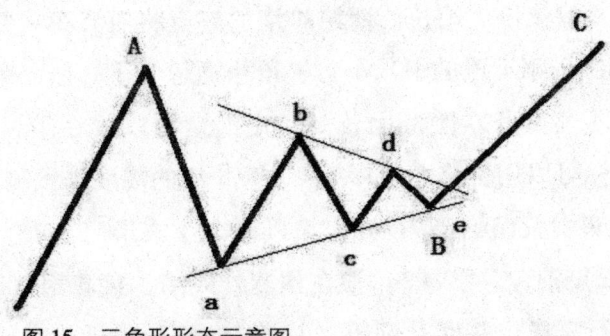

图15 三角形形态示意图

三角形的调整浪同时具有向好和向淡的意味,向好时,市场会在三角形完成后,恢复向上的趋势,但由于恢复向上运行的波浪属于最后的推动浪,因此,上升趋势持续时间不会太长;三角形形态完成后,最后的推动浪(第5浪),将会以快速冲刺的方式完成。随着三角形形态后市场的升、跌幅度,大致上为三角形内最宽的距离。

三角形形态的买卖策略是:市场上下波动,5个浪的组合不知所终,而上下波动的幅度逐步减小,相隔的波浪以0.618的比例相互维系,当市场以3个浪又3个浪的方式运行,三角形形态将出现。至B浪运行完毕后,可以在浪的底部买入,因为接下来的升势将较为凌厉。预期的目标将是突破后的快速上升,缺口是较为常见的现象,上升目标最少是三角形的最宽幅度。

三、艾略特波浪理论的实战综合

1. 推动浪的买卖策略

(1)第2浪的买卖策略。当第1浪上升以后,市场出现3个浪的调整时走势出现5个小浪的上升,表明调整已经结束,随后可进行买入。一般第2浪调整的买入点可放在0.5~0.618的范围内,如果第2浪的调整以之字型展开,则该范围比较可靠。买入后可将止损盘放在之字型调整的底部,而预期第3浪的目标将至少与第1浪等长。

(2) 第4浪底的买入。当市场以推动浪的形式走完上升的3个浪时，就可以考虑在第4浪底买入。上升的3个浪是否属于推动浪的判断：第3浪出现大脸跳空缺口；第3浪比第1浪长。而第4浪的终点将有几种可能性：第3浪的0.382～0.5的范围；第1浪的浪顶上方；价格通道的下边线。假如几种可能性的目标价位相差不远，可靠性将比较高。止损盘可以放在第（3）浪的浪顶，第5浪的预期目标可以用价格通道和第1、第3浪的幅度来预测。

(3) 第3浪买卖策略。当第（1）浪以5个小浪形态上升，其后出现3个向下调整的第（2）浪，且第（2）浪在预测处终结，接着第（3）浪的第1浪和第2浪先后运行完毕，并回升到第（1）浪的浪顶附近收盘。当第二日出现跳空上涨时，证明第（3）浪的第3浪应具有较强的爆发力，缺口和成交量越大，表明第3浪的上升力度越强。第3浪的买入时机相对比较好掌握，可以在跳空向上时积极参与。买入后将止损盘放在两个位置：第1浪的顶点，因为既然是第（3）浪的第3浪，市场就不会犹豫不决的下跌，与第1浪发生重叠；放在缺口的下方，既然认为是主升段中的主升段，市场就应该义无反顾的上涨，回补缺口表明市场趋势比较弱，很可能不是第3浪。

(4) 第5浪顶的抛售。当第1至第4浪已经走完，而第5浪也开始运行，当第5浪高于第3浪时就可认为上升五浪是完整的，此时，最理想的抛售是第5浪以消耗性缺口的方式走完最后一段，而缺口一旦回补就可认为第5浪已经运行完毕，此时可配合动力指数的顶背离来确认。如果市场走势与预期不符，如第5浪出现延长，回补的买盘应放在第5浪的顶部，也就是说，市场还将再创新高。

2. 艾略特波浪理论指数上的运用

(1) 上证指数波浪划分。从月线的角度对上证指数10年来的走势进行划分，可以清晰地发现指数的运行轨迹。第一轮牛市从95.79点起步，历经两年左右时间，于1993年2月到达1558点，期间包括标准的5浪上升，其中，第（3）浪持续的时间最长，而第（4）浪调整幅度也非常深，第（5）浪创出历史新高后，市场进入大调整阶段。

(2) 周线图分析（见图16），大盘1996年1月展开第二轮牛市行情后，完成了第（1）浪和第（2）浪，紧接着进入第（3）浪中运行，第（1）浪为512

~1510点，第（2）浪为1510~1047点。第（2）浪为联合形调整，第一组调整1510~1025点为之字型调整，其后经过1025~1422点的浪过渡，1422~1047点的调整为三角形整理。

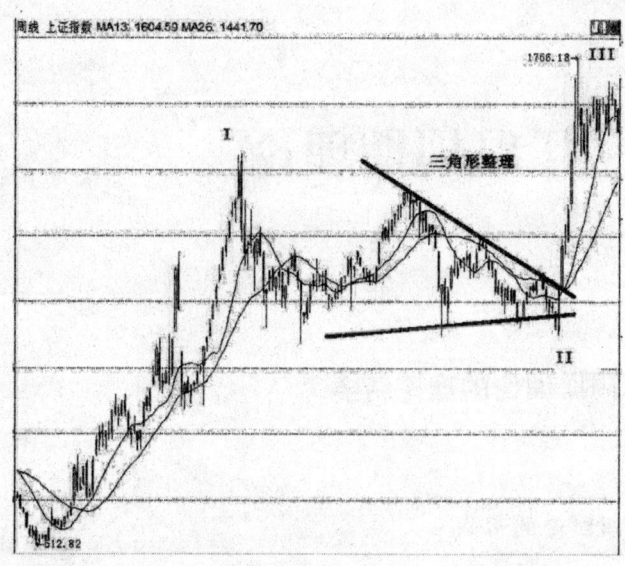

图16　上证指数波浪分析图解

（3）日线图分析（见图16）。上证指数1893~2245点的上升走势明显由5个波段推动，其中第（5）浪又可细分为五个小浪，形态上表现为终结型倾斜三角形，显示上升势头明显减弱，大盘将进入中线调整期。

第三章 江恩周期理论

一、江恩周期理论的理论精要

1. 江恩周期理论的形成

威廉·江恩以其别树一帜的市场分析方法成为了二十世纪最伟大的市场炒家，而对于爱好技术分析的投资者来说，江恩周期理论（简称江恩理论）更是不可不精的必修课程。

威廉·江恩生于1878年6月6日的美国德州路芙根市，这里盛产棉花，对于江恩这位棉花大炒家来说，童年的影响不言而喻。他在1902年24岁第一次入市买卖期货，略尝甜头。自此之后的53年，他在市场共获取5000万美元，以当时币值，金额之大，令人咋舌。

知识是市场取胜之道，江恩很早已经察觉自然定律是一切市场波动的基础，他共用去10年漫长时间，研究自然定律与投资市场之间的关系。他认为金融市场是根据波动法则运行的，这种法则一经掌握，分析者可以预测市场某特定时间的准确价位。此外，江恩亦认为，每种股票或期货，都拥有一个独特的波动率主宰市场价位的起跌。

尽管江恩的分析方法秘而不宣，但大体上是根据以下几方面研究出来的：

（1）数学。
（2）几何学。

（3）数字学。

（4）星象学。

江恩理论的实质就是在看似无序的市场中建立了严格的交易秩序，他建立了江恩时间法则、江恩价格法则、江恩线等。它可以用来发现何时价格会发生回调和将回调到什么价位。

江恩线的数学表达有两个基本要素：价格和时间。江恩通过江恩圆形、江恩螺旋正方形、江恩六边形、江恩"轮中轮"等图形将价格与时间完美的融合起来。在江恩的理论中，"7"是一个非常重要的数字，江恩在划分市场周期循环时，经常使用"7"或"7"的倍数，江恩认为"7"融合了自然、天文与宗教的理念。

江恩线是江恩理论与投资方法的重要概念，江恩在 X 轴上建立时间，在 Y 轴建立价格，江恩线符号由"TXP"表示。江恩线的基本比率为 1：1，即一个单位时间对应一个价格单位，此时的江恩线为 45 度。通过对市场的分析，江恩还分别以 3 和 8 为单位进行划分，如 1/3，1/8 等，这些江恩线构成了市场回调或上升的支持位和阻力位。

江恩在 1949 年出版了他最后一本重要著作《在华尔街 45 年》，此时江恩已是 72 岁高龄，他坦诚地披露了纵横市场数十年的取胜之道。其中江恩十二条买卖规则是江恩操作系统的重要组成部分，江恩在操作中还制定了二十一条买卖守则，江恩严格地按照十二条买卖规则和二十一条买卖守则进行操作。

江恩认为，进行交易必须根据一套既定的交易规则去操作，而不能随意地买卖，盲目地猜测市场的发展情况。随着时间的转变，市场的条件也会跟随转变，投资者必须学会跟随市场的转变而转变，而不能认死理。

江恩告诫投资者：在你投资之前请先细心研究市场，因为你可能会作出与市场完全相反的错误的买卖决定，同时你必须学会如何去处理这些错误。一个成功的投资者并不是不犯错误，因为在证券市场中面对千变万化、捉摸不定的市场，任何一个人都可能犯错误，甚至是严重的错误。但成败的关键是成功者懂得如何去处理错误，不使其继续扩大；而失败者因犹豫不决、优柔寡断任错误发展，并造成更大的损失。

通过江恩理论，我们可以比较准确的预测市场价格的走势与波动，成为股市的赢家。当然，江恩理论也不是十全十美的，不能指望它使你一夜暴富，但是经过努力，在实践中体会江恩理论的真谛，它一定会使你受益。

2. 江恩周期理论的时间法则

在江恩的理论中，时间是交易的最重要的因素。江恩的时间法则用于揭示价格发生回调的规律。

江恩认为：一定量的价格回调发生在特定的时间内，运用江恩时间法则，实际的价格回调是能够预测的。

江恩把时间定义为江恩交易年，它可以一分为二，即6个月或26周，也可以一分为三，一分为四乃至更多，如将江恩交易年分为1/8和1/16。

在江恩交易年中还有一些重要的时间间隔。例如，因为一周有7天，而7×7是49，因此他将49视为非常有意义的日子，一些重要的顶或底的间隔在49~52天。中级趋势的转变时间间隔为42~45天，而45天恰恰是1年的1/8。

江恩还指出一些重要的时间间隔，可以预测价格反转的发生：

（1）一般市场回调发生在第10~14天，如果超过了这一时间间隔，随后的回调将出现在第28~30天。

（2）主要顶或底7个月后会发生小型级回调。

（3）主要顶或底的周年日。

另外，江恩的时间法则还考虑了季节、宗教、天文学等多种因素。

3. 江恩周期理论的波动法则

江恩理论认为市场的波动率或内在周期性因素，来自市场时间与价位的倍数关系。当市场的内在波动频率与外来市场推动力量的频率产生倍数关系时，市场便会出现共振关系，令市场产生向上或向下的巨大作用。

回顾历史走势，可以发现：股票走势经常大起大伏，一旦从低位启动，产生向上突破，股价如脱缰的野马奔腾向上；而一旦从高位产生向下突破，股价又如决堤的江水一泻千里。这就是共振作用在股市之中的反映。

共振可以产生势，而这种势一旦产生，向上向下的威力都极大。它能引发人们的情绪和操作行为，产生一边倒的情况。向上时人们情绪高昂，蜂拥入市；向下时，人人恐慌，股价狂泻，如同遇到世界末日，江恩称之为价格崩溃。

因此一个股票投资者，应对共振现象充分留意。下列情况将可能引发共振现象：

（1）当长期投资者、中期投资者、短期投资者在同一时间点，进行方向相同的买入或卖出操作时，将产生向上或向下的共振。

（2）当时间周期中的长周期、中周期、短周期交汇到同一个时间点且方向相同时，将产生向上或向下共振的时间点。

（3）当长期移动平均线、中期移动平均线、短期移动平均线交汇到同一价位点且方向相同时，将产生向上或向下共振的价位点。

（4）当K线系统、均线系统、成交量KDJ指标、MACD指标、布林线指标等多种技术指标均发出买入或卖出信号时，将产生技术分析指标的共振点。

（5）当金融政策、财政政策、经济政策等多种政策方面一致时，将产生政策面的共振点。

（6）当基本面和技术面方向一致时，将产生极大的共振点。

（7）当某一上市公司基本面情况、经营情况、管理情况、财务情况、周期情况方向一致时，将产生这一上市公司的共振点。

共振并不是随时都可以发生，而是有条件的，当这些条件满足时，可以产生共振；当条件不满足时，共振就不会发生；当部分条件满足时，也会产生共振，但作用就小；当共振的条件满足得越多时，共振的威力就越大。在许多时候，已经具备了许多条件，但是共振并没有发生，这可以理解为万事俱备、只欠东风。东风不刮，火就烧不起来，而东风是关键条件。如果没有关键条件，共振将无法产生，在这一点上江恩特别强调自然的力量。

总之，共振是使股价产生大幅波动的重要因素，投资者可以从短期频率、中期频率和长期频率以及其倍数的关系去考虑。江恩还认为：市场的外来因素是从大自然循环及地球季节变化的时间循环而来。共振是一种合力，是发生在同一时间多种力量向同一方面推动的力量。投资者一旦找到这个点，将可获得巨大利润和回避巨大风险。

4. 江恩循环周期理论

江恩的循环周期理论是对整个江恩思想及其多年投资经验的总结。

江恩把他的理论用按一定规律展开的圆形、正方形、和六角形来进行论述。这些图形包括了江恩理论中的时间法则、价格法则、几何角、回调带等概念，图形化的揭示了市场价格的运行规律。

江恩认为较重要的循环周期有：

短期循环：1小时、2小时、4小时、……18小时、24小时、3周、7周、13周、15周、3个月、7个月。

中期循环：1年、2年、3年、5年、7年、10年、13年、15年。

长期循环：20年、30年、45年、49年、60年、82或84年、90年、100年。

30年循环周期是江恩分析的重要基础，因为30年共有360个月，这恰好是360度圆周循环，按江恩的价格带理论对其进行1/8、2/8、3/8……7/8等，正好可以得到江恩长期、中期和短期循环（见图17）。

360^0 循环递增表

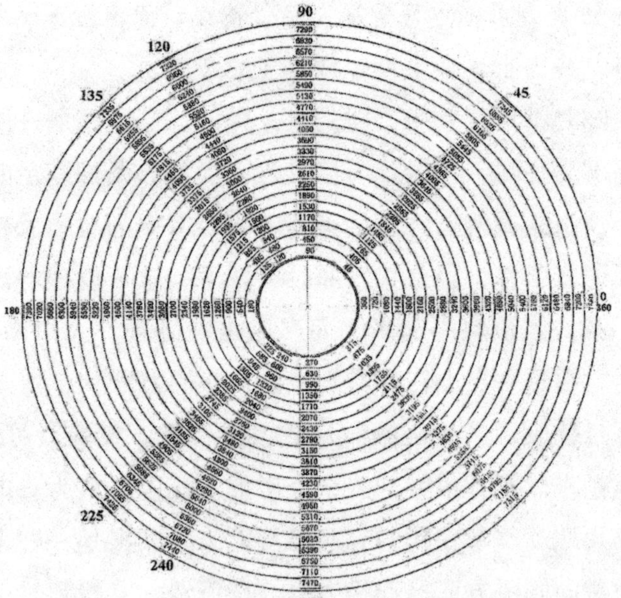

图17 江恩360度循环递增表示意图

在上证指数月线图中，可以找到3次以18个月为循环周期的循环。1993年2月最高点1558点至1994年7月低点325点，是一个高点到低点的循环周期，运行18个月；从1994年7月低点325点至1996年1月低点512点，运行

19 个月，是一个低点到低点的循环周期；从 1996 年 1 月低点 512 点至 1997 年 5 月高点 1510 点，是一个低点到高点的循环周期，运行 17 个月。这 4 个循环周期均按照 18 个月（+ 或 – 1 个月）的循环周期运行。所不同的是，运行方式不单纯是按照低点到低点或高点到高点的 3 种方式完成循环。将这 3 个循环的时间相加，等于 52 个月，也就是 1993 年 2 月高点 1558 点至 1997 年 5 月高点 1510 点，这很可能是一个大级别的高点到高点的完整循环。在这个循环中，包含着 3 个时间基本相等，运行方向不同的 3 个阶段，即下跌、盘底、上升的 3 阶段。以此推论，1997 年 5 月份向后计算 52 个月，很可能是下一次行情的大顶部。18 个月循环周期是江恩 36 个月循环周期（三年的循环）的 1/2，也是我国股市存在的非常重要的循环周期之一。

江恩对月循环还特别强调以下几点：

（1）在重要的市场底部开始计算，3 个月后，可能是市场的另一个底部或顶部；再加 4 个月，可能是市场的另一个底部或顶部。如，上证指数 1994 年 7 月创出低点 325 点，是一个重要底部；7 个月后至 1995 年 2 月，上证指数运行至 524 点的低点，是上证指数的另一个重要底部。

（2）在上升的趋势中，调整一般不会超过两个月，到第三个月，市场将见底回升。如，1996 年 1 月上证指数从低点 512 点，展开了一轮大牛市行情；直至 1997 年 5 月 1510 点为止，中途进行了 3 次调整，每次调整均为两个月，第三个月开始恢复升势。它们分别是 1996 年 4 月开始调整，6 月恢复升势；1996 年 7 月开始调整，9 月恢复升势；1996 年 12 月开始调整，1997 年 2 月恢复升势。

（3）在极端的情况下，市场可能只调整 2~3 周。在这种情况下，市场可能连续上升 12 个月，每个月的底部均比上个月的底部高。如：1996 年 11 月，上证指数只调整了两周，即恢复了升势；1996 年上证指数从 1 月开始上涨，一直涨到 12 月。

（4）在大牛市中，如出现下跌趋势，可能只运行 3~4 个月，随后市场将重转升势。

（5）在大熊市中，一波反弹只能维持 3~4 个月，然后再调头继续下跌。

10 年循环周期也是江恩分析的重要基础，江恩认为，10 年周期可以再现市场的循环。例如，一个新的历史低点将出现在一个历史高点的10年之后，反之，一个新的历史高点将出现在一个历史低点之后。同时，江恩指出，任何一个长期的升势或跌势都不可能不做调整的持续3年以上，其间必然有3至6个月的调整。因此，10年循环的升势过程实际上是前6年中，每3年出现一个顶部，最后4年出现最后的顶部。

上述长短不同的循环周期之间存在着某种数量上的联系，如倍数关系或平方关系。江恩将这些关系用圆形、正方形、六角形等显示出来，为正确预测股市走势提供了有力的工具。

5. 江恩回调法则

回调是指价格在主运动趋势中的暂时的反转运动。回调理论是江恩价格理论中重要的一部分。

根据价格水平线的概念，50%、75%、100%作为回调位置对价格运动趋势构成是强大的支持或阻力。

举个例子说，某只股票价格从40元最高点下降到20元最低点开始反转，价格带的空间是40元减去20元为20元。这一趋势的50%为10元，即上升到30元时将回调。而30元与20元的价格带的50%为5元，即回调到25元时再继续上升。升势一直到40元与20元的75%，即35元再进行50%的回调，最后上升到40元完成对前一个熊市的100%回调。

那么，如何判断峰顶与峰底呢？江恩认为1年中只做几次出色的交易就可以了，为此，需要观察以年为单位的价格图，来决定1年中的顶部与底部，然后才是月线图、周线图和日线图。

江恩50%回调法则是基于江恩的50%回调或63%回调概念之上。

江恩认为：不论价格上升或下降，最重要的价位是在50%的位置，在这个位置经常会发生价格的回调，如果在这个价位没有发生回调，那么，在63%的价位上就会出现回调。

在江恩价位中，50%、63%、100%最为重要，他们分别与几何角度45度、63度和90度相对应，这些价位通常用来决定建立50%回调带。

投资者计算50%回调位的方法是：将最高价和最低价之差除以2，再将所得结果加上最低价或从最高价减去。当然，价格的走势是难以预测的，我们在预测走势上应该留有余地，实际价格也许高于也许低于50%的预测。

江恩投资实战技法适合于各种时间尺度的图表，包括5分钟图、日线图、周线图、月线图和年线图。

经过观察大量的图表，可以看到以下江恩法则的存在：
(1) 价格明显地在50%回调位反转。
(2) 如果价格穿过50%回调价位，下一个回调将出现在63%价位。
(3) 如果价格穿过63%回调价位，下一个回调将出现在75%价位。
(4) 如果价格穿过75%回调价位，下一个回调将出现在100%价位。
(5) 支持位和阻力位也可能出现在50%、63%、75%和100%回调重复出现的价位水准上。
(6) 有时价格的上升或下降可能会突破100%回调价位。

二、江恩周期理论的操作规则

1. 江恩理论的股票操作铁律

江恩的21条股票操作买卖守则如下所示。
(1) 每次入市买、卖，损失不应超过资金的1/10。
(2) 永远都设立止损位，减少买卖出错时可能造成的损失。
(3) 永不过量买卖。
(4) 永不让所持仓位转盈为亏。
(5) 永不逆市而为。市场趋势不明显时，宁可在场外观望。
(6) 有怀疑，即平仓离场。入市时要坚决，犹豫不决时不要入市。
(7) 只在活跃的市场买卖。买卖清淡时不宜操作。
(8) 永不设定目标价位出入市，避免限价出入市，而只服从市场走势。
(9) 如无适当理由，不将所持仓平盘，可用止赚位保障所得利润。
(10) 在市场连战皆捷后，可将部分利润提取，以备急时之需。
(11) 买股票切忌只期望分红收息。（赚市场差价第一）
(12) 买卖遭损失时，切忌赌徒式加码，以谋求摊低成本。

(13) 不要因为不耐烦而入市，也不要因为不耐烦而平仓。

(14) 肯输不肯赢，切戒。赔多赚少的买卖不要做。

(15) 入市时落下的止损位，不宜胡乱取消。

(16) 做多错多，入市要等候机会，不宜买卖太密。

(17) 做多做空自如，不应只做单边。

(18) 不要因为价位太低而吸纳，也不要因为价位太高而沽空。

(19) 永不对冲。

(20) 尽量避免在不适当时搞金字塔加码。

(21) 如无适当理由，避免胡乱更改所持股票的买卖策略。

江恩十二条买卖规则如下所示：

(1) 决定市场的走势。

(2) 在单底、双底或三底水平入市买入。

(3) 根据市场波动的百分比买卖。

(4) 根据3星期上升或下跌买卖。

(5) 市场分段波动。

(6) 利用5至7点波动买卖。

(7) 成交量。

(8) 时间因素。

(9) 当出现高低点或新高时买入。

(10) 决定于大势趋势的转向。

(11) 最安全的买卖点。

(12) 快速市场的价位波动。

2. 江恩周期理论股票操作买卖规则要点详解

1) 9点平均波动图

"9点平均波动图"（见图18）的规则是：若市场在下跌的市道中，市场反弹低于9点，表示反弹乏力。超过9点，则表示市场可能转势，在10点之上，则市势可能反弹至20点，超过20点的反弹出现，市场则可能进一步反弹至30~31点，市场很少反弹超过30点的。对于上升的市道中，规则亦一样。

在制作图表时，若市况上升超过9点，图表线可作上升，图表线跟随每日

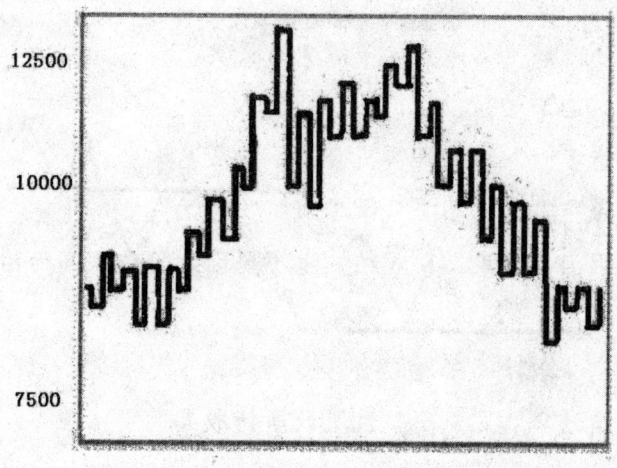

恒生指数9点图，每单位等于10点

图18　9点平均波动图图解

高点上移，直至市场出现9点的下跌，图表线才跟随下移至当日低点。"3天图"及"9点图"与目前我们所使用的"点数图"十分类似，都是以跟随市势的方式绘制。不过，江恩上述图表有几个特点需要注意：

（1）江恩的"3天图"是以时间决定市势的趋向，"9点图"则以价位涨落的幅度去决定市势的走向，双剑合璧，分析者可对市场趋势掌握了如指掌。

（2）与点数相比，定义点数图的转向，是由分析者自行决定，成功与否在于分析者对市况的认识。

2）单底、双底、三底买入法

江恩买卖守则中有一条是：当市场接近从前的底部、顶部或重要阻力水平时，根据单底、双底或三底形式入市买卖。

这个规则的意思是，市场从前的底部是重要的支持位，可入市吸纳。此外，当从前的顶部上破时，则阻力成为支持，当市价回落至该顶部水平或稍低于该水平，都是重要的买入时机（见图19）。

相反而言，当市场到达从前顶部，并出现单顶、双顶以至三顶，都是沽空的时机。此外，当市价下破从前的顶部，之后市价反弹回试该从前顶部的水平，是沽空的时机。不过投资者要特别留意，若市场出现第四个底或第四个顶时，便不是吸纳或沽空的时机，根据江恩的经验，市场4次到顶而上破，或4

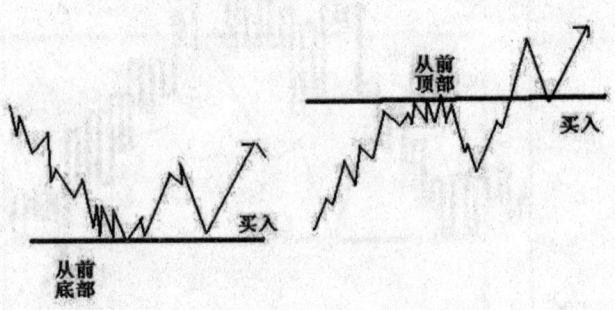

图 19 根据从前顶部（底部）买入法图解

次到底而下破的机会会十分大。在入市买卖时，投资者要谨记设下止损盘，不知如何止损便不应入市。止损盘一般根据双顶/三顶幅度而设于这些顶部之上。

3）根据百分比买卖

江恩认为，只要顺应市势，有两种入市买卖的方法（见图20）。

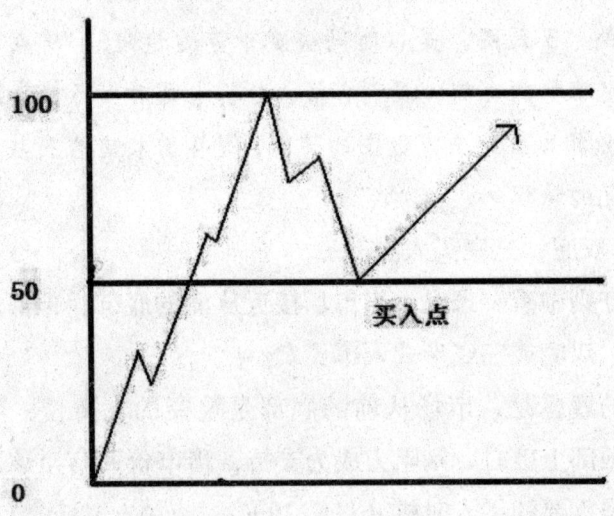

图 20 高点价位50%买入法图解

（1）若市况在高位回吐50%，是一个买入点。

（2）若市况在低位上升50%，是一个卖出点（见图21）。

此外，一个市场顶部或底部的百分比水平，往往成为市场的重要支持或阻

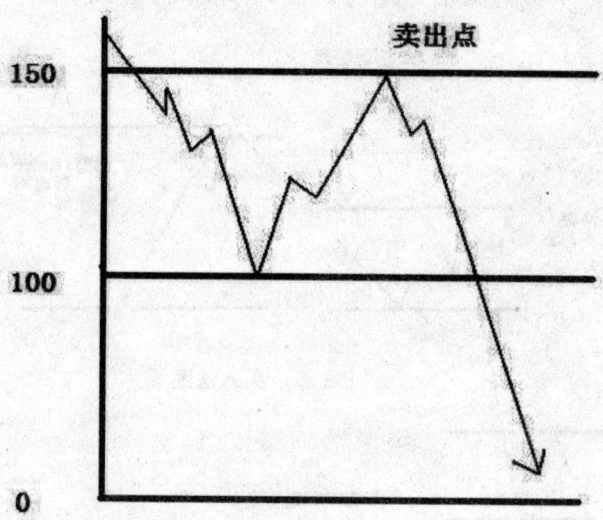

图21　低点价位50%卖出图解

力位，有以下几个百分比水平值得特别留意。

(1) 3~5%。

(2) 10~12%。

(3) 20~25%。

(4) 33~37%。

(5) 45~50%。

(6) 62~67%。

(7) 72~78%。

(8) 85~87%。

在众多个百分比之中，50%、100%以及100%的倍数皆为市场重要的支持或阻力水平。

4）5至7点波动买卖法

江恩对于市场运行的研究，其中有一个重点是基于数字学之上。所谓数字学，乃是一套研究不同数字含义的学问。对于江恩来说，市场运行至某一个阶段，亦即市场到达某一个数字阶段，市场便会出现波动及市场作用。

5至7点波动买卖法则即江恩的第六条买卖规则是：

（1）若趋势是上升的话，则当市场出现5至7点的调整时，可作趁低吸纳，通常情况下，市场调整不会超过9至10点（见图22）。

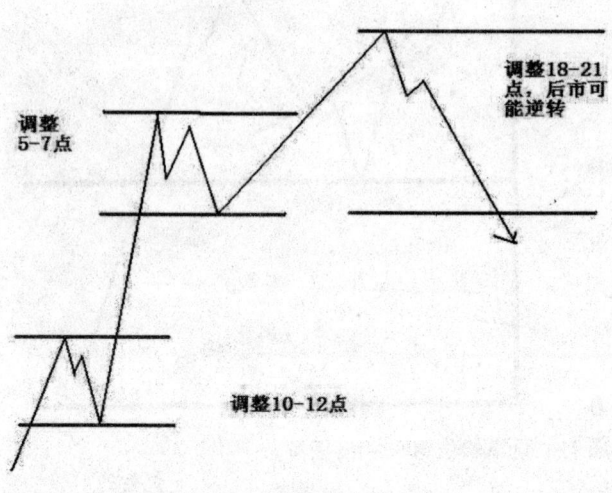

图22　市场调整幅度与买卖图解

（2）若趋势是向下的话，则当市场出现5至7点的反弹时，可趁高沽空。

（3）在某些情况下，10至12点的反弹或调整，亦是入市的机会。

（4）若市场由顶部或底部反弹或调整18至21点水平时，投资者要小心市场可能出现短期市势逆转。

江恩的买卖规则有普遍的应用意义，它并没有特别指明是何种股票或哪一种金融工具，亦没有特别指出哪一种程度的波幅。因此，它的着眼点乃是市场运行的数字上，这种分析金融市场的方法是十分特别的。

三、江恩周期理论的测市工具

1. 江恩线

江恩线又叫甘氏线（见图23），体现的是江恩理论中价格与时间的关系。

江恩理论中最重要的概念就是甘氏线与价格运动的关系。

甘氏线在X轴上建立时间，在Y轴上建立价格，甘氏线的符号是"TXP"，

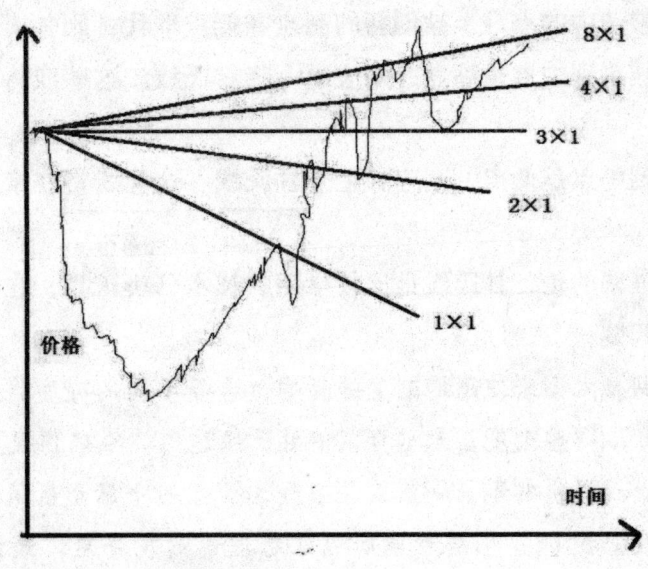

图 23 甘氏线示意图

T 为时间，P 为价格。

甘氏线由时间单位和价格单位定义价格运动，每条甘氏线由时间和价格的关系所决定。从图上各个明显的顶点和底点画出甘氏线，他们彼此互相交叉，构成甘氏线之间的关系。它们不仅能确定何时价格会反转，而且能够指出将反转到何种价位，构成时间与价格的美妙和谐。

甘氏线的基本比例为 1 : 1，即每单位时间内，价格运行一个单位。另外，还有 1/8、2/8、1/3、3/8、4/8、5/8、2/3、6/8、7/8 等。每条甘氏线有其相对应的几何角。

甘氏线是从一个点出发，依一定的角度，向后画出的多条射线，所以，甘氏线包含了角度线的内容。甘氏线分为上升甘氏线下降甘氏线两类。每条直线都有一定的角度，这些角度的得到都与百分比线中的那些数字有关。每个角度的正切或余切分别等于百分比数中的某个分数（或者说是百分数）。

每条直线都有支撑和压力的功能，但这里面最重要的是 1×1、2×1 和 1×2。其余的角度虽然在价格的波动中也能起一些支撑和压力作用，但重要性都不大，都很容易被突破。

画甘氏线的具体方法是首先找到一个点，然后以此点为中心按照不同的角度向上或向下。被选择的点同大多数别的选点方法一样，一定是显著的高点和低点,如果刚被选中的点马上被创新的高点和低点取代,则甘氏线的选择也随之变更。如果被选到的点是高点,则应画下降甘氏线。这些线将在未来起支撑和压力作用。

如果被选到的点是低点,则应画上升甘氏线。这些线将在未来起压力和支撑作用。

需要特别强调的是,甘氏线是比较早期的技术分析工具,在使用的时候会遇到以下两个问题:

第一,受到技术图表使用的刻度的影响,选择不同的刻度将影响甘氏线的作用。只要不断地调整刻度,永远可以使甘氏线达到"准确预报"的效果。

第二,甘氏线提供的不是一条或几条线,而是一个扇形区域,在实际应用中有相当的难度。对那些不是专业研究江恩理论的投资者,最好不要使用甘氏线。

2. 江恩数字表

江恩数字表是江恩发明的将数字沿垂直方向排列的四方形,用来预测价格的支持位和阻力位。

江恩数字表有多种,如以数字6、9、12、19、20、27、36、52、90等为基数的四方形,其中常用的是九九四方形数字表。

九九四方形数字表的绘制方法:从四方形的左下角,自下而上填写1~9,从第二列下面继续填写10~18,依次类推直至填到81。

江恩认为,每一种股票都有其独特的波动率,在一定市场条件下,波动率会产生"共鸣",引起趋势的反转。

因此,应该使用与该市场波动率相近的四方形才能有好的效果。

与江恩螺旋四方形类似,江恩数字表的重要支持位或阻力位极有可能发生在以下位置。

（1）四方形的中点。
（2）四方形中心线。
（3）四方形对角线。

3. 江恩轮中轮

江恩认为,既然在自然定律中,有四季交替,主次阴阳之分,那么在股票市场中，必定也有短期、中期、长期循环以及循环中的循环，正如《圣经》所述的"轮中之轮"（见图24）。

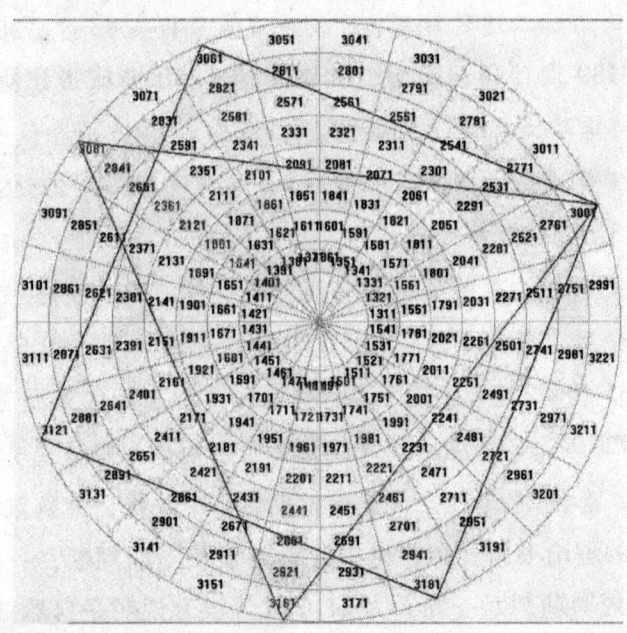

图24　江恩轮中轮示意图

江恩根据这一理论，设计了市场循环中的轮中之轮，将市场上的短期、中期和长期循环加以统一的描述并将价位与江恩几何角也统一起来。因此"轮中轮"是对江恩全部理论的概括总结。

轮中轮的制作：

轮中轮将圆进行24等分，以0度为起点，逆时针旋转每15度增加一个单位，经过24个单位完成第一个循环，依此类推，经过48个单位完成第二个循环……，最后经过360个单位完成第十五个循环，即一个大循环，形成江恩"轮中轮"。

江恩轮中轮上的数字循环即是时间的循环也是价格的循环，例如，对时间循环而言，循环一周的单位可以是小时、天、周、月等，对价格循环而言，循环单位可以是元或汇率等。

江恩"轮中轮"的关键是角度线，市场的顶部、底部或转折点经常会出现在一些重要的角度线上，如0度、90度、180度等。通过"轮中轮"，我们可以预知市场的价位，以便安全、有效地运用资金。

轮中轮的使用方法：

（1）对照轮中的数字，将游标一选定所要判断的目标股或指数的最低点或最高点。①上涨时游标二逆时针旋转，价位或点数将在45度、90度、120度处遇初级阻力，在180度处遇强阻力，在225度、270度处遇超强阻力，在315度、360度处遇特强阻力。②下跌时游标二顺时针旋转，价位或点数将在45度、90度、120度处遇初级支撑，在180度处遇强支撑，在225度、270度处遇超强支撑，在315度、360度处遇特强支撑。

（2）江恩理论轮中之轮要点：①当股价或指数突破或跌破一个阻力或支撑位时，将向下一个阻力或支撑位移动。②轮中之轮的0度、90度、180度、270度，及45度、135度、225度、315度所构成的两个正四方形处为阻力或支撑。另外，由0度、120度、240度所构成的正三角形处也为阻力或支撑。③一周分为24×15（度），暗含24节气。价位或指数由内向外找，大数取内优先。

注释：江恩的理论书籍介绍，轮中之轮用于长周期判断，一周天为360天（自然日），用于短周期判断一周天为24小时（没有说明是自然日还是交易日）

而在中国股市中，中短线投资者可以参考如下方法。

（1）一周天如按交易日，则大约为18个月。每交易日为4小时。

（2）一周天可以是180天，每格（15度）为7.5天。

（3）一周天也可以是90天，每格（15度）为3.75天。

（4）一周天也可以是45天，每格（15度）为1.875天。

（5）一周天也可以是22.5天，每格（15度）为0.9375天或3.75交易小时。

（6）一周天也可以是11.25天，每格（15度）为0.46875天或1.875交易小时。

（7）最短的一周天可以是6天，每格（15度）为1交易小时。

说明：江恩理论的精髓——市场在重要的时间到达重要的位置（股价或股指）时，市场的趋势将发生逆转。

此外，还有几个关键点是投资者应特别注意的：

（1）一周天的重要时间为，到达上面第一条中的所述的角度位置所需的时间。周期的长短在第二条中选择。

(2) 当选用的长周期和短周期所指向的位置为同一位置时，该点即为市场的最为重要的位置。时间大致为长、短周期重叠的时间位置。

(3) 如果股价或股指在重要的时间内超越了一个重要的位置。那么，它将向下一个重要的位置移动。

(4) 如果股价或股指在重要的时间内没有超越那个重要的位置。那么，它将回头寻找它前一个重要的位置。

以上证指数（见图25）为例说明一下这个问题。

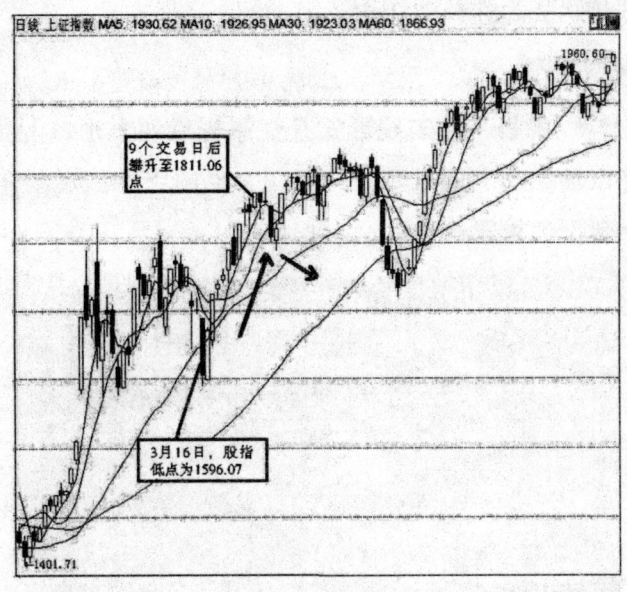

图25 上证指数轮中轮实战图解

以2000年3月16日的上证指数的低点1596.07点为起点，取一周天为11.25天（短周期判断）。股指运行9天后到达1811.06点（3月30日）。江恩轮中之轮逆时针转（上涨）315度，需$0.46875 \times 315 \div 15 = 9.84375$天，阻力位为1810正负5点。时间和价位重叠，即江恩理论中的市场在重要的时间到达重要的位置（股价或股指）时，市场的趋势将发生逆转。随后的一天（3月31日），股指在4小时的交易时间内，由1810.90点下跌到1780.41点，收于1800.22点。此时取一周天为6天（更短的周期），用江恩轮中之轮顺时针转45度（3小时）为1780正负5点（当天盘中大约下跌了3个小时），到达支撑位。由于收盘时股指已返回到1800.22点，可判断第二天股指不会再下跌。

2000年4月3日，股指最高为1816.86点，最低为1798.25点，收于

1801.00点。再用11.25的周期分析，显然在特定的时间内股指没有顺利冲过1810正负5点的阻力位，因此向下调整是必然的。以后的8小时调整，由1815正负5点顺转120度（重要支撑位）达1735正负5点。最低点为1746.30点，收于1771.20点。股指重新步入升途。

江恩理论的优点是阐述了时间与价位的关系。准确的时间和价位的预测，使其他任何理论难望其项背。江恩理论的弱点，是缺乏对另一市场的重要因素——成交量的描述。因此，江恩理论与道氏趋势理论、艾略特波浪理论，相互结合使用，可起到互为弥补的作用。

4. 江恩螺旋四方形

江恩"轮中轮"的另一种表现形式是江恩螺旋四方形（见图26）。江恩螺旋四方形就是将市场循环一周八等分，而四方形的十字线和对角线上的价格就是极有可能发生转折的重要价位。

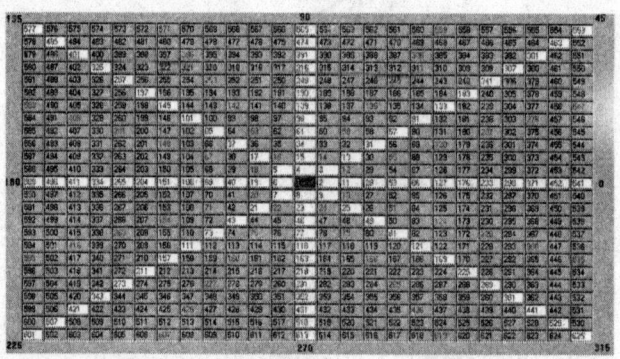

图26 江恩螺旋四方形示意图

江恩螺旋四方形的绘制方法是：

（1）观察价格的历史走势，从中选择历史性高位或低位作为江恩螺旋四方形的中心。

（2）确定价格上升或下降的价格单位。

（3）逐步逆时针展开。

通过江恩理论，我们可以推算出四方形的中心线和对角线上的价位将可能会成为价格走势的重要支持位或阻力位。

江恩螺旋四方形之所以有着较准确的预测功能是因为它与黄金展开线有异曲同工之妙。不同的是，黄金展开线是以对数级数展开，后面一项是前一项的

1.618倍,而江恩螺旋四方形是以算术级数展开,为等差数列。

江恩认为:

(1) 一个升势若以对角线上的价位为起点,则可能在价格的二次方上结束。

(2) 一个跌势若以对角线上的价位为起点,则可能在价格的平方根上结束。

江恩螺旋四方形是江恩循环理论的重要组成部分,只有经过长期的实践,才能准确地把握。

5. 江恩六边形

江恩螺旋正方形是将市场循环分为八等分,而江恩六边形则是把市场循环分为六等分,是介于江恩螺旋四方形与江恩轮中轮之间的一种图形。江恩六边形把360度圆周六等分,每部分为60度,按照逆时针螺旋展开直至无穷(见图27)。

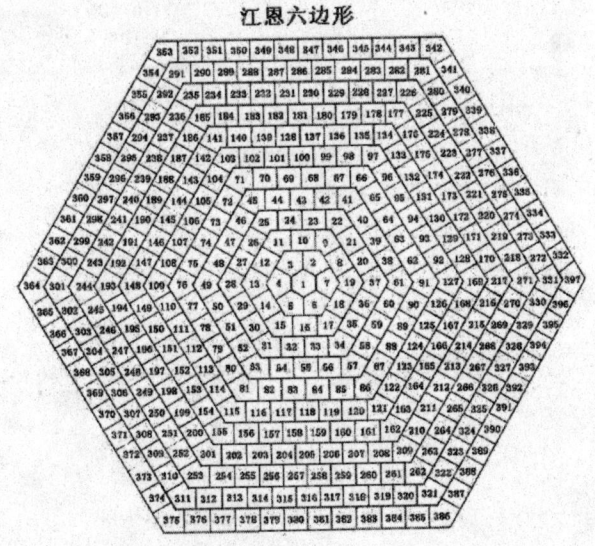

图27　江恩六边形示意图

第一个循环:1~6,数字增加6。

第二个循环:7~18,数字增加12。

……

第九个循环:217~330,数字增加54。

第十个循环：331~396，数字增加60。

六角形中的数字代表市场的价位，当市场中的价位到达江恩六边形某一重要角度线时，就会出现支持力或阻力，如0度和180度等。

而在实战中，我们可以利用江恩六边形发现价格将要出现的转折点，有效地掌握买卖的时机。

第四章 亚当顺势投资理论

一、亚当顺势投资理论的理论精要

1. 亚当顺势投资理论的基本概念

亚当顺势投资理论（简称亚当理论）是美国人威尔德（J. W. Wilder）所创立的投资理论。威尔德于1978年发明了著名的强弱指数 RSI，还发明了其他分析工具如抛物线（PAR）、动力指标（MOM）、摇摆指数、市价波幅等。这些分析工具在当时的时代大行其道，受到不少投资者的欢迎，即使在今天的证券投资市场中，RSI 仍然是非常有名的分析工具。但很奇怪，威尔德后来发表文章推翻了这些分析工具的好处，而推出了另一套崭新理论去取代这些分析工具，即"亚当理论"。

亚当理论的精义是没有任何分析工具可以绝对准确地推测市势的走向，每一套分析工具都有其缺陷。市势根本不可以推测。如果市势可以预测的话，凭借 RSI、PAR、MOM 等辅助指标，在理论上就可以发财。但是不少人运用这些指标却得不到预期后果，仍然输得很惨，原因就是依赖一些并非完美的工具推测去向不定、难以捉摸的市势，将会是徒劳无功的。所以亚当理论的精神就是教导投资人士要放弃所有主观的分析工具。在市场生存就是适应市势，顺势而行就是亚当理论的精义。市场是升市，逆市做沽空，或者市场是跌市，持相反理论去入市，将会一败涂地。原因是升市时，升完可以再升；跌市时，跌完可以再跌。事前无人可以预计升跌会何时完结。只要顺势而行，则可将损失风险减到最低限度。

2. 亚当顺势理论的主要内容

（1）在介入投机市场前，一定要认清该市场的趋势是上升还是下跌，在升市中主要以做多为主，在跌市中则以卖空为主，切记买卖方向不要做错，即在升市做空、跌市买涨是最愚蠢而且相当危险的。

（2）买入后遇跌，卖出后却升，就应该警惕是否看错大势，看错就要认错，及早投降，不要和大势为敌。不要固执己见，要承认自己看错方向，及早认识错误则可将损失减到较少的程度。在未买卖之前一定要订立停损点，并且不随意更改既定的停损点。切忌寻找各种借口为自己的错误看法辩护，因为那样只会使自己深陷泥潭，损失更大。在投机市场中，不要把面子看得太重，看重脸面则损失票面。

（3）抛弃迷信技术分析指标或工具的做法，各种技术分析、技术指标均有缺陷，过于依赖这些技术分析指针的所谓买卖信号，有可能使资金遭遇被套的危险，那些相反理论买入法或马丁基的加码法教人越跌越买并不是好的投资理论和方法，这些做法应坚决摒弃。

3. 亚当顺势理论的十大戒条

（1）一定要认识市场运作，认识市势，否则绝对不买卖。

（2）入市买卖时，应在落盘时立即订下止损价位。

（3）止损价位一到即要执行，不可以随便更改，调低止损位。

（4）入市看错，不宜一错再错，手风不顺者要离开，再冷静分析检讨。

（5）入市看错，只可止损，不可一路加注平均价位，否则可能损失越多。

（6）切勿看错市而不肯认输，越错越深。

（7）每一种分析工具都并非完善，一样会有出错机会。

（8）市升买升，市跌买跌，顺势而行。

（9）切勿妄自推测升到哪个价位或跌到哪个价位才升到尽，跌到尽，浪顶浪底最难测，不如顺势而行。

（10）看错市，一旦损失10%就一定要立刻止损，重新来过，不要蚀本超过10%，否则再追翻就很困难。

二、亚当顺势投资理论的应用原则

1. 赔钱的部位绝不要加码，或"摊平"

如果你操作的是赚钱的部位，那么在那个时点你是对的。如果你操作的是赔钱的部位，那么你在那个时点你是错的。如果你错的话，那么唯一的问题是"你会错多久？"唯一的答案是你会错到部位转为赚钱，或直到停损触发为止。事情就是这么简单。如果你已经错了，只有两种做法使你错得比目前更离谱，其中之一是增加错误的部位，其二在守则 3 中说明。

2. 在开始操作或加码时，绝不能不同时设停损，以便在你万一差错时，你能出场

在你开始操作之前，先决定你愿意错多久。这句话的另一种说法是："这笔操作我愿意赔多少钱？"在你进场之前，必须做这个决定，因为只有在进场之前，才能作出客观的决定。一旦你处在市场之中，你就不再客观的了，期望跟你冷静而计算妥当的客观性相互缠斗。这世界上绝没有精神上的停损这回事。除非把停损放进市场中，否则停损就不算是停损。

3. 除非是朝操作所要的方向，否则绝不取消或移动停损

你会想朝操作反方向移动停损的唯一时刻，是操作部位亏损，而且市场对你不利，根据定义，这时你是错的。你会错得用更离谱的第二种方式，即是移动停损，导致你操作赔更多钱。请记住，你最后一次真正客观的时候是在进场之前，决定停损的时候。如果你移动停损，那么期待之情便完全压制住你冷静且算计妥当的客观性，而且你不再是个理性的操作者。恐惧可以发挥很好的效用，贪婪可以构成障碍，但期待之情一旦占上风，却会使人万劫不复。

4. 绝不让合理的小损失演变成一发不可收拾的大损失

情况不对，立即退场，留得青山在，不怕没柴烧。只要有一次不遵守这十大守则中任何一条，万劫不复的亏损都可能发生，只要一次。墨菲定律几乎可以保证，只要你有一次"犯规"那么就是这一次，市场会严重烧伤你。但别因

此而怪墨菲定律。真正的答案是：市场是个强敌，是在竞技场中与你搏斗的勇士。跟真正的斗士一样，你一旦犯错，它就会乘虚而入。只要你松懈一次，它就会攻击你脆弱的部位，让你血流如注。许多优秀的操作者日进日出，严守纪律，时时保持警觉。然而突然有那么一次，他们肯定自己是对的时候，而违反其中一条守则，丢下警戒，开始期待，然后就是血流如注。短短几天内赔掉的，可能比1年赚的还多。

5. 一笔操作，或任何一天，不要让自己亏掉操作资金的10%以上

恪守以上四项守则，仍可能受到伤害。由于部位很多，即使停损点很接近，许多或所有部位对你不利，1天之内，你仍可能赔掉操作资金的10%以上。由于部位太多，所以这种事情可能发生。有时候，你买的所有东西都齐步下跌，你卖的每样东西都并肩上扬。请记住，操作应该是一件乐事。为了享受乐趣，任何时刻都不要冒亏大钱的险。

6. 别去抓头部和底部，让市场把它们抓出来

亚当理论永远抓不准头部和底部，想去抓的人也抓不准。但是头部和底部终于出现时，亚当理论只会错一次。

多数操作者都想抓头部和底部。多少操作者也都赔了钱！多少操作者之所以想抓头部和底部，原因是自负和贪婪。抓住头部和底部，准确的几率比玩吃角子老虎机还差。每个人都知道这种事。你的敌人也知道到这种事，他偶尔会让你抓准一两次头部和底部，好让你上瘾，继续做这种事。这是种自负的旅程，好让你能告诉朋友：由于你敏锐地研判市场，你在低档买进了，这全是自负心里在作祟。你曾经有多少次买到最低点，而且真的抱着，直到最高点才脱手？为什么不只等反转确立呢？为什么要丢掉确立之前的所有利润呢？这全是贪婪在作祟。你有多少次因为不肯等候而赔了钱？即使你遵守前面的所有守则，但不顾这条守则，你仍然会赔钱。

7. 别挡在列车前面

如果市场往某个方向爆炸性发展，千万别逆市操作，除非有强烈的证据，显示反转也已发生（请注意：是已经发生，而不是将发生或应发生）。

超买的市场绝没有不能再涨的理由。卖超的市场绝没有不能再向下的理由。这是敌人喜欢布置的陷阱。把一张非常具有方向性的市场图拿给5岁的小

孩看，问他明天要站市场的那一边。这位小孩根本不懂什么叫买超、卖超，什么叫支撑、阻力，更别提更高深的技术分析。他不知道是曾经涨得多高，曾经跌得多低。他对什么叫基本面一无所知。他没有操作者背景和经验。那么他会怎么告诉你，说他要站在市场的那一边？这就是那么简单。别站在列车前面……要么就坐上去。

8. 保持弹性

记住你可能会错，亚当理论可能会错，世界上任何事情可能偶尔出差错。记住亚当理论所说的是几率很高的事，而不是绝对肯定的事。

做对的次数愈多就愈容易失去弹性。你连续赚六七笔操作之后，这时你难免洋洋自得，使做法失去弹性。这就是你的大敌（也就是市场）等候你这么做的时候。它会跟你要回以前所赚的钱，永远记住：你所处理的是或然率，而不是绝对值。

9. 操作不顺时，不妨缩手休息

如果你一再发生亏损，请退场到别的地方去度假，让你的情绪冷静下来，等头脑变得清醒再说。

多数操作者之所以会赔钱，其中一个理由是：不受约束的途径走起来最轻松。当你的财产值刚刚暴跌时，要放手一段时间是件相当难的事。这种时候来临时人们往往会坚守城池，奋战到底，直到反败为胜才休息。你不愿承认自己最近所做的每件事都错了。你会告诉你自己，战斗还没有结束，这只是一时的挫败而已。以前你也曾经迅速扭转乾坤，这次你可以再来一次。现在就放手不等于承认失败，而且从头再来时，本钱会少很多。敌人喜欢跟有这种心态的操作者这玩游戏。现在，操作者处于劣势。由于操作者受到很大的压力，必须迅速反败为胜，所以他比较难以保持客观的态度。他会冒平常时候自己不肯冒的险。现在他非常可能舍弃十大守则中的一些守则。不管操作者自己有没有想到，他现在的心态不是真的相信自己会赢，而是希望自己能赢。在这种情况下，很难要他缩手、度假、承认失败。但这这是极少操作者能赢的理由之一。

10. 问问你自己

你全身从里到外是不是真的想从市场中赚一笔钱，并仔细听一些你自己的答案。有些人心理上渴望着赔钱，也有些人只是想找件事做，"认清自己。"

如果你在市场上操作的真正的理由是想赚钱，那么迟早你会知道，一个人能不能不能从市场上赚钱，取决于他有没有遵守这十大守则。至于他赚多少钱，则取决于他进场和退场的方法。如果你从里到外问自己这个问题，并仔细倾听答案的话，你将了解这十大守则的价值。你将了解，你不会只因为使用亚当理论或其他任何方法，就可以成为赢家。亚当理论只是给你一个进场的理由。这个理由是：市场有很高的几率，往某个特定方向移动一段时间。除非你所有的操作都依据这十大守则，否则亚当理论或其他任何方法，都不会准到让你不断赚钱。当你懂了这一点，你就会在市场上赚不少的钱。

三、亚当顺势投资理论的实战策略

记住，我们所求的无非是每天赚钱。我们不希望只运用亚当理论于任何市场，而是想运用它在发生某种情形的市场中操作。我们之所以知道市场正在做某些事，是因为它们已经在做某些事了。有时候，你会见到这些线索出现，然后无疾而终，让你赔了些小钱。我们早知道，这是必要的费用……相当于保险费，但你会发现，假使你有耐心，而且慎选进场时机，你会使每天赚的钱达到最高水准。

第五章 黄金分割理论

一、黄金分割理论的理论精要

1. 黄金分割率的由来

黄金分割率 0.618033988，是一个充满无穷魔力的无理数，它影响着我们生活的方方面面，它不但在数学中扮演着神奇的角色，而且在建筑、美学、艺术、军事、音乐、甚至在投资领域都可以找到这个神奇数字的存在。

数学家法布兰斯在 13 世纪写了一本书，关于一些奇异数字的组合。这些奇异数字的组合是 1、1、2、3、5、8、13、21、34、55、89、144、233……任何一个数字都是前面两数字的总和。

有人说这些数字是他从研究金字塔所得出的。金字塔和上列奇异数字息息相关。金字塔的几何形状有五个面，八个边，总数为十三个层面。由任何一边看过去，都可以看到三个层面。金字塔的长度为 5813 寸（5-8-13），而高低和底面百分比率是 0.618，那即是上述神秘数字的任何两个连续的比率，譬如 55/89＝0.618，89/144＝0.618，144/233＝0.618。

另外，一个金字塔五角塔的任何一边长度都等于这个五角形对角线（Diagonal）的 0.618。还有，底部四个边的总数是 36524.22 寸，这个数字等于光年的 100 倍！

这组数字十分有趣。0.618 的倒数是 1.618。譬如 144/89＝1.618、233/144

=1.618，而 0.618×1.618 就等于 1。

另外有人研究过向日葵，发现向日葵花有 89 个花瓣，55 个朝一方，34 个朝向另一方。

这组数字就叫做神秘数字。而 0.618，1.618 就叫做黄金分割率（Golden Section）。

2. 黄金分割率的特点

黄金分割率的最基本公式，是将 1 分割为 0.618 和 0.382，它们有如下一些特点：

（1）数列中任一数字都是由前两个数字之和构成。

（2）前一数字与后一数字之比例，趋近于一固定常数，即 0.618。

（3）后一数字与前一数字之比例，趋近于 1.618。

（4）1.618 与 0.618 互为倒数，其乘积则约等于 1。

（5）任一数字如与后两数字相比，其值趋近于 2.618；如与前两数字相比，其值则趋近于 0.382。

理顺下来，上列奇异数字组合除能反映黄金分割的两个基本比值 0.618 和 0.382 以外，尚存在下列两组神秘比值。即：

（1）0.191、0.382、0.5、0.618、0.809。

（2）1、1.382、1.5、1.618、2、2.382、2.618。

二、黄金分割理论的计算画法

1. 黄金分割的计算方法

1.618 减去基数 1，得 0.618，1 再减去 0.618 得 0.382，黄金分割在个股当中的应用方式有一派观点认为是：直接从波段的低点加上 0.382 倍、0.618 倍、1.382 倍、1.618 倍……作为其涨升压力。或者直接从波段的高点减去 0.382 倍及 0.618 倍，作为其下跌支撑。

另一派观点认为不应以波段的高低点作为其计算基期。而应该以前一波段的涨跌幅度作为计算基期，黄金分割的支撑点可分别用下述公式计算。

（1）某段行情回档高点支撑＝某段行情终点－（某段行情终点－某段行情最低点）×0.382

（2）某段行情低点支撑＝某段行情终点－（某段行情终点－某段行情最低点）×0.618

如果要计算目标位：则可用下列公式计算

（3）前段行情最低点（或最高点）＝（前段行情最高点－本段行情起涨点）×1.382（或1.618）

下面我们就以上证指数为例（见图28），详细分析一下。

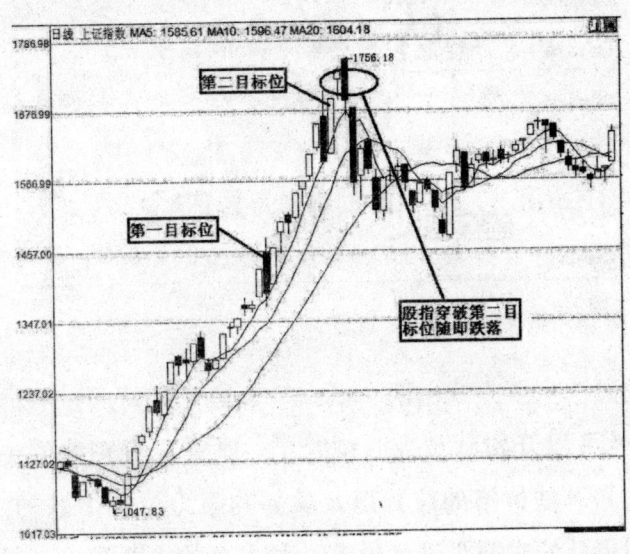

图28　上证指数黄金分割图解

上证指数1999年从1047点起步，它的第1目标位是1047×（1+0.382）＝1446.96点。事实证明，1999年6月14日，沪指1999年首次冲上1400点，以最高点报收在1427点，基本接近1446.96点（有一点误差是正常的）。当第一目标位实现后，股指有些不稳，6月15日回调收盘价1387点。但很快股指又向第二目标位0.618发起冲击。

第2目标位是1047×（1+0.618）＝1694点。1999年6月25日，上证指数最高达1705点，超过1694一些，由于这一区位敏感，股指又发生震动，当日收盘为1593点。后面3日，股指在此区域震荡加剧，无法实现第3目标，随即告落。

上述公式有四种计算方法，根据个股不同情况分别应用。

2. 黄金分割的画法

现在股票软件上基本上都有了黄金分割线（见图29），不需要投资者自己去画，但是投资者还是应该掌握黄金分割基本的画法原理。

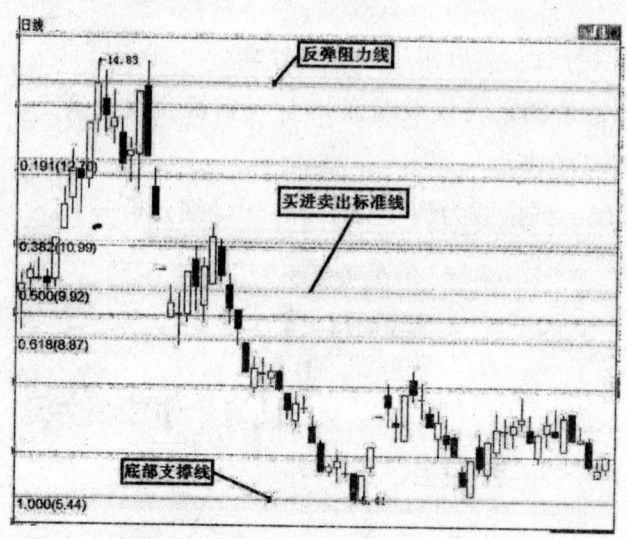

图29　黄金分割线画法图解

黄金分割的画法主要是找出两个点：一个是（最高点）和另一个是（最低点），找出来后就可以开始画黄金分割线了。画黄金分割线的主要作用是：起到提前预测上涨和下跌价格的位置以及反弹的阻力位和下跌的支撑位的价格。准确地帮你找到更低的底部买进（做多）和更高的头部卖出（做空）。

1）上涨的黄金分割线

现在开始从底部最低点画到反弹的最高点，你就会看到有6条黄金分割线的出现，最低的实线表示下跌底部的支撑线，最高的实线表示头部反弹阻力线，在中间的3条虚线是表示回调的支撑线分别有（61.8%，50.0%，38.2%），我们就以中间第2条（50.0%）的黄金分割线为准买进。如果后市继续冲破前期反弹阻力线就会看到另外的3条反弹的阻力线（61.8%，50.0%，38.2%），我们就以中间的第2条（50.0%）的黄金分割线为准卖出。画上涨的黄金分割线的作用是：可以找出在上涨通道反弹的阻力位和回调买进的支撑位。

2）下跌的黄金分割线

画下跌黄金分割线刚好和画上涨的黄金分割线相反就可以了。为什么要这样画呢，因为下跌趋势还没改变的情况下，做（股票）时就必须要观望等待，因为（股票）不可以做空只能做多。所以做（股票）时就要等回调的位置站稳了才买进，而不是一下跌或者是一回调时就可以买进，即是利用黄金分割线来找回调的买入点，现在开始从顶部最高点画到下跌的最低点，你就会看到有6条黄金分割线的出现，最高的实线表示头部的反弹阻力线，最低的实线表示下跌底部的支撑线，这样画下来就同时看到底部反弹的阻力线分别有（38.2%，50.0%，61.8%），反弹时我们就从中间的第2条（50.0%）的黄金分割线为准卖出，另外还看到破平台低点的一组下跌支撑的3条黄金分割线反别有（138.2%，250.0%，361.8%），我们就以中间第2条（50.0%）的黄金分割线为准买进。如果后市继续跌破前期下跌撑线就会看到另外的三条下跌的支撑线分别（261.8%，250.0%，238.2%），我们同样就以中间的第2条（50.0%）的黄金分割线为准买进。画下跌的黄金分割线的作用是：可以找出在下降通道反弹的阻力位和底部出现买进的支撑位。

三、黄金分割理论的实战综合

1. 黄金分割率判断顶底

（1）"顶"的判断。当空头市场结束，多头市场展开时，投资人最关心的问题是"顶"在哪里？事实上，影响股价变动的因素极多，要想准确地掌握上升行情的最高价是绝对不可能的，因此，投资人所能做的，就是依照黄金分割律计算可能出现的股价反转点，以供操作时的参考（见图30）。

当股价上涨，脱离低档，从上升的速度与持久性，依照黄金分割律，它的涨势会在上涨幅度接近或达到与时发生变化。也就是说，当上升接近或超越或时，就会出现反压，有反转下跌而结束一段上升行情的可能。

黄金分割律除了固定的与上涨幅度的反压点外，其间也有一半的反压点，即0.382的一半也是重要的依据。因此，当上升行情展开时，要预测股价上升

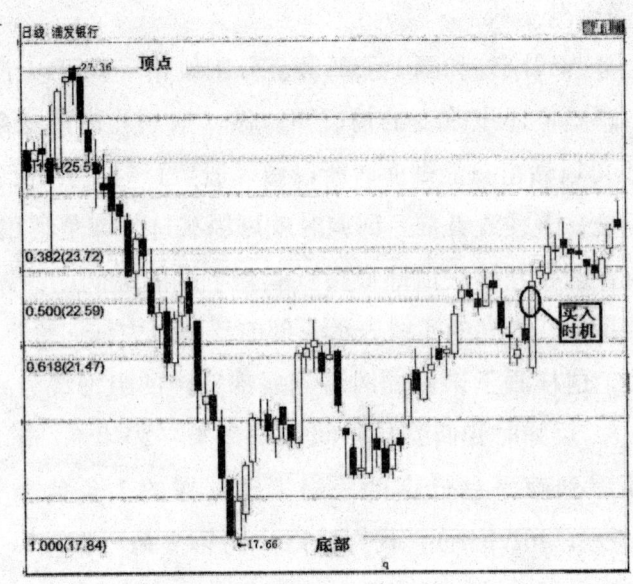

图30 黄金分割顶底应用图解

的能力与可能反转的价位时,可将前股价行情下跌的最低点乘以0.191、0.382、0.809与1,作为可能上升的幅度的预测。当股价上涨幅度越过1倍时,其反压点则以1.191、1.182、1.809和2倍进行计算得出。依此类推。

举例:当下跌行情结束前,某股票的最低价10元,那么,股价反转上升时,投资人可以预先计算出各种不同的反压价位,也就是:

10×(1+19.1%) =11.9元

10×(1+38.2%) =13.8

10×(1+61.8%) =16.2元

10×(1+80.9%) =18.1元

10×(1+100%) =20元

10×(1+119.1%) =21.9元

然后,再依照实际股价变动情形做斟酌。

(2)"底"的判断。当多头市场结束,空头市场展开时,投资人最关切的问题莫过于"底"在哪里?因影响因素极多,无法完全掌握。从黄金分割律中可计算跌势进行中的支撑价位,增加投资人逢低买进的信心。

当股价下跌,脱离高档,从下跌的速度和持久性,依照黄金分割律,它的跌势也会在下跌幅度接近或达到与时发生变化。也就是说,与上升行情相似,当下跌幅度接近或超越或时发生变化。就容易出现支撑，有反转上升而结束下跌行情的可能。与上升行情的黄金分割律公式相同，下跌行情展开时，除了0.382和0.618有支撑外，在0.191和0.809处均可能发挥支撑的效力。

例如，上升行情结束前，某股票最高价为30元，那么，股价反转下跌时，投资人也可以计算出各种不同的持价位，也就是：

30×（1－19.1%）＝24.3元

30×（1－38.2%）＝18.5元

30×（1－61.8%）＝11.5元

30×（1－80.9%）＝5.7元

然后，依照实际变动情形做斟酌。

在许多情况下，将黄金分割律运用于股票市场，投资人会发现，将其使用在大势研判上，有效性高于使用在个股上。这是因为个股的投机性较强，在部分做手介入下，某些股票极易出现暴涨暴跌的走势，这样，如用刻板的计算公式寻找"顶"与"底"的准确性就会降低。而股指则相对好一些，人为因素虽然也存在，但较之个股来说要缓和得多，因此，掌握"顶"与"底"的机会也会大一些。

让我们来看个实际案例：白云机场（600004）（见图31）该股的走势颇为符合黄金分割原则，2009年9月份，该股从8.54元起步，至12月中旬，该股拉升到10.24元，完成这一波的涨升，随后我们来看该股的支撑价位。

根据公式：下跌低点支撑＝10.24－（10.24－8.54）×0.618＝9.19元，事实上该股1999年12月22日回调最低点为9.44元，误差极小，投资者只要在9.60元一线附近吸纳，就可以找到获利机会。

上升行情上涨压力＝8.54+（10.24－8.54）×1.618＝11.29元

该股在10年1月份摸高至11.08元后回落，投资者在11元可以从容卖出获利。

该股走势说明了如果对黄金分割掌握透彻，可以成功利用它来捕捉黑马。使用时要注意以下两点：

（1）买点在回调到0.618处比较安全，回调到0.382处对于激进型投资者较适合，稳健型投资者还是选择回调到0.618处介入。

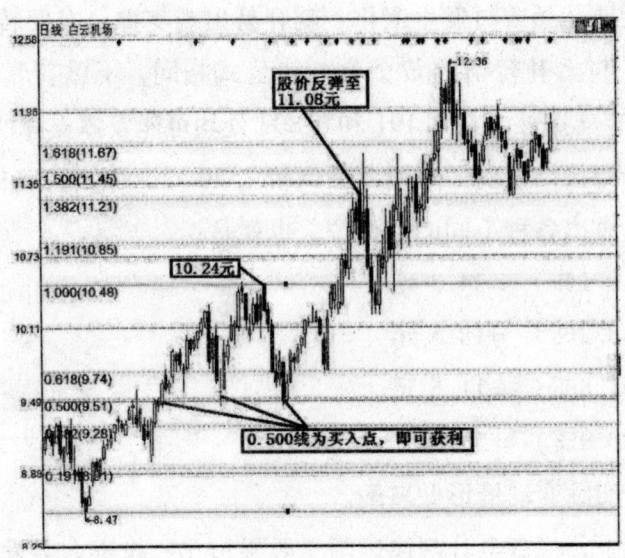

图 31　白云机场黄金分割买卖法图解

（2）卖点在涨升 1.382 处比较保守，只要趋势保持上升通道，可选择涨升 1.618 处卖出。

2. 黄金分割理论的买卖法则

（1）把握买卖点。一般来说在 1.191 线内购股最安全，为股票的盘整期，总有突破的那一天，在此价位内甚至也不必作差价，耐心持有为第一位！第一黄金线位是股票的盘整期，股价一旦突破 1.191 线，一定会上摸到 1.382 线，一定要抛！否则会回落，首次冲高抛掉！而回调也会到 1.191 线为止，一定要买回来！

（2）高抛低吸法。在 1.191～1.382 线可作差价，高抛低吸，不必害怕，此区域一般不会套牢，庄家获利不是很大，且在拉升途中，庄家自己也会高抛低吸来降低自己的持股成本，对自己熟悉的股票多做差价，也要敢于作差价。1.382 线是强阻力位，强阻力位有很长时间的盘整，而一旦有效突破，股价就很难再跌破 1.382 线，最好在 1.191 价 +（1.382 价 - 1.191 价）×0.618 线位抛掉。

（3）差价抢利法。在 1.382～1.618 线也可作差价，不过高处不胜寒，应加倍小心，最好在 1.382 价 +（1.618 价 - 1.382 价）×0.618 线位抛掉，从高位下落的股票不要在 0.809 位抢反弹，而要在 0.618 线位，但涨 10% 必须抛掉，不要恋战。

(4) 不买高位。在 0.618 线上的股票，意味着从低位已上涨 62%，无特别好消息，不要购在 0.618 线附近的股票。在该线附近盘整越久，庄家出货的概率越大。

(5) 倍率黄金线。在 1.809 线上的股票，就可能是无限风光了，有倍率上涨的机会，如：0680 线的 1.809 价为 7.98 元，突破后有机会到 16.00 元附近，一般不要理会倍率黄金线的使用，知道就可。

(6) 测算时间周期。举例来说，如果底部上升 10 天，就用 10 天 × 1.618，就基本属于下一个下跌趋势，但是不一定下跌，也可能顺着这个方向继续涨，你可以用 10 × 1.618 = 16.18，然后用 16.18 × 0.618 = 10 天，也就是说这 16 天当中的第 10 天会是一个很重要的转折，要格外关注，因为这一天趋势会改变也说不定。投资者应注意，这种方法在调整的时候不怎么好用，用它预测单边市，感觉很准确。

(7) 阻力价位计算法。利用黄金分割率有一种简单但非常有效的计算个股的阻力价位方法，即一的八分法，其实就是将数字 1 进行八等分，$X1 = 0.125$，$X2 = 0.25$，$X3 = 0.375$，$X4 = 0.5$，$X5 = 0.625$，$X6 = 0.75$，$X7 = 0.875$，$X8 = 1$。

首先确定某只股票的一个波段最低点（按最低价确认最低点），然后用最低点这一天的收盘价（S）乘以 1.125，得出的结果用 P1 表示，即 $S × 1.125 = P1$。那么价格 P1 就是该股从波段低点起开始上涨遇到的第一阻力位。那么，什么时候考虑卖出呢？从最低点那天开始往后一天接一天的观察，如果哪一天的收盘价大于 P1，收盘价大于 P1 的第二天就是最佳卖出时机。同理，由 P2、P3、P4、P5，可以计算出第二、第三、第四等一系列阻力位，用这种方法往往可以卖在波段最高点那一天。

第六章 相反理论

一、相反理论的理论精要

1. 相反理论的精髓

何谓相反理论呢？其基本的观点就是投资买卖决定全部基于群众的行为。当市场投资者几乎都看好股市进度，就是牛市开始到顶，是卖出股票的关键。相反，当大多数人都看淡时，熊市已经见底。在这种特殊时刻，与绝大多数投资大众持相反意见，反其道而行之。相反理论的精髓就在于：逃大顶与抄大底。

1929年，美国道·琼斯指数屡创新高，全美民众欣喜若狂。老肯尼迪是当时美国十分出色的证券投资家。当鞋童在街边为他擦皮鞋时，十分感兴趣地询问他如何投资股市，表示自己很想入市买入股票。敏感的老肯尼迪心中掠起极度恐慌，连鞋童都想买入股票，可见市场十分火爆，能拿出闲钱买入的投资者几乎都满仓，买方力量已经接近枯竭，股市再也难有后续资金来推高，"气泡"随时可能破灭。老肯尼迪转身奔向华尔街证券交易所，把手中股票全部卖出。仅过一个星期后，道·琼斯指数崩盘，大幅暴跌，形成历史上第一个大熊市，数年后，道·琼斯指数跌得只剩几十点，跌幅竟高达90%以上。老肯尼迪被人奉为运用相反理论的大师。

相反理论并非是大部分人看好，我们就要看淡，或大众看淡我们便要看好。相反理论会考虑这些看好看淡比例的趋势，这是一个动态概念。

相反理论并不是说大众一定是错的。群众通常都在主要趋势上看得对。大部分人看好，市势会因这些看好情绪变成实质购买力而上升。这个现象有可能维持很久。直至到所有人看好情绪趋势于一致时，市势会发生实质的变化——供求的失衡。

相反理论从实际市场研究中，发现赚大钱的人只占5%，有95%的人都是输家。要做赢家只可以和群众思想路线相背，切不可以同流。

相反理论的论据就是在市场行情将转势，由牛市转入熊市前一刻，每一个人都看好，都会觉得价位会再上升，无止境的升。大家都有这个共识时候，大家就会尽量买入，升势消耗了买家的购买力，直到想买入的都已经买入了，而后续资金，却无以为继，牛市就会在所有人看好中完结。相反，在熊市转入牛市时，就是市场一片淡风，所有看淡的人士都想沽货，直到他们全部都卖了货，市场已经再无看淡的人采取行动时，市场就会在所有人沽清货时见到了谷底。

在牛市最疯狂，但行将死亡之前，大众媒介如报纸、电视、杂志等都反映了普通大众的意见，宣传市场的看好情绪。人人热情高涨时，就是市场暴跌的先兆。相反，大众媒介懒得去报导市场消息，市场已经没有人去理会，报纸新闻，全部全都是市场坏消息时，就是市场黎明的前一刻，最沉寂的时候，曙光就在前面。大众媒介永远都采取群众路线，所以和相反理论原则刚好违背。这反而成为相反理论借鉴的资料。大众媒介全面看好，就看淡，大众媒介看淡，反而是入市的好时机。

2. 相反理论的误区和难点

应用相反理论的误区：许多投资者都明白市场中只有少数人赢钱，因此自己的投资行为往往与众不同，认为只有这样才能获得满意回报。在股市行情稍上扬一段时间，升幅有一定幅度，见买入的人多，少数投资者马上采用相反理论抛售股票，结果卖出的股票，稍有回档后又立即大幅上扬，眼见自己抛出股票仅在上升中途，十分可惜。当市况下跌才一段时间，幅度有限时，少数投资者这时不恰当运用相反理论买入，结果被套在下跌中途中。

应用相反理论的难点：由于相反理论中对市场人气的冷与热，没有一个具体的参考标准,在运用方面存在很大的主观性与差异性。到底证券公司门口有多少人才能算得上"门可罗雀"呢?市场人人近乎绝望,你如何全面了解?市场极度冷清,如何具体衡量?应用相反理论抄大底的前提条件是股市行情大幅下跌,一般下跌幅度相对高点有50%以上时,才应考虑应用相反理论来抄底。否则跌幅不深,过早应用相反理论来抄所谓的"底",成功率极低,反受其害。

二、相反理论的量化数据

相反理论是能够被量化的,投资者凭什么知道大众的看法是看好还是看淡呢?单凭直觉印象或者想象并不足够。运用相反理论时,真正的数据通常有两个:一是好友指数,另一个是市场情绪指标。

两个指标都是一些大经纪行,专业投资机构的期货或股票部门收集的资料。资料来源为各大经纪、基金、专业投资通讯录、甚至报章、杂志的评论,计算出看好和看淡情绪的比例。就以好友指数为例,指数由零开始,即所有人都有绝对看淡。直到100%为止,即人人看好,包括基金、大经纪行、投资机构、报章杂志的报导。如果好友指数在50%左右,则表示看好看淡情绪参半。指数通常会30%至80%之间升跌。如果一面倒的看好看淡,显示牛或熊市已经去到期尽头,行将转角。因为好友指数由0到100,都有不同的启示,详细分析将会给予投资者一个更清晰的概念,运用理论时较有把握。

下面我们来详细解说一下:

(1) 0~5%。一个主要的上升趋势已经就在目前,为期限不远。人人看淡时,有时甚至无沽无可沽,大市淡无可淡,这就是转势的时机。把握时机入货,博取无穷利润,就是在这个时候。

(2) 5%~20%。这是一个难明的区间,大部分人看淡,只有少部分人看好。这些看淡的人以压倒性姿势将大市推低。但因为看淡的比例不大,市场亦可以随时见底。很多时候转势情形都会在这个区间产生。投资人士可以辅之以图表、成交量等去探险测验大市是否已经见底。

(3) 20%~40%。看淡的人在比例上仍然盖过乐观情绪。从统计数字看出，继续看淡赢面机会较大。如果在这一个区域，大市面上不再向下，市场就变得十分不明朗，要防守为上。如果在这个区间，大市面上转势上升，通常升幅会分外凌厉，而且创出新高点。因为大众看淡时，却看错了，市场一升就一发而不可收。创新高点机会大于一切。

(4) 40%~55%。市场看上，趋势不明朗。在这个区间，投资人切不可轻率入市买卖，因为赢面和输面比例差不多。在保本为第一原则之下，不买卖反而最安全。

(5) 55%~75%。看好的人占多数，但又并非绝大多数，市势发展有很大上升余地。但在这个比例看好的人多，大市却不升反跌，一定会是急促而且令人害怕的。通常大家看好时下跌，多数会出现新的低点。

(6) 75%~95%。市势变得十分明朗。很多时候市场会在这个区域转势向下，但仍然有机会。在看涨情绪推动下，一路上升直到100%的人都看好为止。所以利用图表分析作为辅助工具就比较安全得多。

(7) 95%~100%。大市已经出现全人类看好的局面。投资的本钱已经全部投入大市。但是弹尽粮绝，大市转势迫在眉睫。速速沽货为上，离开市场。

三、相反理论的测市指南

在A股市场15年历史中，相反理论屡试不爽，准确率非常高。总的来说，在股市中赚钱的毕竟是少数，而赚大钱的就更是少之又少。投资者不难发现，你周围的股友很少能持有大牛股、黑马股，即使有数量也有限，而大熊股往往被大家持有。有时传来一个消息，当你跟股友们交流，大家都不认同时，此消息往往被市场验证是对的；当大家都认同一个观点时，其又将被市场验证是错误的。

比如：在上证综指2245~998点的下跌中，各类投资者始终对中期反弹充满希望，但持续的调整把大家的棱角磨平了。998点以后，投资者对中期反弹或反转已经不抱希望，但股市却和大家开了个大玩笑，A股市场的长期拐点悄然来临，又一次验证了相反理论的有效性；再如：2006年下半年，无论是机构,还是中小散户,大多数都畏惧1800点的压力,但沪综指向上突破1750点后,一路逼空至3000点大关前。

相反理论带给投资者的讯息十分有启发性。首先,这个理论并非局限于股票或期货,其实亦可以运用于地产、黄金、外汇等。它指示投资者一个时间指针,何时离市,哪个时候是机会,哪个时刻市势未明朗而应该忍住。相反理论更加像一个处世哲学,人云亦云者最后只能沉寂,而坚持自己的判断一路走下去的人往往能够成功。作为投资人士借鉴的地方,相反理论提醒投资者应该做到以下几项:

(1) 深思熟虑,不要被他人所影响,要自己去判断。

(2) 要向传统智慧挑战,群众所想所做未必是对的。即使投资专家所说的,也要用怀疑态度去看待处理。

(3) 事物发展,并不一定像表面一样,你想象市升就一定市升。我们要高瞻远瞩,看得远,看得深,才会是胜利者。

(4) 一定要控制个人情绪。恐惧贪婪都是成事不足,败事有余。周围的人,他们的情绪会影响到你,你反而因此要更加冷静。其他人恐惧大市已经没得玩,有可能这才是时机来临了。在一窝蜂地争着在市场买入期货、股票时,你要考虑市势是否很快就会见顶而转入熊市。

(5) 当事实摆在眼前和希望并非相符时,勇于承认错误。因为投资者都是普通人。普通人总不免会发生错误。只要肯认输,接受失败的现实,不自欺欺人,将自己从普通大众中提升为有独到眼光见解的人,才可改变自己,成为成功人物。

第七章 市场轮廓理论

一、市场轮廓理论的理论精要

1. 市场轮廓理论的形成

彼得·史泰米亚,总结了 30 年的期货市场经验,在 1984 年提出了一套独特的观察、分析市场价格变化的新学说——市场轮廓理论(Market Profile)。这个投资理论在金融界引起了巨大的轰动,香港许沂光先生认为该理论涉及了市场中的何时、何价、何人、何事四个方面的因素,而将其称为四度空间。

市场轮廓理论以期货、股票等金融市场作为分析、研究和观察的对象,为交易者提供了新的思维方式和分析方法,该理论突破了传统图表分析和技术分析的框架,将市场价格与价值的背离状态以图像形式反映出来,从图像形态的变化中寻找逻辑关系,从而推测未来市场的发展方向。该理论有别于其他技术分析系统的特征在于:其独特的市场追踪特性,能为交易者提供全新的市场追踪手段。专家普遍认为,该理论极有可能成为技术分析的主流,对技术分析的发展产生难以估量的影响。

市场轮廓理论的框架包含有:市场轮廓图、交易时间、交易逻辑三大部分;回答以下两个基本问题:

(1) 市场的价格运动方向如何?

(2) 沿价格运动方向的市场交投是否活跃进。

市场轮廓理论最终要解决的问题是：在市场价格的运动中，究竟谁在控制市场。

市场轮廓图主要是反映市场价格运动的变化过程，由独特的钟形曲线表示：通过TPO（Time Price Opportunities）图将一段时间内的市场价格变化记录下来，当一个交易日结束时，便形成了当日的市场轮廓图。市场轮廓图不仅表示盘中发生了什么，而且能准确的表明何时发生及哪类交易者参与对市场。通过对市场轮廓图的分析可以发现当日市场的交易特性，如盘中的价格幅度扩展、长线尾部信号、买卖盘口的性质、开市形态等，从而推断究竟谁在控制市场。

交易时间，广义上讲是指一个交易日的时间范围，从开市到收市的持续时间，在市场轮廓理论中则有两方面的含义：首先是市场在某一价位停留的时间越长，说明这一价位越被市场所接受，同时也形成了当日的价值区间，即：价格×时间＝价值。其次是交易时间确定了盘中的交易机会，如：当冬季过后的"清仓拍卖"，价格会立即降至价值之下，但这种清仓拍卖不会维持太长时间，因此，为了买个好价钱，交易者就应很快行动，否则就会坐失良机，在市场中低于价值的买入和高于价值的卖出机会都不会持续太长时间。由于不断增强的竞争，价格会迅速变化。

交易逻辑通过演绎的方法，可以由市场结构及交易时间了解交易逻辑的某些方面。例如，出现尾部表明在极端价格有长线交易者的强有力介入。如果尾部消失，那么就说明市场背后有变数，长线买方或长线卖方不再愿意介入或者不太情愿接受同样水准的价格。交易逻辑实际上是经验的产物，往往具有交易者明显的个性特征，是交易者理解市场和解释市场运动原因的主要依据，唯一真正了解市场和市场逻辑的方法就是不断的观察、解释和交易。

2. 市场轮廓理论公式

价格＋时间＝价值，这样一个简单的公式是可以经受长时间的考验，放诸四海而皆准的。

四度空间公式中的"时间"，有以下几种含义。

第一，"时间"是一个常数，说明其只有通过单位时间的交易才能维持市场的正常运转，此时的时间没有特别的意义。

第二,"时间"是买卖的重要方面,也就是说,处于低于价值的价格的时间,不会太久,因此把握买入的时间,是十分重要的,可以说真正在低位的时间,是先知先觉者大胆入市的良机。对于处于相对高位价格的时间,更是极短的时间,稍一疏忽,就过去了。

第三,"时间"是一种等待,即要等待价格低于价值时间的来临,方可买入,以要等待价格高于价值的时刻而抛出。从某种意义上来说,在股市中心须学会等待,空仓中等待买入良机,满仓时等待抛出时刻。

四度空间公式中的"价格"是经常变化的,在单位时间内,价格是一变化区间,在更长的时间范围内,价格变化的区间也随之变宽,那么成交量较大的价格区间形成了价值中枢,所以四度空间的理论已经在找出价值的同时又找出了成交量较大的部分,换言之,时间+价格=成交量(价值),同时又等于价值。

四度空间公式中的"价值",是四度空间理论的核心,是解决股市、期货市场中高抛低吸的标准。高抛低吸以价值为中心,是对期货、股市的传统分析方法的一次革命。四度空间公式中的价值,从实战的角度来分析,有两重含义,投资理念的"价值"和投机理念的"价值"。

投资理念的"价值",是指数股票市场中具体某只股票的内在价值,这个内在价值从四度空间的图形上是看不到的,它是基本分析范围的价值,例如,某一只股票的每股收益很高,但它的价格较低。投资者认为它值20元,而此时的股价却只有10元左右。此外,"价值"是预期某一只股票发展前景广阔,潜力很大,而此时价格相对较低,科技含量高的股票常常是见高价又有高价,道理就在于内在价值被低估了。

具体某一只股票的四度空间图,最宽的部分即是价值区域,那么,每周的四度空间图所显示出的价值区域的价值如果低于上面所讲的内在价值,那么,这个价值也是投资理念的价值,当股价上升,超过价值,这时在内在价值之上出现的四度空间图所显示的价值就具有投机的概念了。应用投资理念的"价值"去选择股票,那么具体如何选择呢?从两个方面考虑:第一是绩优股,如某股票年报每股收益为0.50元,按照当时市场认可的平均市盈率来计算,如30倍市盈率:

0.50×30=15（元）

也就是说，此股的内在价值是15元。如果此时其价格在15元之下，就可以低位吸纳，当然，按此方法只是大概去估计。第二是资产重组股票，或是其内在因在因素发生变化，这种股票，就不能简单地用市盈率去计算，而是要根据其内在因素去考虑，也就是有实质的内在因素去考虑。

投机理论的"价值"具体有两个意义：一个是在内在价值之下，即四度空间图所表示出的价值，按照这个价值去高抛低吸；另一个是在内在价值之上，四度空间图所表示出的价值，由于已经超出了内在价值，所以是投机理念的价值了。所以，我们提倡用投资理念去选择股票，而在投机理念的价值出现时，抛掉股票，也就是用投机理念的价值去具体操作。

时间是一个常数，而价位则是变数，度量变数的时间必须依据常数，即以时间作为工具。很简单，长时间内出现的价位，表示该价位交投活跃，被市场接受，可以视为价值。换言之，时间加价格等于成交量，同时亦等于价值。明白上面的公式之后，利用四度空间图自然可以找重叠价值所在。然后以价值为基础实行高抛低吸的策略，从中取利。

价值是四度空间分析方法精粹所在，当你发现某个成交价格经常出现，表示该价格被人们接受，在该段时间之内，该价格上下（波动）形成一个价值区域，此价值区域在整个时间段举足轻重。当然，若市场基本处于平衡阶段，自然可以轻易找到价值区域，高抛低吸，但是价值不可能不变，因此当价值发生波动时，表明市场趋势在变。

二、市场轮廓理论的四度详解

四度空间的"何时"，是指时间。每一个单位时间以30分钟为一段，也以日为一段，并无硬性规定。

时间加价格等于成交量，同时亦等于价值。所以，寻找价格低于价值的时间，是十分重要的。因为，真正远远地低于价值的价格，平常所说的最低价或低价圈，一般来说，其停留的时间是较短的，先知先觉的投资者一定是捷足先登的。

四度空间的"何价",是指单位时间内发生的价格,只考虑高低价格的区间,不考虑开盘价及收盘价。这个价格有两个含义:一是低于价值的价格;二是高于价值的价格。

四度空间的"何人",是指长线买卖者只与短线买卖者成交,长线买家与长线卖家不会直接见面。在中国股市中,长线买卖者和机构投资者、庄家有千丝万缕的联系,甚至长线买卖者就是庄家。

长线买卖者一般不会在乎短线产品的涨跌,具体可分为以下两种情情况:

第一种,结合四度空间图(见图32)选择价格低于价值的股票买入,这个价值是股票的内在价值,一旦买入,不到真正价值决不抛出。

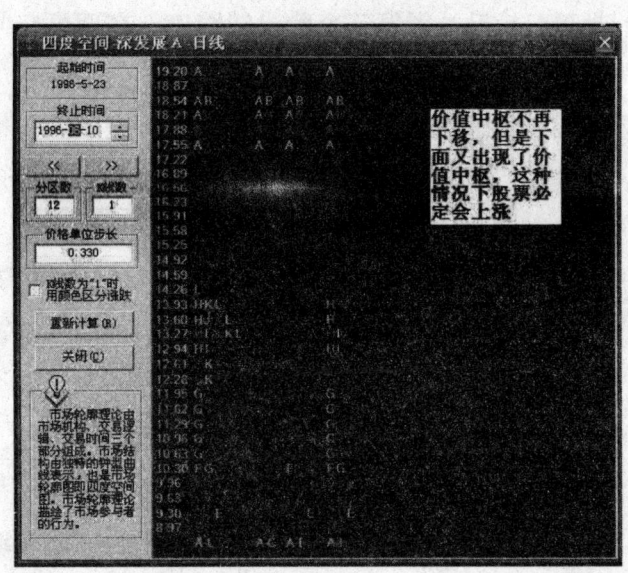

图32 深发展四度空间图解

例如:1996年初的深发展(000001)和四川长虹(600839),当时的内在价值被严重低估,价格和价值背离,从而使一些长线买家大量吸货,展开了长达1年多向价值回归的上升行情。

第二种,纯粹根据四度空间图来选择股票。从四度空间图中可以看出,当一只股票出现价值中枢横移不再向下移动时,而后又出现价值中枢的时候,说明价值被低估,股价开始向上运动,向价值回归。

在平衡市中,获利机会不多时长线买卖者懒于出动,市场的成交额可能低于10%，但当市势出现变化时，长线买卖者自然转向积极，活跃程度大增，成交额可能上升至总额的60%，这也就是平常所说的有增量资金进场。

长线买卖者因为做的是长线，所以，他们可以从容地了解基本面的变化，有充分时间去分析股市，他们不在乎短的波动，只有在各方面都具备了条件，才在低于价值的价格上重拳出击，而一旦买入股票后，他们会耐心等待高点的到来，从容抛出。所以长线买卖者是股市的先知先觉者。如果中小散户掌握了长线买卖者的踪迹，则无疑是占据了主动，弥补了信息不足及研究的深度和广度。长线买卖者，从时间上来看分为两个层次：一个是战略投资者，这一类投资者往往看重的是较长时间的投资，1年、2年或者更长时间，像美国的巴菲特，投资一个企业会很长时间，再一个是贴近市场的阶段投资者，他们往往在市场中有明显的吸筹、拉升、派发三个阶段的踪迹，在四度空间图中，此类的长线投资者的买卖行为会暴露无遗。

短线买卖者一般是经常进出者，他们不去深入研究股票价格的内涵，而只是顺着市场走，追涨杀跌。短线买卖者是稍有赚点就抛出，价格低了点就买进，整日里买进卖出。

短线买卖者只能使价值在较窄的幅度内波动，价值波动较大幅度的变化肯定是长线买卖家所为。因此，主要掌握长线买卖家的动向，则可顺风搭车，谋取较大的利润。

四度空间的"何事"，是指主动性买卖盘和被动性买卖盘，被动性买卖盘只是认为股价偏高或偏低而作出的反映，只有主动性买卖盘才是使价值移动的根本动力。可以看出，主动性买卖盘是长线买卖者所为，而被动性买卖盘是短线买卖者的具体体现。

主动性买卖盘，是指买入或卖出都是有计划的，事先有进出的策略，只有价格低于价值时，主动性买盘才会露面，当价格高于价值时，主动性卖盘必然出场，因此，主动性买卖盘是价值变化的真正动力，当主动性买盘进场后，价值区域自然上移，而当主动性卖盘出现以后，价值区域必然下降。掌握主动性买卖盘，就等于掌握了长线买卖者的脉搏，搭顺风船赢利自然就会较大。

三、市场轮廓理论的实战综合

在实战中如何运用四度空间理论，首先应明确一个理念，就是"看大盘做个股"。因为大盘是个股的综合。以目前中国股市来说，因为目前尚没有统一指数，只能以，上证综合指数为大盘的依据，根据实践，上证综合指数目前仍能担当此任。依据大盘的四度空间图就可以从大势上判断大盘是上升，横盘或者下跌。大盘和个股实际上呈现出以下9种关系。

大盘	个股		
上升	上升	横盘	下跌
横盘	上升	横盘	下跌
下跌	上升	横盘	下跌

从9种关系中可以看出，大盘有3种情况，而个股却有9种情况，也就是说，由于现在股票数量的增加已经没有了从前齐涨齐跌的现象（特殊情况例外），那么，从中可以清楚地看出，不管大盘处于什么情况，投资者只有做上升的股票才能赢利，这里说一下，当大盘上升时，70%～80%的股票大涨，当大盘横盘时，上涨的股票就只有20%～40%了，而当大盘下跌时，也就有5%～10%的股票不跌，（当大盘大跌时，只能有少数庄股2%～3%，保持上涨）因此投资者必须"看大盘做个股"。例如，大盘从2245点一路下跌，本应观望，而大量投资者之所以损失被套，其原因之一就是不知大盘方向如何，频繁在个股上操作或死捂，不知进退。四度空间理论给出的大盘图，非常及时、准确，只要不主观，大盘上升，横盘时可以高抛低吸，当大盘下跌时，只能空仓观望。当大盘下跌时，尽管也有股票可做，但这是主力机构挣钱的道，不是中小投资者挣钱的道，因为此时风险大于收益。学会空仓，才能挣钱。

这里又引申出另一个理念"买、卖、歇"，投资者易犯的一个错误就是永远买卖买卖，没有空仓的概念，实际上，由于目前国内股市没有做空机制，只有低买高卖才能获利，而当大盘下跌时，必须空仓观望（歇），才能在相对低位时（到时四度空间图给出信号）再次买入。可以这样说，不会空仓就不会赢利，而空仓对大多数人来说，是战胜自我的一个必需的过程，当大势下跌时，空仓观望，休息以利再战。

四度空间理论个股的图形也十分准确，当个股处于横盘、下跌时，应空仓观望，这是四度空间理论的先进之处，由于个股的四度空间图是所有参与此股的机构大户、散户的共同操作下完成的。因此，四度空间图给出的信号非常明晰。

综合上述分析，投资者可以看出，四度空间理论的操作策略非常简单。价值区域上移时——（买入）持股；价值区域平衡时——高抛低吸；价值区域下跌时——（卖出）空仓观望。

第八章　K线理论

一、K线理论的理论精要

1. K线理论的产生与发展

K线理论发源于日本，是最古老的技术分析方法。1710年，日本德川幕府时代，日本大阪的堂岛大米会所开始经营世界最早的期货合约，K线图就是为记录大米每天涨跌的价格而发明的（早期为条形图和锚形图）。最早为日本分析技术著书的是日本著名商人本间宗久，他可能是使用K线图技术分析法的先驱。

K线具有东方人所擅长的形象思维特点，没有西方用演绎法得出的技术指标那样定量，因此运用上还是主观意识占上风。K线图实际上是为考察当前市场心理提供了一种可视化的分析方法，它简洁而直观，虽不具备严格的逻辑推理性，但是却有相当可信的统计意义，真实、完整地记录了市场价格的变化，反映了价格的变化轨迹。比之西方的线性图，K线图技术要早100年左右，且其信号更丰富、更直观、更灵活、更提前。经过近300年的演化，特别是经过西方社会近20年的推广，K线图技术被广泛应用于全世界的证券市场、期货市场、外汇市场等领域，成为技术分析中的最基本的方法之一。

现在这种图表分析法在我国以至整个东南亚地区均尤为流行。由于用这种方法绘制出来的图表形状颇似一根根蜡烛，加上这些蜡烛有黑白之分，因而也叫阴阳线图表。通过K线图，我们能够把每日或某一周期的市况表现完全记录下来，股价经过一段时间的盘档后，在图上即形成一种特殊区域或形态，不同的形态显示出不同意义。我们可以从这些形态的变化中摸索出一些有规律的东西出来。K线图形态可分为反转形态、整理形态及缺口和趋向线等。

那么，为什么叫"K线"呢？实际上，在日本的"K"并不是写成"K"字，而是写作"罫"（日本音读 kei），K线是"罫线"的读音，K线图称为"罫线"，西方以英文第一个字母"K"直译为"K"线，由此发展而来。

2. K线语言的解读

K线是用开盘价、收盘价、最高价和最低价绘制而成，上涨为阳，下跌为阴。通过一组K线的连续排列，反映买卖双方的供求关系，多空力量的实力对比和股价的波动情况，进而反映股价处于上涨、下跌、盘头、筑底情况。

K线是一种特殊的语言、一组密码，将市场的综合信息通过一种特殊的形式表达出来，一旦投资者破译了这组密码，读懂了这种语言，将对投资活动有不可估量的帮助。

K线可以分为日K线、周K线、月K线等，也可以细分为小时K线和半小时K线等。所谓日K线是每天画一根K线，周K线是每周画一根K线，然后将它们按时间的先后排列起来，这便形成了一条轨迹，来反映股价的情况和上下波动趋势。画K线时我们通常将开盘价和收盘价间的价位用一段矩形表示，组成K线的实体。若收盘价比开盘价高，实体为阳线，表现为白色空心实体，在电脑上一般用红色表示；若收盘价比开盘价低，实体为阴线，表现为黑色实心实体，在电脑上可以用蓝色、绿色或其他冷色颜色表示；若最高价高于开盘价和收盘价，用一条细线将开盘价或收盘价与最高价连续，称为上影线，表示最高曾达到的价位；若最低价比开盘价低，也用一条细线将开盘价或收盘价与最低价连续，称为下影线，表示最低曾达到的价位。

K线分析是将一段时间的K线按时间顺序进行排列，形成一张记录了股票的历史走势的K线图表。投资者对这张K线图表进行分析，可以判断股市的未来趋势。

每日的K线都含有开盘价、收盘价、最高价、最低价四个要素。这四个要素包含了当日的综合信息和多方力量的实力对比；而一段时间的数根K线组合起来，便反映这一段时间的综合信息和多空力量的实力对比。

K线反映一种因果关系，一种阴阳反复的循环。K线可以提前反应股票未来的价格，并有规律可循，所以K线分析就是去读懂这种语言并发现它们的规律，以指导实战的操作。

一些典型的K线或K线组合，会不断地重复出现，如果你掌握了这些规律，将在很大程度上提高你的胜算。底部组合出现时，告诉你股价很快就会上升，要赶快建仓；顶部组合出现时，告诉你风险已大，要及时获利了结。

对于不懂K线语言的投资者，K线就像一本天书，一些初学者学到了一些K线知识，但没有掌握其实质，也容易作出错误的判断。一般认为K线的下影线长表示下档有支撑，但在不同的价位、不同的时间，表达的信息是不同的。在低位，下影线长可以认为下档有支撑；但在较高的位置，这可能是主力提前出货，试盘或者骗钱（制造假K线）。不同的人看到同一根K线会得出不同的结论，只有真正心领神会、读懂的人，才能把握胜算。

"一看阴阳"，阴阳代表趋势方向，阳线表示将继续上涨，阴线表示将继续下跌。以阳线为例，在经过一段时间的多空拼搏，收盘高于开盘表明多头占据上风，根据牛顿力学定理，在没有外力作用下价格仍将按原有方向与速度运行，因此阳线预示下一阶段仍将继续上涨，最起码能保证下一阶段初期惯性上冲。故阳线往往预示着继续上涨，这一点也极为符合技术分析中三大假设之一：股价沿趋势波动，而这种顺势而为也是技术分析最核心的思想。同理可得阴线继续下跌。

"二看实体大小"，实体大小代表内在动力，实体越大，上涨或下跌的趋势越是明显，反之趋势则不明显。以阳线为例，其实体就是收盘高于开盘的那部分，阳线实体越大说明了上涨的动力越足，就如质量越大与速度越快的物体，其惯性冲力也越大的物理学原理，阳线实体越大代表其内在上涨动力也越大，其上涨的动力将大于实体小的阳线。同理可得阴线实体越大，下跌动力也越足。

"三看影线长短"，影线代表转折信号，向一个方向的影线越长，越不利于股价向这个方向变动，即上影线越长，越不利于股价上涨，下影线越长，越不利于股价下跌。以上影线为例，在经过一段时间多空斗争之后，多头终于晚节不保，败下阵来，一朝被蛇咬，十年怕井绳，不论K线是阴还是阳，上影线部分已构成下一阶段的上档阻力，股价向下调整的概率居大。同理可得下影线预示着股价向上攻击的概率居大。

二、K线理论的基础分析

1. 单根K线分析图解

图33是一根大阳线,又称光头光脚阳线,表明该日交易以最高价收盘,并且最低价就是当日的开盘价,这说明该种股票的涨势很强,一路上涨,阻力不大。阳线越长,则表明涨势越长,多方势力很强大。

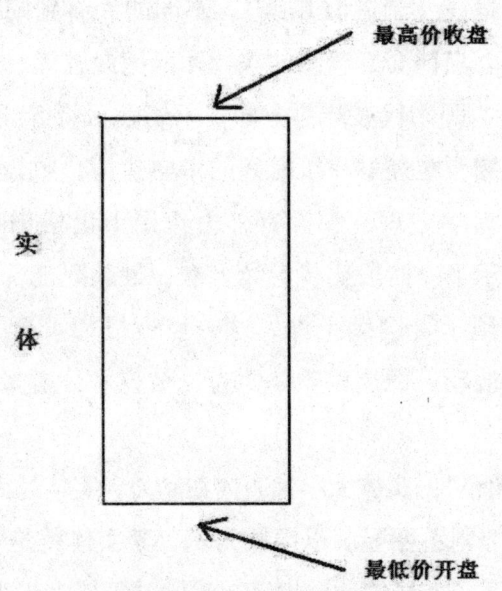

图33 光头光脚阳线示意图

图34是一根大阴线,又称光头光脚阴线,表明该日交易以最低价收盘,并且最高价就是当日的开盘价,这说明该种股票的跌势很强,一路下跌支撑力不大。阴线越长,则表明跌势很强,空方势力很强大。

图35是一根带下影线的而不带上影线的阳线,表明该日开盘后交易价曾跌破开盘价,但随即上涨,并且以最高价收盘,这说明该种股票在上涨过程中曾遇抵抗,但有强有力的支撑,表明涨势很强,后市看涨。

光头光脚阴线

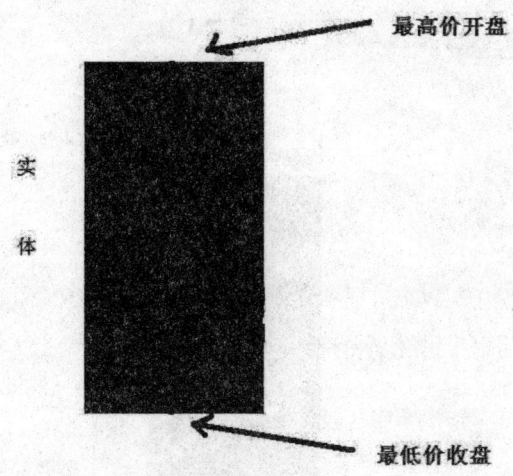

图34 光头光脚阴线示意图

带下影线的阳线

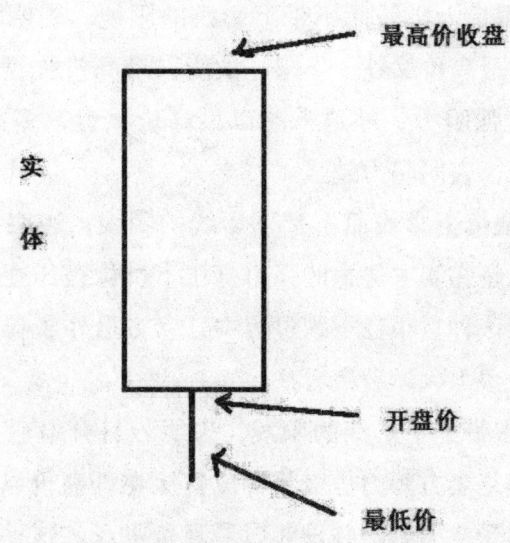

图35 带下影线的阳线示意图

图36是一根带下影线而不带上影线的阴线，表明该日开盘后，交易价一路下跌，但是在买方势力的抵抗下，在价位跌到当天最低价时，买方迫使价位

回升了一定的幅度，并以较高价收盘，这说明该种股票在下跌过程中，出现了支撑的力量，虽不足以立即止跌，但已不可轻视。

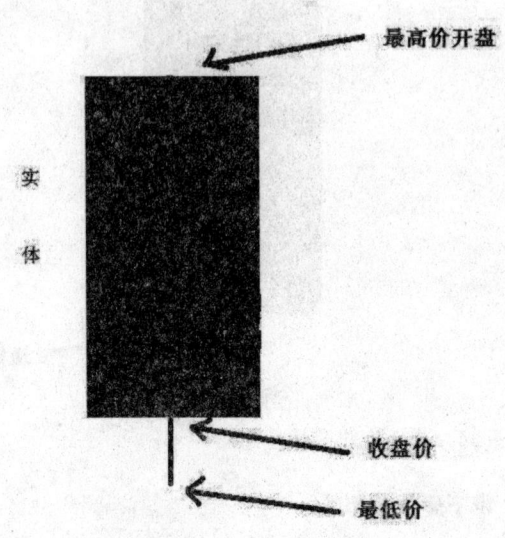

图36　带下影线的阴线示意图

图37是一根带上影线而不带下影线的阳线，表明该日开盘后，交易价一路上涨，但是在最高价又跌了下来，没能以最高价收盘，这说明该种股票在上涨过程中曾遇较强阻力，被迫未能以最高价收盘，多方优势已受到有力的挑战，上影线越长，表明阻力越强。

图38是一根带上影线而不带下影线的阴线，表明该日开盘后，交易价曾涨过开盘价，但是在卖方势力的强力打压下价位被压在开盘价以下，并以最低价收盘，这说明该种货币在下跌过程中，多方虽作了拉动上涨的努力，但阻力较强，空方力量很强大，后市看跌。

图39是一根带上下影线的阳线，表明该日开盘后，买方力量曾使交易价涨过开盘价，但是卖方势力也曾将价位打压在开盘价以下，双方交锋之后，多方略胜一筹，但受空方影响并没能以最高价收盘。这种情况下，如果在上涨了一段时间后出现，表明空方力量有所增强，涨势快到头了；如果在跌了一段时间后出现，表明多方力量在逐步凝聚，跌势很可能被止住。

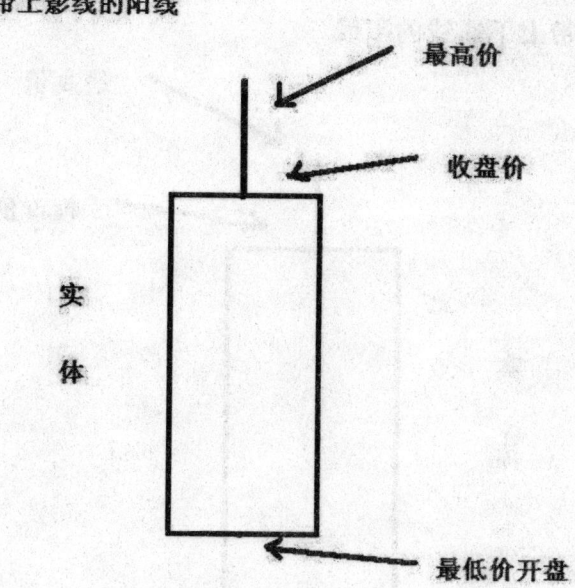

图37 带上影线的阳线示意图

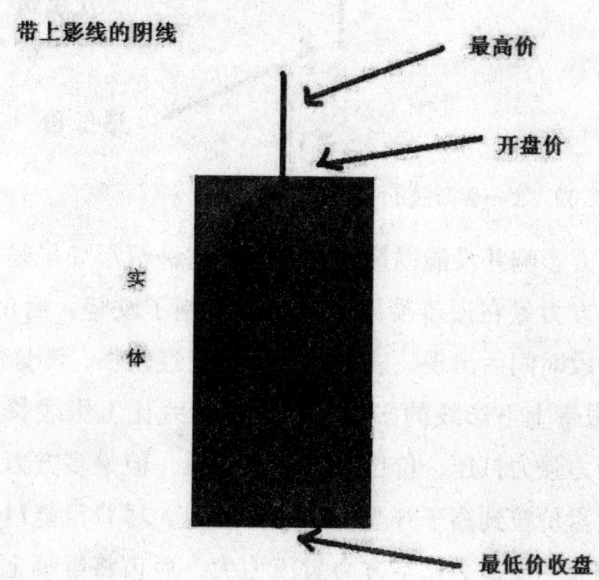

图38 带上影线的阴线示意图

图40是一根带上下影线的阴线，表明该日开盘后，买方力量曾使交易价涨过开盘价，但是卖方势力也曾将价位打压在开盘价以下，双方交锋之后，空方略

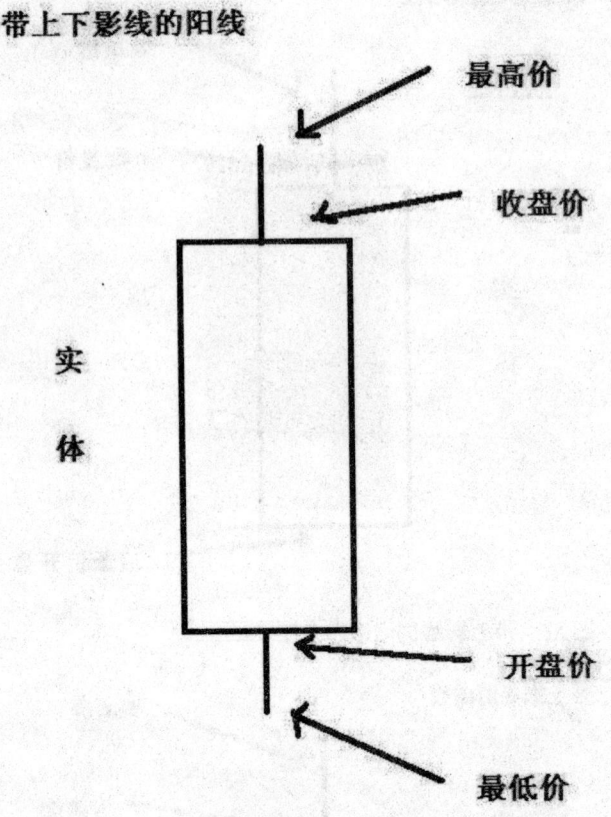

图 39　上下影阳线示意图

胜一筹，但受多方影响并没能以最低价收盘。这种情形如果是在跌了一段时间后出现，表明多方力量在逐步凝聚，有力地牵制了跌势，后市可能出现反转；如果在上涨了一段时间后出现，表明空方力量已经较强，涨势快到头了。

图 41 是一根带上下影线的阳线，但是下影线比上影线长，表明该日开盘后，遇到空方势力强力打压，价位一度跌的很低，但是多方力量不仅弥补了这一下跌，还将收盘价拉到高于开盘价的地方收盘，尽管没能以最高价收盘。这说明多方力量构成的支撑力比空方力量压力大，后市将继续上涨，下影线越长于上影线，说明支撑力越大。

图 42 是一根带上下影线的阴线，但是下影线比上影线长。只要它的实体不是很长，跌幅不是很大，其意义基本与上下影阳线相同，表明支撑力比压力大，后市极可能止跌，开始上涨。下影线越长于上影线，说明支撑力越大。

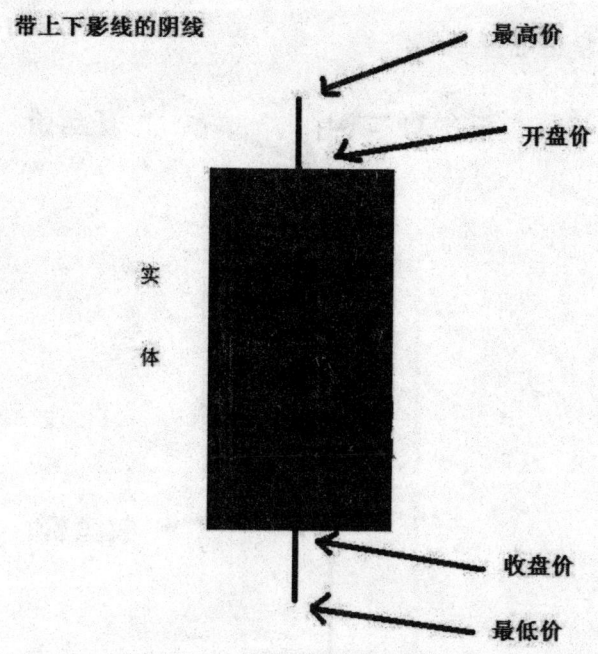

图40　上下影阴线示意图

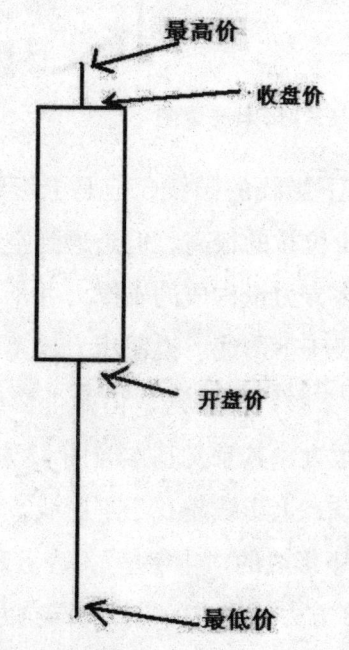

图41　长下影阳线示意图

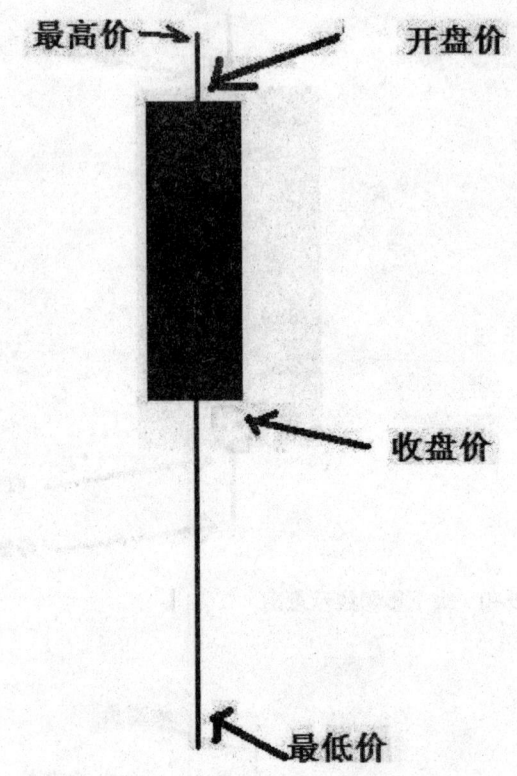

图42 长下影阴线示意图

图43是一根带上下影线的阳线,但是上影线比下影线长,表明该日开盘后,多方力量虽然将价位拉的很高,但是遇到空方势力打压,收盘价并不比开盘价高多少。这说明多方力量构成的支撑力并不比空方力量的压力大,后市极可能下跌,上影线越长于下影线,说明压力越大。

图44是一根带上下影线的阴线,但是上影线比下影线长,只要它的实体不是很长,跌幅不是很大,其意义基本与图43相同,表明支撑力不如压力大,后市极有可能继续下跌,上影线越长于下影线,说明压力越大。

图45是一根带上下影线的"十字星",表示开盘价与收盘价相同,而上下影线基本相同,这说明多方力量构成的支撑力与空方力量的压力差不多。这种形态可能出现在上涨或下跌过程中,可能说明趋势的延伸,也可能是反转的信号。

在一根完美的十字线上,开盘价与收盘价处于同一水平,不过这一标准也

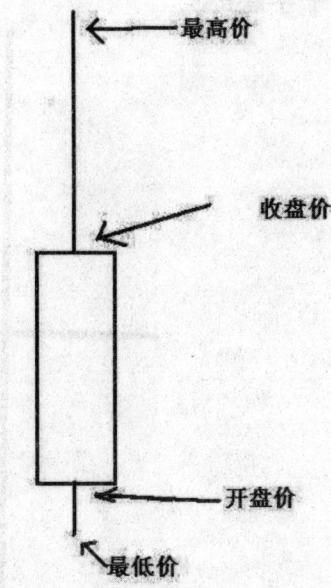

图43 长上影阳线示意图

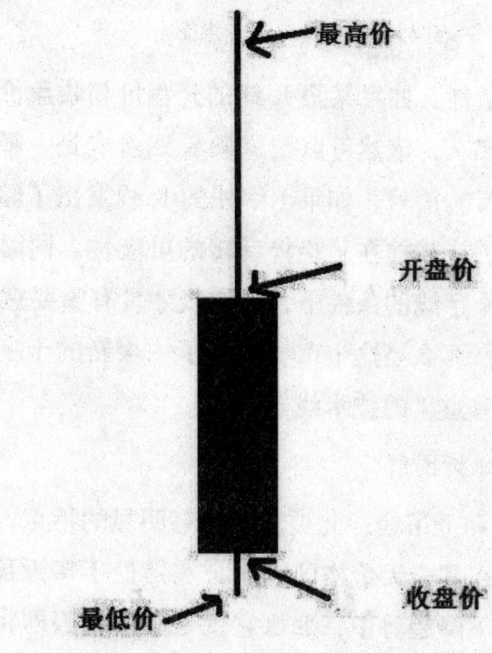

图44 长上影阴线示意图

十字星K线

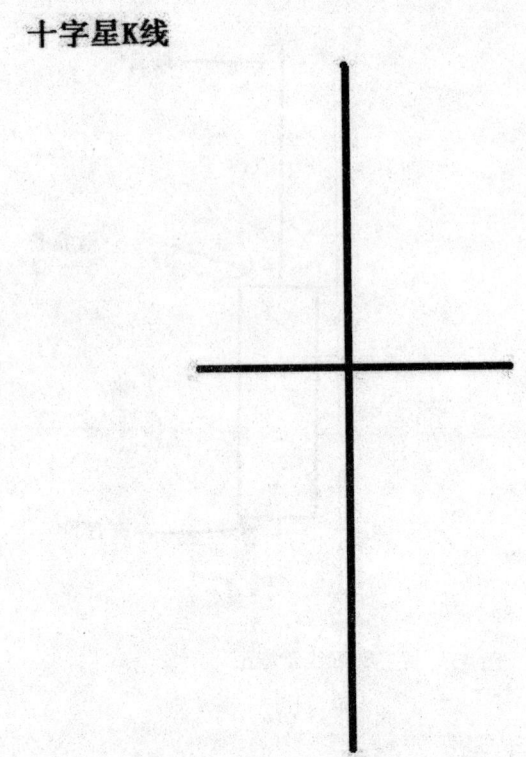

图45　十字星K线示意图

有一定程度的灵活性,如果某根K线的开盘价与收盘价仅仅有很少几个基本价格单位的差别,那么,依然可以把这条K线看成是一根十字线。十字线是一种不同凡响的趋势反转信号,如果十字线的K线发出了验证信号,证实了它的反转信号的话,就进一步加在了趋势反转的可能性。同时需要指出,只有在一个市场不经常出现十字线的条件下,十字线才具有重要意义,如果在某张K线图上有许多十字线,那么当这个市场形成了一根新的十字线的时候,我们就不应当将它视为一条有意义的技术线索。

2. K线组合分析图解

(1) 锤子线和上吊线:此类图线具有明显的特点,它们的下影线较长,而实体较小,并且在其全天价格区间里,实体处于接近顶端的位置上。这两种K线中如果出现在下降趋势中,那么它就是下降趋势即将结束的信号,在这种情况下,此种K线称为锤子线。如果出现在上冲行情之后,就表明之前的市场上行或许已结束,那么这种K线称为上吊线。

锤子线

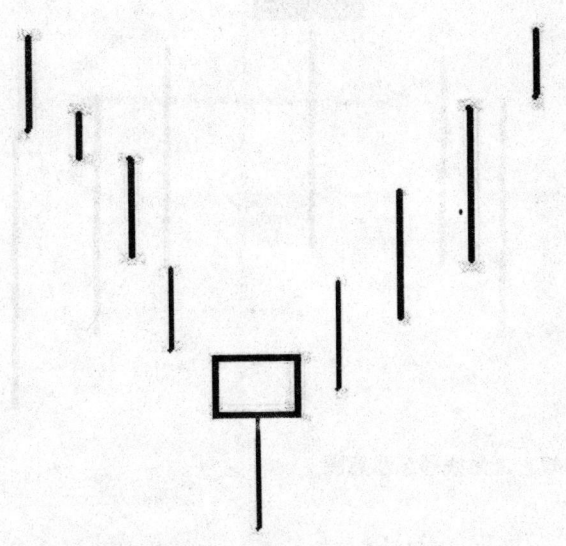

图 46　锤子线形态示意图

判别 K 线图是否为锤子线和上吊线主要有以下三个依据：①实体处于整个价格区间的上端，而实体本身的颜色是无所谓的；②下影线的长度至少达到实体高度的 2 倍；③在这类 K 线中，应当没有上影线，即使有上影线，其长度也是极短的。

看涨吞没形态和看跌吞没形态：图 48 是看涨吞没形态，在图 48 中市场本来处于下降趋势中，但是后来出现了一根坚挺的白色实体，这根红色实体将它前面的那根黑实体吞没了，这就构成了底部反转的信号。图 49 是看跌吞没形态，在图 49 中市场原本正向着更高的价位趋势，但是当前一根白色实体被后一个黑色实体吞没，这就构成了顶部反转的信号。

判别 K 线组合是否为看涨吞没或看跌吞没主要有以下三个依据：①在吞没形态之前，市场必须处在清晰可辨的上升趋势或下降趋中；②吞没形态必须由 2 条 K 线组成，其中第二根 K 线的实体必须覆盖第一根 K 线的实体；③吞没形

上吊线形态

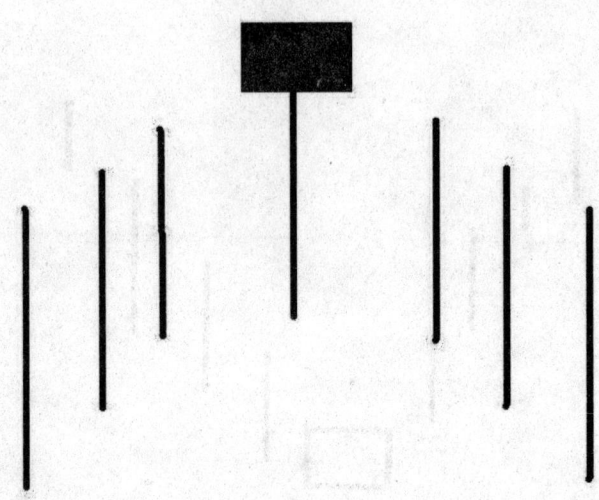

图47　上吊线形态示意图

看涨吞没形态

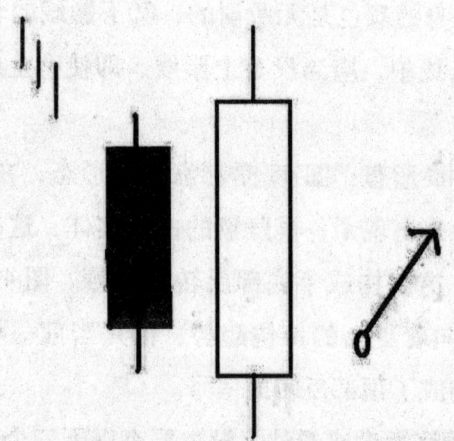

图48　看涨吞没形态示意图

看跌吞没形态

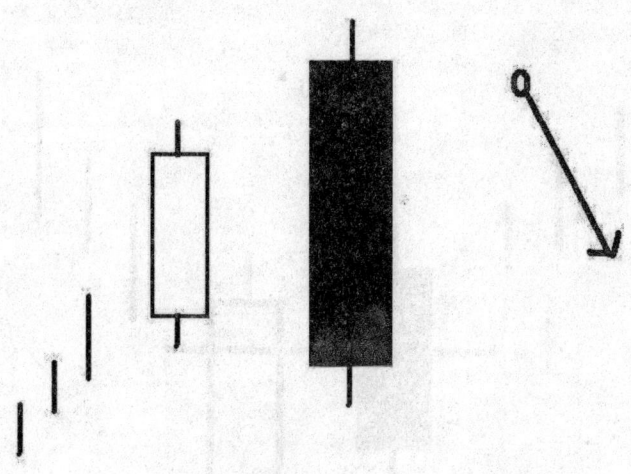

图49　看跌吞没形态示意图

态的第二个实体与第一个实体的颜色相反。（例如，第一条K线的实体必须非常小，小得几乎构成了一根十字线）

（2）乌云盖顶和刺透形态：图50是刺透形态，在这形态中第一根K线具有黑色实体，而第二根K线则具有长长的白色实体，在白色K线这一天，市场的开市价曾急剧地下跌至前一个黑色K线的最低价之下，但是不久市场又将价格推升回来，形成了一根相对较长的白色实体，并且收市价已经向上超越了前一天的黑色实体的中点。这构成了底部反转信号。图51是乌云盖顶形态，在这一形态中，第一天是一根坚挺的白色实体，第二天的开市价超过了第一天的最高价，但是市场却收市在接近当日的最低价的水平，并且收市明显的向下扎入到第一天的白色实体的内部。这构成了顶部反转信号。

刺透形态与乌云盖顶运用中需要注意一点：乌云盖顶中第二天的黑色实体不一定要穿过第一天的白色实体，但是在刺透形态中第二天的白线实体必须刺过第一天黑色实体的中心。

（3）启明星和黄昏之星：图52是启明星形态，它属于底部反转形态。在此形态中，先是一根长长的黑色实体，随后是一根小小的实体，并且在这两个实体之间形成了一个向下跌空，第三天是一根白色实体，它明显地向上推进到了第一天的黑色实体之内。

刺透形态

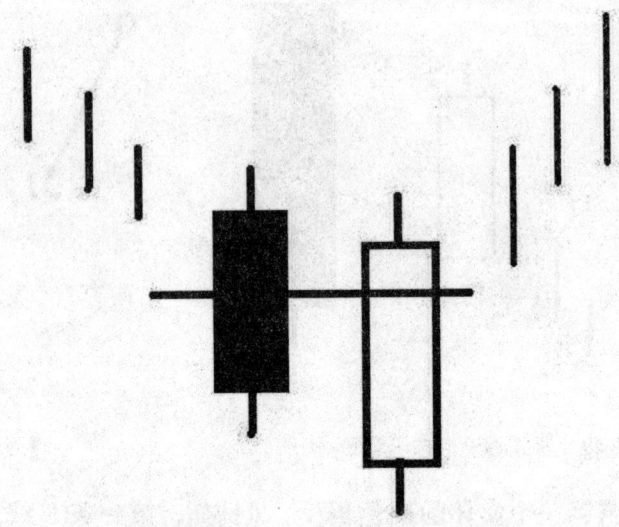

图50 刺透形态示意图

乌云盖顶形态

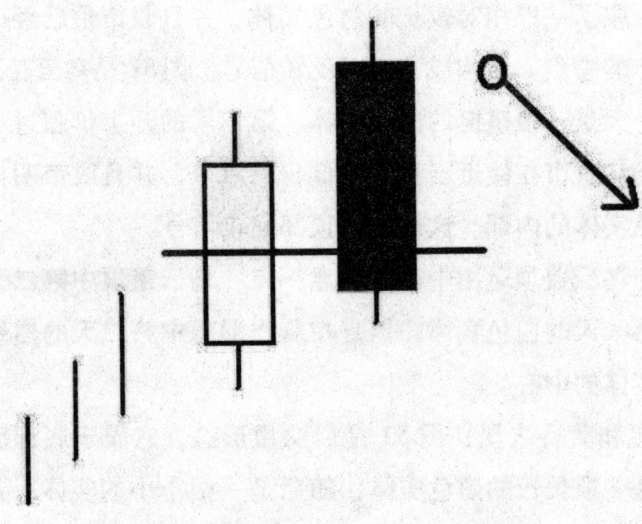

图51 乌云盖顶形态示意图

启明星形态

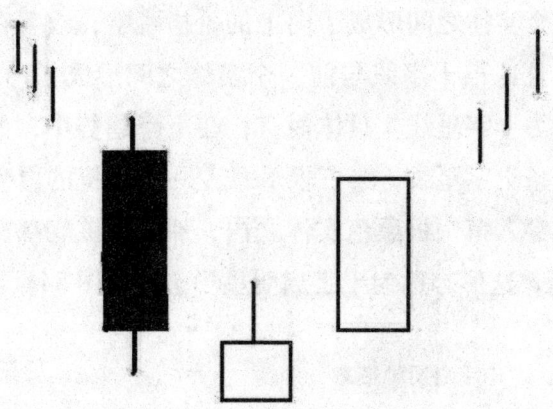

图 52　启明星形态示意图

图 53 是黄昏之星，它属于顶部反转形态。在本形态中先是一根长长的白色实体，后是一根小小的实体，并且在这两个实体之间形成了一个向上跳空，第三根是一长长的黑色实体，它剧烈地向下扎入第一天的白色实体之内。

黄昏之星形态

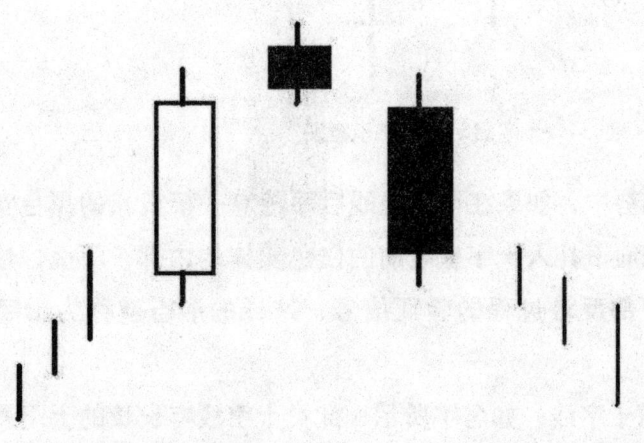

图 53　黄昏星形态示意图

在上述形态中需留意：在黄昏之星形态中，首先在第一根实体与第二根实体之间，应当形成价格跳空，然后在第二根实体与第三根开成另一个价格跳空。不过根据实践情况第二个跳空不常见，而且对于黄昏之星得来的成功来说，可有可无，不是必要条件。

（4）十字启明星和十字黄昏星：如果在上升趋势中出现了一根十字线，并且这根十字线与前一个实体之间形成了向上的价格跳空，或者在下降趋势中出现了一根十字线，并且这根十字线与前一个实体之间形成了向下的价格跳空，那么这根十字线就称为十字星线。具体而言，在下降趋势中，如果在一根黑色实体之后，跟随着一条十字星线，第三根 K 线是一根坚挺的白色 K 线，并且它的收市价显著地向上穿入第一根黑色实体之内，那么，该底部反转信号就得到了第三根 K 线的验证，这形态称为十字启明星形态，如图 54。

十字启明星形态

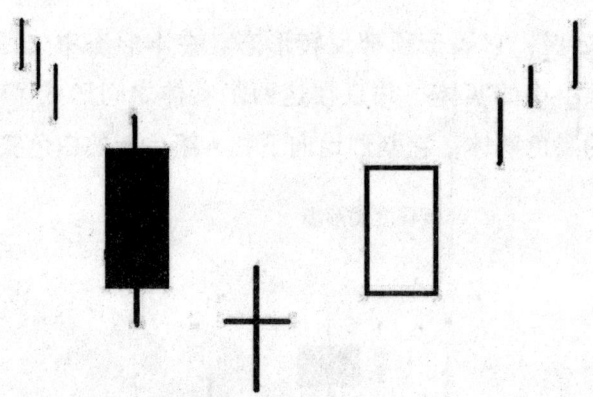

图 54　十字启明星形态示意图

在上升趋势中，如果在十字星线后跟随着一根长长的黑色实体，并且它的收市价深深地向下扎入十字星之前的白色实体的内部，那么，这根黑色实体就构成了市场顶部反转过程的验证信号，这样的形态就称为十字黄昏星形，如图 55。

（5）长腿十字线：如名字所示，此类十字线有长长的上下影线，位于市场顶部的长腿十字线是一种特别重要的十字线，如图 56。

在形成长腿十字线的交易日中，市场先是猛烈地向上推，后是急剧的下滑（或者反过来），最后到收市时，其收市价处在与开市价同样的水平，或者与之

十字黄昏星形态

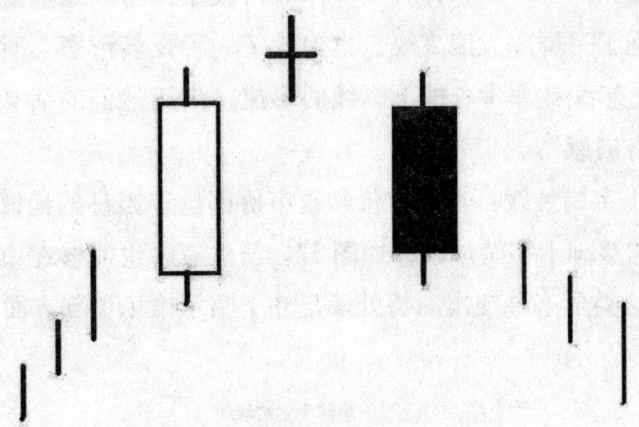

图 55　十字黄昏星形态示意图

长腿十字K线

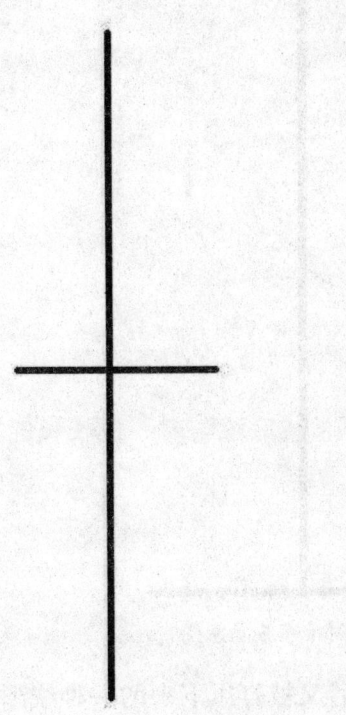

图 56　长腿十字线示意图

非常接近。如果当日的开市价和收市价正好处在全日价格范围的中点，那么这种蜡烛线就称为黄包车夫（线）。如果某根非十字线的蜡烛线具有很长的上影线，或者具有很长的下影线，并且其实体非常较小，这种蜡烛线就称为风大浪高线。如果出现了一群风大浪高线，也构成了一种反转形态。对日本分析师来说，非常长的上影线或非常长的下影线的形成，借用他们的话来描述，就表示市场"失去了方向感"。

（6）墓碑十字蜡烛线：当开市价和收市价都位于当日的最低点时，构成了一种非常独特的墓碑十字蜡烛线，如图57。虽然有时也能够在市场底部发现这类K线，不过这类形态最突出的长处还是在于昭示市场顶部方面。

墓碑十字蜡烛线

图57 墓碑十字线示意图

"墓碑十字"是股价拉起之后又被打压下来的一种线形，出现的位置不同，其意义也大不一样。我们经常见的情形有两种：第一种是上升趋势中出现的"墓碑十字"。这种情况一般表示多方已经受阻，空方可能卷土重来，且上影线越长,"墓碑十字"所代表的意义越偏空。第二种常常出现在股价暴跌过程中的跌停板位置,股价以跌停板开盘之后,盘中杀入大量买盘将跌停板打开,最后又重新收于跌停板,这种情形意味着跌势开始受阻,它通常伴随着成交量的急剧放大、高换手率、多方开始反扑,但收盘价的下回意味着跌势还没有结束,股价仍将继续下跌。

三、K线理论的实战综合

1. 十字星线捕捉黑马

前文已经说过十字星线是指收盘价与开盘价在同一价位或者相近,没有实体或实体极其微小的特殊的K线形式,其虽有阴阳之分,但实战的含义差别不太大,远不如十字星本身所处的位置重要,这里我们就将给出一种依据阴阳十字星线捕捉黑马的方法。

在实际操盘中,有许多投资者经常会耐不住寂寞,经不起震荡,长时间的横盘震荡让他们彷徨徘徊,不知所措。在股市中,常常可以看到这样的情况,一只股票股价好长时间都在进行着横盘震荡。然而终于在每一天,股价突然从长期横盘震荡的平台上腾空而起,投资者惊喜地认为该股终于起身了,一直持有到现在的投资者认为苦日子熬到头了,准备买进的投资者也忙不迭地在第二天抢进了股票,可谁知第二天开盘后该股一路下滑,有的庄家的操盘手法是高开低走,庄家刻意作出股价在高位遇阻的假象,让场外资金不敢贸然进场,同时恐吓短线客出局。于是部分投资者在第二天下跌时卖出了股票,而第二天追高买入的投资者却被套了个结结实实,第三天只能认赔割肉出局。其实这只是庄家的洗盘手法,庄家故意利用投资者的这种心态将对技术一知半解的投资者清洗出局。在随后的操作中,有的庄家在经过4~5天的震荡洗盘后又重新将股价拉起来,有的则要继续震荡更长的时间,以便彻底将跟风盘、获利盘清洗出局。而在这种洗盘中,常常会在高位出现一根十字星线,实际上这根看起来冲高受阻的十字星是庄家的洗盘补仓行为。

例:万科A(000002)(见图58)经过近10个月的震荡终于在2009年5

月12日拉出了一根漂亮的长阳线，但当投资者第二天杀进该股时，该股却并没有延续第一天的强势而是高开低走，尾盘竟然收了一根阴十字星，将早盘杀入的投资者悉数套住，其实这是庄家的攻击性补仓行为，说明庄家即将发动上攻。5月15日，该股再次收了一根十字星线，随后股价下滑，看起来好像是该股冲高受阻转入跌势，一些投资者纷纷割肉离场。然而在5个交易日后，股价开始止跌回升，开始了一波中线上涨行情，股价由9.96元涨至7月6日的14.94元。

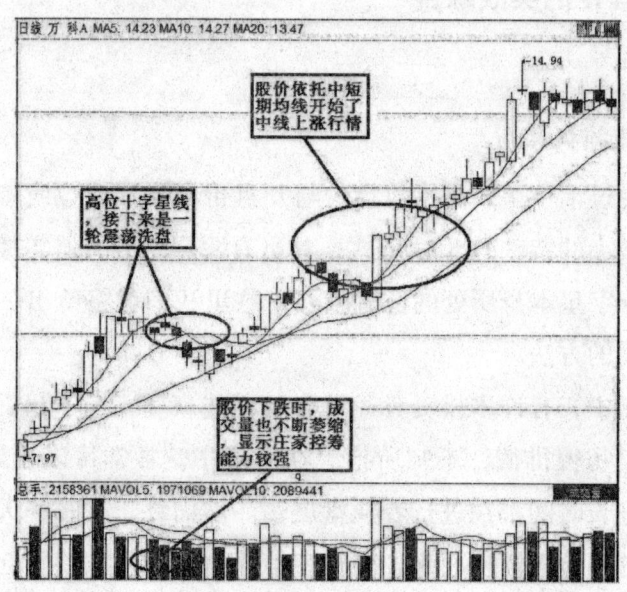

图58　万科十字星线买卖图解

例：华兰生物（002007）（见图59）。8月25日，该股在前一交易日出现买入信号的基础上再次出现第二种买入信号：高位十字星线，而这种形态同样出现在前期整理平台附近，且当天股价回调的最低点并未破前一交易日高点34.45元，足以说明该股强势特征明显，此一冲高回落的K线并非庄家出货信号，而是庄家的攻击前的补仓行为，目的是在攻击前再捞一部分筹码，果然，该股股价后来一路上扬，在高位十字星线出现后的13个交易日里，股价从最低价35.66元涨到60.50元，涨幅高达70%。

2. 高走大阳线买入法

在实战中，有一种买入法是投资者应该注意的，它叫做高走大阳线买入

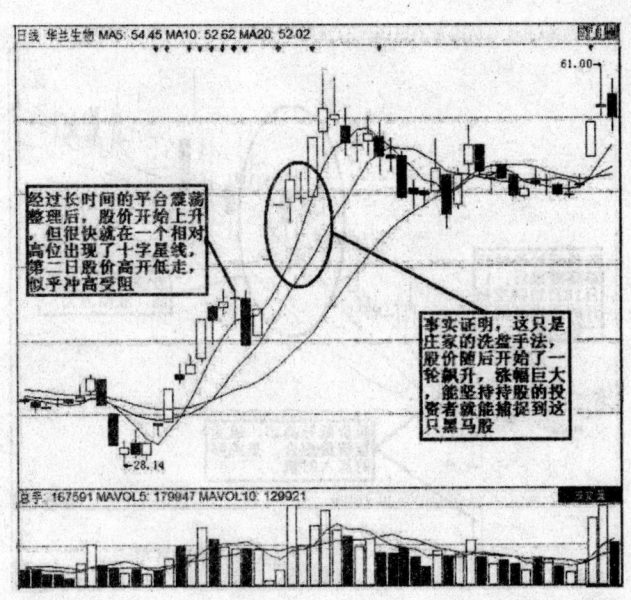

图59 华兰生物十字星线买入图解

法。这是一根低开高走或平开高走的大阳线，形成条件是大盘或个股经过长期深幅下跌，短期做空量能得到释放，且重新积聚了新的做多动力。目标股股价必须同样经过大幅下跌，量区量能处于极度萎缩状态，然后突然某一天，股价跳空低开或平开，然后快速上攻，收盘价等于或接近全天最高价，形成一根低开高走或平开的大阳线，这是股价短线见底的强烈信号，也是投资者进场捕捉短线的绝好时机。

下面还是用实例来说明一下。

例：深发展（00001）（见图60）。该股股价从2007年11月1日的48.98元一路跌到2008年10月30日的最低10.9元，10月30日除权，11月4日跌至除权后的最低价8元后，开始了长达两个多月的震荡整理，2009年1月13日，股价跳空低开，该股顺势低开，然后一路震荡上行，开盘价成了该股当天的最低价，随后该股一路震荡上行，至2009年7月30日，股价已达26.18元。

例：招商地产（000024）（见图61）该股经过07年到08年漫长的行下跌后，股价从102.89元跌到10.57元（2008年4月22日除权后），2008年9月18日，股价以10.57元跳空低开（前一交易日收盘价11元），然后一路震荡上行，当天以全天最高价11.23元收盘。第二天跳空高开并涨停，然后连续两天洗盘，然后是震荡，然后是一路上攻。

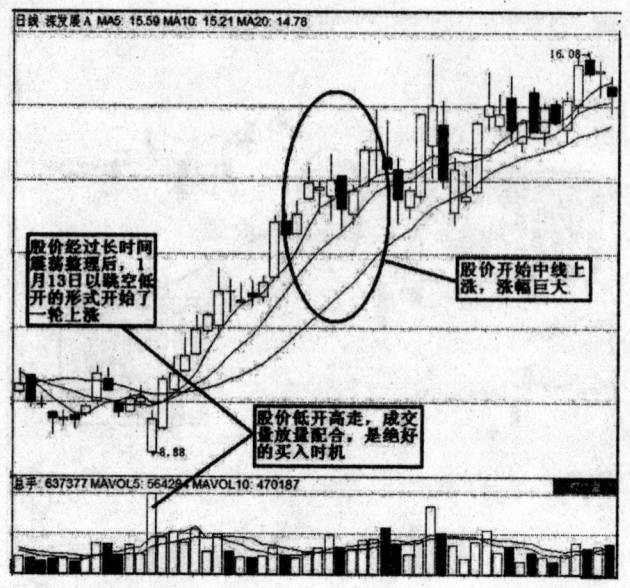

图 60 深发展低开高走阳线买入图解

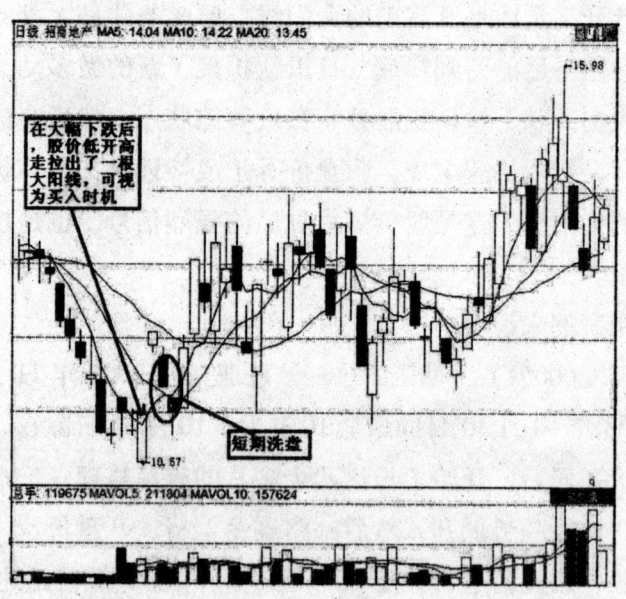

图 61 招商地产低开阳线买入图解

需要说明的是，低开或平开阳线出现后的量能放大只是相对的而不是绝对的，不一定非要看其形态出现后的量能是否放得特别大时才进入。如遇市场趋势好转且个股没有出现卖出信号时可以继续持有，如市场趋势不好时，只能做反弹，并在盈利后随时准备撤离。

3. 60 分钟 K 线短线放量长阳买卖法

60 分钟属短期波动，而根据 60 分钟 K 线图组合和量价关系作为短周期的买入点，是极佳的超级短线秘籍。

（1）选出近期成交量突然连续放大，日换手率在 3% 以上（越大越好），大幅上涨 7% 以上（最好出现涨停）的个股观察。Ma 均线（5，10）金叉。其主要特征是一根大的成交量红柱伴随一根长阳线使股价迅速脱离盘整区。其换手率在 3%~20% 之间。最好这个成交量是 1~2 个月以来的最大成交量。

成交量放大可能是受到利好消息的刺激，如较好的业绩和分配方案，重大合作项目的确定等。但是我们并不建议放量立即跟进。因为导致股票突然放量上攻的原因可以是多种多样的，一般投资者喜欢立即跟进，但是极易掉进庄家拉高换手的陷阱。

（2）发现目标后不急于介入，调出 60 分钟 K 线组合跟踪观察。

再强势的股票也会回档，为了避免在最高位套牢要等到回档再买入。

（3）该股放量短线冲高之后必有缩量回调，根据该股 60 分钟 K 线组合，当股价缩量回落，切入到 60 分钟 K 线图上放量长阳的这根阳线的实体内，调整到此时成交量已少（买入点的日成交量为大量的 1/8 左右），股价走稳，短线抛压已穷尽，一般这个点位能够保证一买就涨，充分发挥短线效率。

（4）时间一般为回落 1~7 天，时间长短跟大盘好坏有关。

（5）买入后立即享受拉升的乐趣。一般会在 2~3 天超越一浪顶部。

（6）获利 5% 之上。一浪的高点的 3% 可以作为止赢点。

（7）如出现重大意外变故，则以买入价为止损价果断出局。

例：飞亚达（000026）（见图 62）。该股 2009 年 7 月 2 日从 60 分钟 K 线上可以看到股价一直在低位震荡徘徊，但是在收市前一个小时却突然拉出了一根巨量长阳线，对股价形成了突破。此时以均价 8.87 元买进股票，7 月 3 日以均价 9.47 元卖出股票，短线即可轻松获利。

4. 15 分钟 K 线买入法

15 分钟 K 线买入法，其实就是看着个股上的 15 分钟形成一根 K 线的 K 线图进行操作的方法。它是日线操作的一个缩小版，是短线战法的一种。同样的方法放大到日线上是一样行之有效的操作方法。

110 | 12套交易理论让你在家学完大师投资课

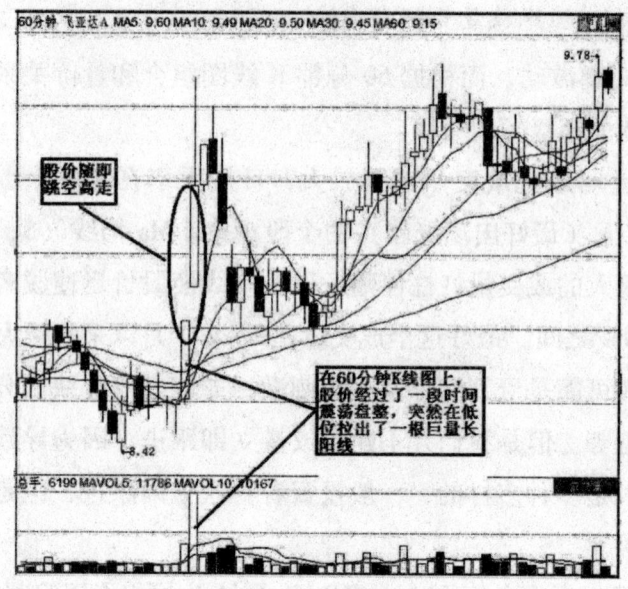

图62 飞亚达60分钟线短线买入图解

在大盘并不稳定的情况下，再以日K线做参考进行股票操作是不合时宜的。我们要根据自己的情况来选择分钟上的K线图来进行操作。如果是开市时间都能进行交易的朋友可以选择15分钟的K线图来进行操作。

我们都知道，短线操作的本质是为了规避长期持股中的风险，获得短线利润。短线高手买进是为了1天或3天后的卖出，无论盈亏都必须在短期内轧平账户，不参与沉闷而寂寞的盘整。

在目前4+1交易制度下，买进后一旦发生风险当日不得卖出，因此短线客将买入时间选择在收盘前15分钟，此时间段内不跌的话，第二天任何时间感觉有风险可随时卖出。一般来说，15分钟K线作战法是在大势不理想情况下的股市作战方法。

很多情况下，一只股票早上开盘后进行长时间的横盘，在均价附近窄幅整理，遇大盘下跌，它能坚持不动或被大盘稍有拖累后，也能迅速返回；而均线基本上保持一直线。此类股票往往会在下午耐不住寂寞，选择向上突破。但是如果在下午一开盘就突破的话，最好不要跟进，因为此时多数属于主力试盘动作。

真正上攻的股票，一般都会选择在下午两点半之后，特别是在14：35~14：40

开始上攻。此时要看它的上升角度。如果超过80度的话，就会显得太急，容易产生抛压。有个别强势股14时刚过就展开攻势，这时候必须要放巨量，以接近90度的推升迅速涨停，否则的话容易夭折。

最漂亮的走势是先沿30度角运行几分钟，然后在大成交量的推动下改为45度到60度向上攻击，而均线此时也最好紧随股价，呈30度以上的弧形。这样用20多分钟时间完全可以涨5%以上，甚至涨停。

以上情况必须紧盯5分钟至60分钟K线分时指标，特别是60分钟。在盘整期间，60分钟指标如KDJ，一旦在底部形成金叉状态，而时间上又刚好吻合的话，就可以择机介入。

那么15分钟K线战法的具体方法是什么呢？

（1）买入：在15分钟K线图上设置一根21日均线及一根5日均线，当看到5日均线上穿21日均线时那就是买入信号。

（2）卖出：方法有两种。一般情况下，看到5日均线下穿21日均线就要坚决离场；特殊情况下，如该股的日线KDJ的J值出现100时，看到股价小于5日均线时就可以考虑卖出离场了。但如果发生5日均线下穿21日均线时，坚决离场。

例：天利高新（600339）（见图63）。该股今年4月2日在15分钟K线图上出现了一个买入信号。在临近收盘时，股价在量能配合下开始小幅上涨，同时均线出现了金叉，投资者可短线买入。例如，天利高新在清明节3天假后，股价果然在一开盘就开始大幅上涨。

在实战操作中，投资者还应注意以下要点。

（1）这种操作，在同一日内发生买进又要抛出的概率并不大，但是如果发生了，那第二日也是要坚决止损离场的。

（2）这种方法只适合用总资金的一小部分进行操作。

（3）这种方法只用于大盘不稳定的情况下。

（4）选股要在每天的下午2点开始，寻找潜在强势股。选择标准首先是绿盘，跌幅在2%以上的，不要选择跌幅过大的股票；另外换手要充分，一般为2%~4%，而且量比最好是大于1。

（5）15分钟K线，一定要在底部，特别是底部构成很明显，有跌不下去

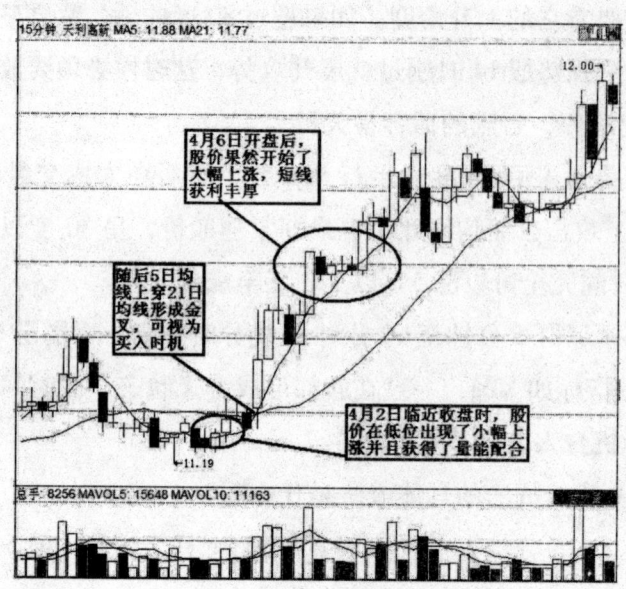

图 63 天利高新 15 分钟 K 线买入图解

的感觉，若破位一定要放弃。最好是在 2∶30 分左右买。因为这个时候主力就会开始拉了。

（6）该种方法的操作纪律很重要，不能违背自己定下的纪律。不然后果很严重。

第九章 均线理论

一、均线理论的理论精要

1. 均线理论概述

移动平均线（英文简称 MA），又称均线，成本线，它代表在一段时间内买入股票的平均成本，反映了股价在一定时期内的强弱和运行趋势。移动平均线由美国投资专家葛南碧（Jogepsb Ganvle）所创立，由道氏趋势理论的"三种趋势说"演变而来，将道氏理论加以数字化，从数字的变动中去预测股价未来短期、中期、长期的变动方向，为投资决策提供依据。

移动平均线是采用统计学中"移动平均"的原理，将一段时期内的股票价格平均值连成曲线，用来显示股价的历史波动情况，进而反映股价指数未来发展趋势的技术分析方法。它是道氏理论的形象化表述。

算术移动平均线，就是将 N 天的收盘价加和再除以 N，得到第 N 天的算术平均线数值。从其计算方法上看，它有以下几个均线技术特征：追踪趋势、滞后性、安定性、助涨助跌性、支撑线和压力线特性，以下是简要说明。

（1）稳定地追踪趋势。从计算方法我们可以看出，均线在一定程度上过滤了偶然因素带来的影响，使得我们可以看清行情的大致趋势。

（2）滞后性。MA 反映了一段时间的行情，当行情出现新的变化的时候，MA 往往较迟发出买卖信号，导致实际获利空间减小。

(3)安定的特性。通常,越长期的移动平均线,愈能表现安定的特性,即移动平均线不轻易往上往下,必须股价涨势真正明朗了,移动平均线才会往上延伸,而且经常在股价开始回落之时,移动平均线却是向上的,等到股价下滑显著时,才见移动平均线走下坡,这是移动平均线最大的特色。越短期的移动平均线,安定性愈差,越长期的移动平均线,安定性愈强,因此使得移动平均线有延迟反应的特性。

(4)助涨的特性。股价从平均线下方向上突破,平均线也开始向右上方移动,可以看做是多头支撑线,股价回跌至平均线附近,自然会产生支撑力量,短期平均线向上移动速度较快,中长期平均线向上移动速度较慢,但都表示一定期间内平均成本增加,卖方力量若稍强于买方,股价回跌至平均线附近,便是买进时机,这是平均线的助涨功效,直到股价上升缓慢或回跌,平均线开始减速移动,股价再回至平均线附近,平均线失去助涨效能,将有重返平均线下方的趋势,最好不要买进。

(5)助跌的特性。反过来说,股价从平均线上方向下突破,平均线也开始向右下方移动,成为空头阻力线,股价回升至平均线附近,自然产生阻力,因此平均线往下走时股价回升至平均线附近便是卖出时机,平均线此时有助跌作用。直到股价下跌缓慢或回升,平均线开始减速移动,股价若再与平均线接近,平均线便失去助跌意义,将有重返平均线上方的趋向,不需急于卖出。

2. 移动平均线的计算方法

移动平均线的定义:"平均"是指最近 n 天收市价格的算术平均线;"移动"是指我们在计算中,始终采用最近 n 天的价格数据。因此,被平均的数组(最近 n 天的收市价格)随着新的交易日的更迭,逐日向前推移。在我们计算移动平均值时,通常采用最近 n 天的收市价格。我们把新的收市价格逐日地加入数组,而往前倒数的第 n+1 个收市价则被剔去。然后,再把新的总和除以 n,就得到了新的一天的平均值(n 天平均值)。

计算公式:

$MA = (C_1 + C_2 + C_3 + \cdots + C_n) \div N$

C:某日收盘价;N:移动平均周期。

移动平均线按计算周期分为短期(如 5 日、10 日)、中期(如 30 日)和长期（如60日、120日）移动平均线。

移动平均线按算法分为算术移动平均线、线型加权移动平均线、阶梯形移动平均线、平滑移动平均线等多种，最为常用的是下面介绍的算术移动平均线。

所谓移动平均，首先是算术平均数，如1到10的10个数字，其平均数便是5.5；而移动则意味着这10个数字的变动。假如第一组是1到10，第二组变动成2到11，第三组又变为3到12，那么，这三组平均数各不相同。而这些不同的平均数的集合，便统称为移动平均数。

举例说明：某股连续10个交易日收盘价分别为：（单位：元）
8.15、8.07、8.84、8.10、8.40、9.10、9.20、9.10、8.95、8.70

以5天短期均线为例：

第五天均值 =（8.15 + 8.07 + 8.84 + 8.10 + 8.40）÷ 5 = 8.31
第六天均值 =（8.07 + 8.84 + 8.10 + 8.40 + 9.10）÷ 5 = 8.50
第七天均值 =（8.84 + 8.10 + 8.40 + 9.10 + 9.20）÷ 5 = 8.73
第八天均值 =（8.10 + 8.40 + 9.10 + 9.20 + 9.10）÷ 5 = 8.78
第九天均值 =（8.40 + 9.10 + 9.20 + 9.10 + 8.95）÷ 5 = 8.95
第十天均值 =（9.10 + 9.20 + 9.10 + 8.95 + 8.70）÷ 5 = 9.01

将上述数据在图表中相连成线，就形成了以5天为基期的均线。

3. 均线理论所表示的意义

（1）上升行情初期，短期移动平均线从下向上突破中长期移动平均线，形成的交叉叫黄金交叉。预示股价将上涨：黄色的5日均线上穿紫色的10日均线形成的交叉；10日均线上穿绿色的30日均线形成的交叉均为黄金交叉。

（2）当短期移动平均线向下跌破中长期移动平均线形成的交叉叫做死亡交叉，预示股价将下跌。黄色的5日均线下穿紫色的10日均线形成的交叉，10日均线下穿绿色的30日均线形成的交叉均为死亡交叉。

（3）在上升行情进入稳定期，5日、10日、30日移动平均线从上而下依次顺序排列，向右上方移动，称为多头排列。预示股价将大幅上涨。

（4）在下跌行情中，5日、10日、30日移动平均线自下而上依次顺序排列，向右下方移动，称为空头排列，预示股价将大幅下跌。

（5）在上升行情中股价位于移动平均线之上，走多头排列的均线可视为多方的防线；当股价回档至移动平均线附近，各条移动平均线依次产生支撑力量，买盘入场推动股价再度上升，这就是移动平均线的助涨作用。

（6）在下跌行情中，股价在移动平均线的下方，呈空头排列的移动平均线可以视为空方的防线，当股价反弹到移动平均线附近时，便会遇到阻力，卖盘涌出，促使股价进一步下跌，这就是移动平均线的助跌作用。

（7）移动平均线由上升转为下降出现最高点和由下降转为上升出现最低点时，是移动平均线的转折点。预示股价走势将发生反转。

4. 葛南碧八项均线法则

葛南碧创造的八项法则可谓均线理论中的精华，历来的均线使用者无不视其为均线分析中的至宝，而移动平均线也因为它而淋漓尽致地发挥了道·琼斯理论的精神所在。

八大法则中的四条是用来研判买进时机，四条是研判卖出时机。总的来说，移动平均线在价格之下，而且又呈上升趋势时是买进时机，反之，平均线在价格线之上，又呈下降趋势时则是卖出时机。

1）买进法则

买进1：移动平均线从下降逐渐走平且略向上方抬头，而价格从移动平均线下方向上方突破，为买进信号。

买进2：价格位于移动平均线之上运行，回档时未跌破移动平均线后又再度上升时为买进时机。

买进3：价格位于移动平均线之上运行，回档时跌破移动平均线，但短期移动平均线继续呈上升趋势，此时为买进时机。

买进4：价格位于移动平均线以下运行，连续数日大跌，离移动平均线愈来愈远，极有可能向移动平均线靠近（物极必反，下跌反弹），此时为买进时机。

2）卖出法则：

卖出1：移动平均线从上升逐渐走平，而价格从移动平均线上方向下跌破移动平均线时说明卖压渐重，应卖出所持股票。

卖出2：价格位于移动平均线下方运行，反弹时未突破移动平均线，且移动平均线跌势渐缓，趋于水平后又出现下跌趋势，此时为卖出时机。

卖出3：价格反弹后在移动平均线上方徘徊，而移动平均线却继续下跌，宜卖出所持股票。

卖出4：价格位于移动平均线之上运行，连续数日大涨，离移动平均线愈来愈远，随时都会产生获利回吐的卖压，应暂时卖出所持股票。而怎样才算远离移动平均线、何时为适度？关于这方面的信息可以适当参考乖离率指标。

5. 移动平均线的买卖时机

1）移动平均线的买进时机

股价曲线由下向上突破5日、10日移动平均线，且5日均线上穿10日均线形成黄金交叉，显现多方力量增强，已有效突破空方的压力线，后市上涨的可能性很大，是买入时机。

股价曲线由下向上突破5日、10日、30日移动平均线，且三条移动平均线呈多头排列，显现说明多方力量强盛，后市上涨已成定局，此时是极佳的买入时机。

在强势股的上升行情中，股价出现盘整，5日移动平均线与10日移动平均线纠缠在一起，当股价突破盘整区，5日、10日、30日移动平均线再次呈多头排列时为买入时机。

在多头市场中，股价跌破10日移动平均线而未跌破30日移动平均线，且30日移动平均线仍向右上方挺进，说明股价下跌是技术性回档，跌幅不致太大，此时为买入时机。

在空头市场中，股价经过长期下跌，股价在5日、10日移动平均线以下运行，恐慌性抛盘不断涌出导致股价大幅下跌，乖离率增大，此时为抢反弹的绝佳时机，应买进股票。

2）移动平均线的卖出时机

在上升行情中，股价由上向下跌破5日、10日移动平均线，且5日均线下穿10日均线形成死亡交叉，30日移动平均线上升趋势有走平迹象，说明空方占有优势，已突破多方两道防线，此时应卖出持有的股票，离场观望。

股价在暴跌之后反弹，无力突破10日移动平均线的压力，说明股价将继续下跌，此时为卖出时机。

股价先后跌破5日、10日、30日移动平均线，且30日移动平均线有向右下方移动的趋势，表示后市的跌幅将会很深，应迅速卖出股票。

股价经过长时间盘局后，5日、10日移动平均线开始向下，说明空方力量增强，后市将会下跌，应卖出股票。

当60日移动平均线由上升趋势转为平缓或向下方转折，预示后市将会有一段中级下跌行情，此时应卖出股票。

二、均线理论的形态种类

1. 移动平均线种类

均线按时间长短可分为：短期移动平均线，中期移动平均线，及长期移动平均线。

（1）短期移动平均线：分为3日、5日、10日等数种。其中，被投资大众参与使用较为广泛的是5日、10日移动平均线。相较于10日移动平均线来说，5日移动平均线起伏较大，尤其在震荡行情时该线形象很不规则，买进卖出的信号较难把握，因此在多数情况下人们都是把10日移动平均线作为买卖的依据。其原因是10日移动平均线比5日移动平均线更能反映短期股价平均成本的变动情况与趋势。

（2）中期移动平均线：分为20日、30日、60日等数种。其中30日移动平均线使用频率最高，它经常被用来与其他平均线配合，供投资大众参考当日股价及短期和中长期移动平均线的动态，了解它们之间的相关性，作为短，中期买卖的依据。60日移动平均线因为对中短期股价指数有明显的趋势指示及制约作用，为行情趋势的分析判断提供了较准确的依据，因而也很受投资者看重。

（3）长期移动平均线：分为100日、120日、150日、200日、250日等数种。其中，使用较多的是120日、250日移动平均线。由于我国是一年两次公布财务报表，各行业景气变动亦是从半年、一年观察未来的盛衰，因此半年线、一年线对研判股市的中长期走势有着重要作用，故很受投资者重视。

2. 移动平均线组合

一般来说，无论是哪种平均线组合，人们总习惯地将日子最少的 1 根平均线称之为短期平均线，日子最长的 1 根平均线称之为长期均线，余下的那根平均线称之为中期均线。

（1）短期均线组合：最常见有 5 日、10 日、20 日和 5 日、10 日、30 日两种组合。

这两种短期平均线组合就其技术意义和使用规则来说是相同的，效果都不错，目前市场上使用的人很多。短期平均线组合主要用于观察股价（股指）短期运行的趋势，例如 1～3 个月股价走势会发生什么变化。一般来说，在典型的上升通道中，5 日平均线应为多方护盘中枢，不然则上升力度有限；10 日平均线则是多头的重要支撑线，10 日平均线被有效击破，市场就可能转弱。在空头市场中，人气低迷时，弱势反弹阻力位应是 10 日平均线；20（30）日平均线是衡量市场短、中期趋势强弱的重要标志，20（30）日平均线向上倾斜时可短期看多、做多；20（30）日平均线向下倾斜时，则短期看空、做空。

（2）中期平均线组合：最常见的有 10 日、30 日、60 日和 20 日、40 日、60 日两种组合。

中期平均线组合主要用于观察大盘或个股中期运行的趋势，例如 3～6 个月大盘或个股走势会发生什么变化。一般来说，中期平均线组合呈多头排列状态，说明大盘或个股中期趋势向好，这时投资者中期应看多、做多；反之，当中期平均线组合呈空头排列状态时，说明大盘或个股中期趋势向淡，这时投资者中期应该看空、做空。从实战意义上来说，用中期均线组合分析研究大盘或个股的趋势比短期平均线组合来得准确可靠。例如，在大盘见底回升时，如果你对反弹还是无法把握，中期平均线组合就会给你很大帮助。当 30 日平均线上穿 60 日平均线时，会出现一次级别像样的中级行情，当中期平均线组合粘合向上发散常常预示着大行情的来临。可见，了解和懂得中期平均线组合的作用和使用技巧，对投资者来说是非常重要的。

（3）长期平均线组合：最常见得有 30 日、60 日、120 日和 60 日、120 日、250 日两种组合。

长期平均线组合主要用于观察大盘或个股的中长期趋势，例如，半年以上的股价走势会发生什么变化。一般来说,当长期平均线组合中的平均线形成黄金交叉,成为多头排列时,说明市场对大盘或个股长期趋势看好,此时投资者应保持长多短空的思维,遇到盘中震荡或回调,就要敢于逢低吸纳;反之,当长期平均线组合中的平均线出现死亡交叉,成为空头排列时,说明市场对大盘或个股中长期趋势看淡,此时投资者应保持长空短多的思维,遇到盘中震荡或弹升,就要坚持逢高减持。

3. 移动平均线的排列形态

移动平均线系统的排列状态,一般可分为汇聚、发散、平行三种状态。其中汇聚状态表明的是市场经历过一段单边走势后出现的对原有动能消化或积蓄新运行动能的过程,汇聚的时间越长,产生的动能越大;发散状态则是汇聚之后产生的爆发动能的前奏;平行状态则表明市场运行动能已经单方向爆发,引发了新的单边运行趋势。

在单边市运行节奏当中,这三种状态的循环为:汇聚→发散→平行→汇聚,而在盘整市中,则体现为汇聚→发散→汇聚的循环,直到突破的发生。

在下跌行情中,5日、10日、30日移动平均线自下而上依次顺序排列,向右下方移动,称为空头排列,预示股价将大幅下跌(见图64)。

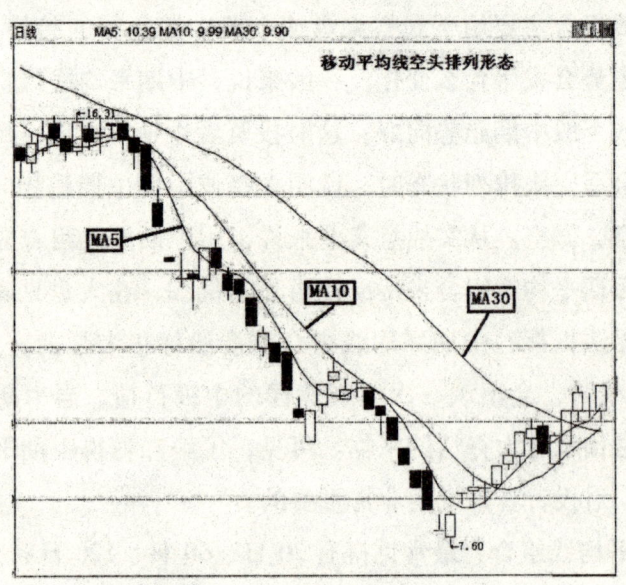

图64 移动平均线空头排列形态

在上升行情进入稳定期，5日、10日、30日移动平均线从上而下依次顺序排列，向右上方移动，称为多头排列。预示股价将大幅上涨（见图65）。

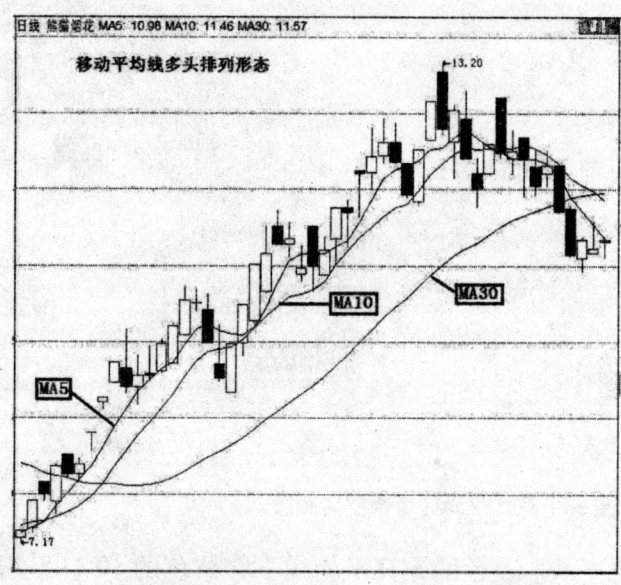

图65　移动平均线多头排列形态

在上升行情中股价位于移动平均线之上，走多头排列的平均线可视为多方的防线；当股价回档至移动平均线附近，各条移动平均线依次产生支撑力量，买盘入场推动股价再度上升，这就是移动平均线的助涨作用。

在下跌行情中，股价在移动平均线的下方，呈空头排列的移动平均线可以视为空方的防线，当股价反弹到移动平均线附近时，便会遇到阻力，卖盘涌出，促使股价进一步下跌，这就是移动平均线的助跌作用。

移动平均线由上升转为下降出现最高点，和由下降转为上升出现最低点时，是移动平均线的转折点。预示股价走势将发生反转。

除了多头排列与空头排列之外，移动平均线还有两种特殊的形态：黄金交叉和死亡交叉。

上升行情初期，短期移动平均线从下向上突破中长期移动平均线，形成的交叉叫黄金交叉。预示股价将上涨：黄色的5日平均线上穿紫色的10日平均线形成的交叉；10日平均线上穿绿色的30日平均线形成的交叉均为黄金交叉（见图66）。

当短期移动平均线向下跌破中长期移动平均线，形成的交叉叫做死亡交

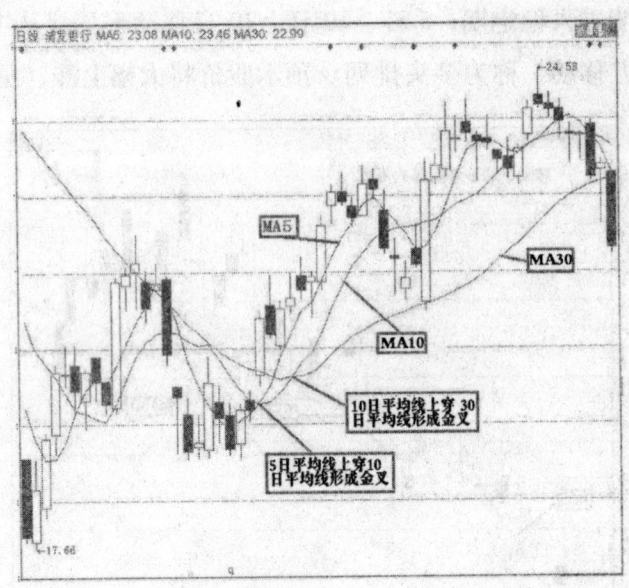

图66 移动平均线黄金交叉形态

叉。预示股价将下跌。黄色的5日平均线下穿紫色的10日平均线形成的交叉；10日平均线下穿绿色的30日平均线形成的交叉均为死亡交叉（见图67）。

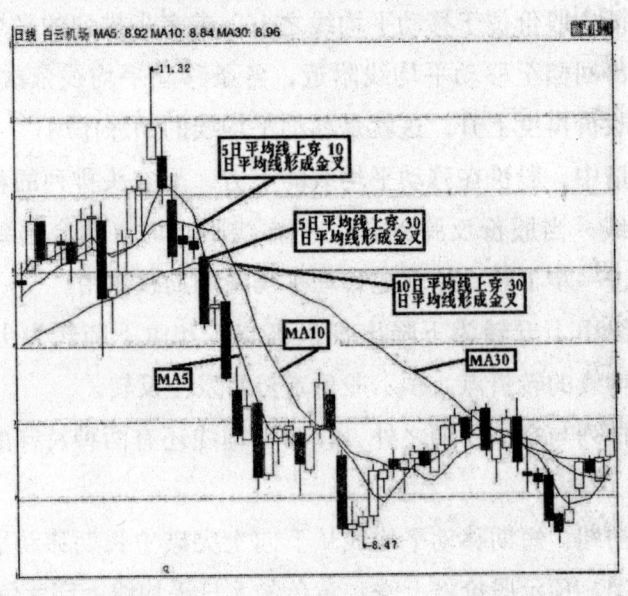

图67 移动平均线死亡交叉形态

三、均线理论的实战综合

1. 5日平均线低位金叉买进信号

5日平均线低位一次金叉买入信号。

5日平均线低位金叉30日平均线后,就不再回头,一直支持着股价向上攀升,直到第一上升浪结束后,才转向整理,但在整理过程中也会跌回30日平均线以下。5日平均线这种走势称为低位一次金叉。

低位一次金叉出现后,股价后势上升的力度一般比较大。金叉日应积极介入,是强烈的买进信号。

例:武钢股份(600005)(见图68)该股股价在2009年前期经过了一段时间的低位震荡,6月2日K线图上5日平均线上叉30日平均线形成黄金交叉,股价迅速上涨,5日平均线距30日平均线越来越远,在7月初股价虽然有所回落,但是一直稳定地站在30日平均线上方,因此投资者可以放心持有。

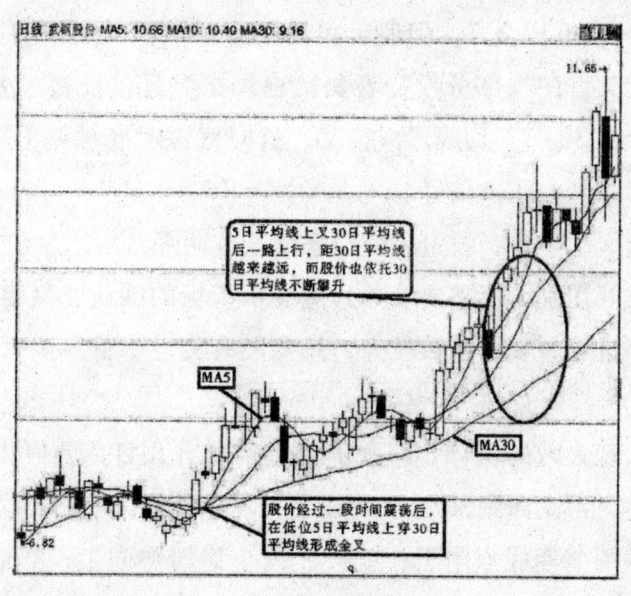

图68 武钢股份低位一次金叉买入图解

在出现这种形态时,投资者在实战中应该怎样操作呢?总结如下。

走势凶猛,买入应该果断坚决。如果错过第一买入机会,股价急升后,不要追涨,等回档后,再买入。

低位一次金叉较难确认,因为大多数股票一般要在低位反复筑底,5日平均线会出现两次三次金叉30日平均线的走势,其中的第一次金叉就可能是卖出信号。所以对于低位一次金叉要持谨慎态度:观察在金叉前是否走出了W底、头肩底、圆弧底等图形形态。

如果一次金叉买入股票,不升反降,5日平均线也掉头向下,再次回到30日平均线之下时,静观其变,若在前期低点附近就跌不下去后,证明前期低点就是底部,此次低点与前期低点构成双底,可补仓,即使后势无大行情,股价也会上升到30日平均线之上,可解套。

2.5日平均线低位金叉买进

5日平均线由下降趋势转为上升趋势中,常常出现低位金叉30日平均线后,又回落到30日平均线之下,两次探底后,再次上穿30日平均线,这种走势称为二次金叉。5日平均线二次金叉是强烈的买进信号。

首创股份(600008)(见图69)2009年6月3日,该股在低位由5日平均线上穿30日平均线形成金叉,但股价很快回落。6月12日5日平均线跌破30日平均线形成死叉,使得部分投资者匆忙出局,但是仅仅过了8个交易日,5日平均线再度上叉30日平均线形成金叉,这时候该股底部就出现了两个金叉,向投资者发出了强烈的买入信号。

对于二次金叉的操作,投资者应注意哪些方面呢?

二次金叉较好识别,不需要参考其他技术指标的确认,只要5日平均线二次金叉就可立即进场,安全系数较高,只要没有突发事件,至少会有1个月以上的中级行情。

但有时也出现失败的走势,即股价仅短暂上升几日,就停止上升,5日平均线也随之滑落,再次回到30日平均线之下。经验告诉我们,这种情况多为构造三重底,回跌到前期底点附近,就会止跌企稳转势向上,形成三次金叉后,股价会稳健上行。三次金叉时,可加码买进。

10平均线也像5日平均线一样,低位二次金叉,但金叉点位在5日平均线金叉30日平均线之后,相隔时间约3~5日,买入信号比5日平均线形成的金

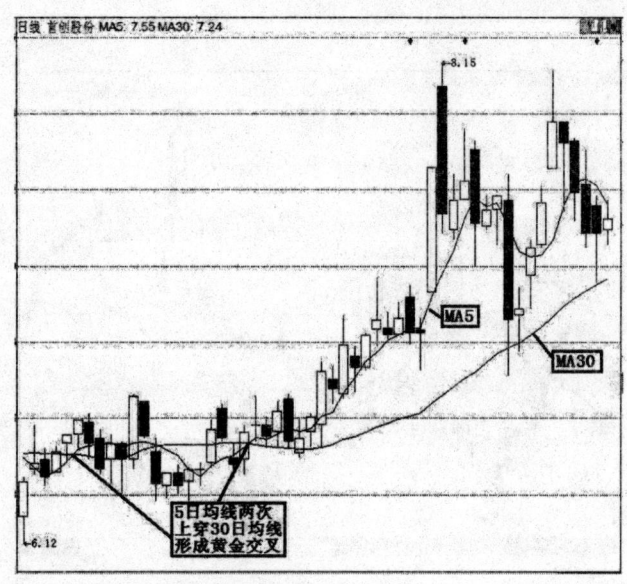

图 69　首创股份低位两次金叉买入图解

差的买入信号更强烈。稳健的投资者尽量采取这一买入方法。

3. 5 日平均线上升途中的金叉买入

在上升行情的调整浪中，5 日平均线金叉 30 日平均线经常出现。也分为一次金叉二次金叉，均是调整结束的标志，后市一般有一波行情。

在实战中，我们经常在股价上涨途中遇到 5 日平均线金叉情况。5 日平均线 10 日平均线从高处向下移动，先是 5 日平均线下穿 10 日平均线和 30 日平均线，随后 10 日平均线也下穿 30 日平均线。此时，5 日平均线、10 日平均线和 30 日平均线形成空头排列，当股价下跌到 30 日平均线下方，乖离率达到 -8% 左右，就会止跌反弹，5 日平均线也转头向上，穿过 10 日平均线和 30 日平均线，形成金叉，股价继续上涨。5 日、10 日和 30 日平均线恢复多头排列，推动股价上扬，直到这一波升浪结束。此时，买入信号十分强烈，其上升幅度至少是前面下跌跌幅的 1 倍。

例：包钢股份（600010）（见图 70）该股在 2009 年 9 月 30 日结束了一波下跌，转而上涨。但是到了 10 月 27 日，5 日平均线与 10 日、30 日平均线形成死叉，股价小幅回落。但是一根放量长阳线很快中止了跌势，5 日平均线也开始依次上穿 10 日、30 日平均线形成金叉，并且呈多头排列，可以预期后市该股必然有大幅涨情。

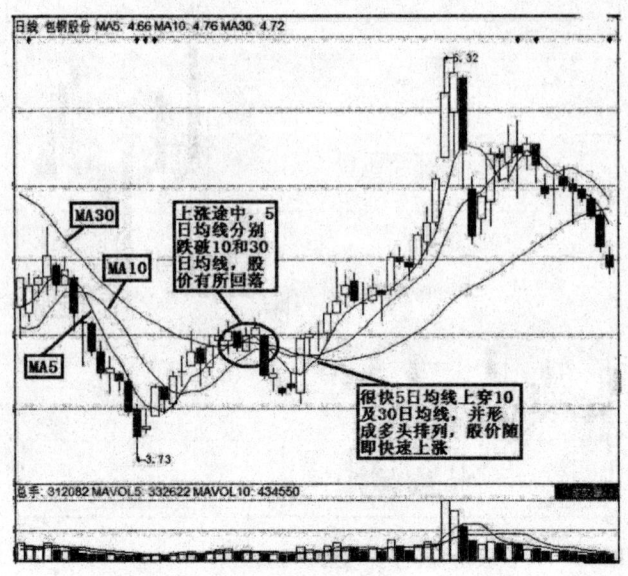

图70　包钢股份金叉买入图解

上升途中的5日平均线金叉操作要点为：

买入信号很可信，但要注意的是，金叉出现时，若股价已经急涨几天，不易介入，等回档整理后，再逢低买入。

也容易出现意外情况，金叉后，不涨反跌。为防止这种意外，应该对金叉的位置作出判断，如果出现在上升行情的第四调整浪时，尽量避免介入，出现在第二调整浪，可放心介入。

4. 上升调整浪平均线二次金叉买入

有的时候股价经过一波上升后，要花较长时间进行调整。5日平均线常以横向平移的10日平均线为轴，上下波动，时而下穿，时而上穿，不断变换着运行方向，其中两次下穿和两次上穿的情况较为普遍。二次上穿称为二次金叉。通常情况，二次金叉意味着调整行情宣告结束，新的上升行情重新开始，是强烈的买进信号。

例：东方宾馆（000524）（见图71）该股在2009年2~4月进行了震荡盘整，而5日平均线分别在3月31日、4月16日、5月5日三度上穿10日平均线形成金叉，买入信号越来越强烈，5月6日该股以放量长阳形成了突破，股价开始大幅上涨。

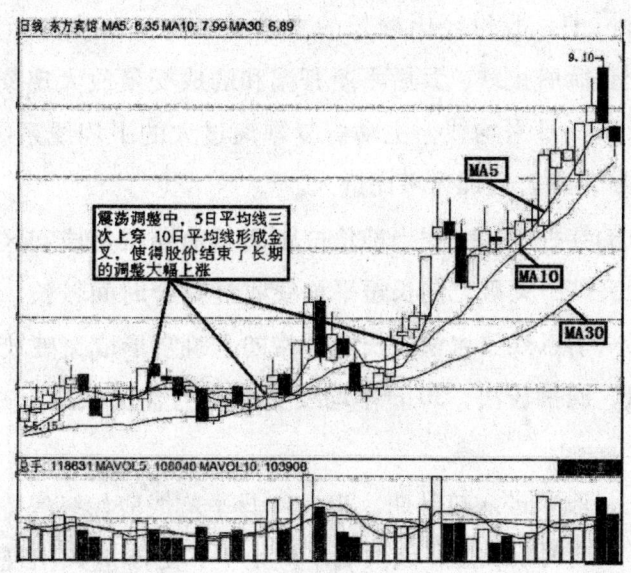

图 71　东方宾馆三次金叉买入图解

那么面对两次金叉乃至三次金叉，投资者在实战中应该注意哪些操作要点呢？

出现频率颇高，信号一般比较明显，买入后成功率较高。但要注意金叉出现日所处的位置，出现在第二调整浪中，可放心买入，在第四调整浪中，慎重。顶部横盘中，多为假突破，有可能由二次金叉，变成为三次金叉，只要股价不在高位，不要轻易割。

三次金叉是很强的买入信号，应该果断买入。因为筹码在调整过程中得到充分换手，获利盘得到彻底清洗。三次金叉点是洗盘获得成功的标志，也是调整结束的标志，买点。

在这里特别要提醒投资者的是：

三次金叉出现频率也很高，买入信号比一次金叉强烈，比二次金叉更可信，盘的越久，反弹力度越大，适用快进快出短线策略。

有可能出现不涨反跌的情况，多为大环境的影响导致，应卖出股票，防破位狂泻。

5. 中长期平均线获利法

要利用中长期平均线获利就要注意几个要点。

（1）要有宽阔的底部，30 日平均线及其增加线回归黏合，股价站稳于线上,并在这一阶段中,股价经历漫长的下跌后最好经一次放量反弹后再次缩量,二次探底创新低后止跌,其后不断有温和的成交量放大现象,并有几次主动放量上攻触及120日平均线,主动修复乖离过大的平均线系统,使30、60、120日平均线走平,黏合后即可考虑进入。

满足第一点的券种中,寻找当前价位距离其前期密集成交区,高点与平台较远和已经向上突破,突破之前长短平均线收拢黏合时间较长,股价在线上下微幅振荡并于某一结点处放大量拉长阳(或向上跳空形成突破缺口)并经有效回抽确认(缩量,回抽较浅,30日平均线支撑有力且仍保持上升趋势),可勇敢介入。

(2)一旦一只股票进入拉升期,20、30日平均线应始终保持上升,这一阶段,止损点应定于这两条线处,该两线不应走平,更不应该出现拐点,一旦出现,立即离场。同时计算每日涨幅与大盘涨幅的比率,若主动强于大盘,则继续持有,并应注意短中长期平均线之间的乖离率,过大意味着短线利润丰厚,随时可能转势或至少会出现回档调整。健康良好的平均线系统不应"过分"向上发散(尽管这意味强势,但只能是短线强势),而良好的平均线形态应是短中长期平均线均保持同步平行匀速向上,这样的涨势长久而稳健。

(3)当市场由不屑到关注,再到一致看好时应留心其可能出现的震荡,随时警惕。20、30日平均线一旦走平,立即考虑离场;中期平均线之间的反压是大幅调整的。

例:中粮地产(000031)(见图72)该股在2009年前期股价一直受250日平均线压制,5月12日股价终于站到了250日平均线上方。但投资者此时还不宜贸然建仓,应等待更明确的买入信号。7个交易日后,从K线图上可以看到原本运行在250日平均线下方的几条中长期平均线开始向上突破250日平均线,并且呈多头排列,这是非常强烈的买入信号,投资者可逢低重仓。

此外,在对于长期平均线120、250的研判中有一些小的经验,那就是这些平均线一定要在特定的时间区间内才起作用,要注意经验公式可能成立的条件,例如,股价行至120、250日平均线之间,两条平均线成剪刀之态势,是比较艰难的情势。

因为一般下行的是250日平均线,上行的120日平均线,根据平均线原理,

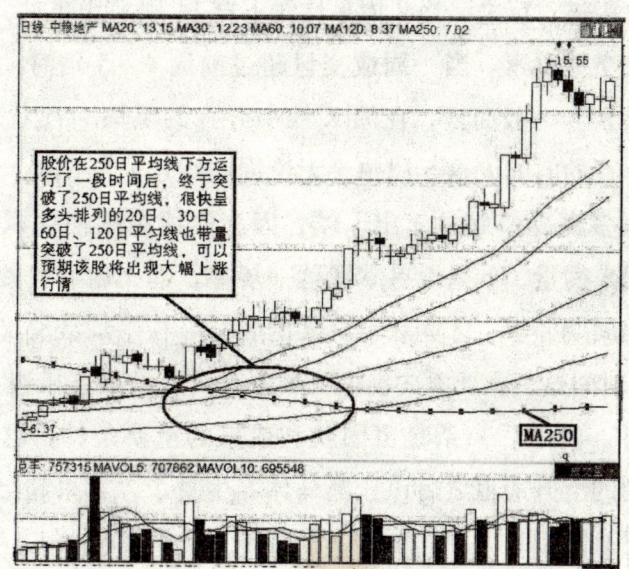

图72 中粮地产中长线买入图解

说明120日周期的持有者的成本在上升，250日周期的在下降，这时庄家倘若向上动作，一方面面临长线买家套现的压力，且这类投资者并不会为短期的技术走势所影响，逢高抛出不可避免；另一方面，对于那些长庄慢牛的券种120日平均线一般是主力的平均成本区，同时对大多数低位建仓的股票120日平均线都是他们的成本，当这条平均线在股价上方时，走平是最好的情况，向下一则同于250日平均线向下，二则说明主力至少未曾全身投入甚至根本未进场！要知道均线向上推进时主力成本同市场成本同步递增，这样会把他们活活累死！而且一旦市场有风吹草动或行至前期阻力面临短线客离场便会高位套牢。何况一只股票里庄家有可能不是一个，而成本却是向上推进者支付的。真正的突破，比较稳健的是使120日平均线从走平到微微上翘。反过来说，股价跌到这个区间也不会是一个小跌，时间也相对较长，价位比较实在，向下打压一般是要靠市场的利空传闻，否则反而损失筹码，那时庄家可能丢掉明天的饭碗。同样，这两条平均线单独出现上述情形时也会起到相同作用，只是力度相对较弱而已。

6. 周平均线黑马选股

利用周平均线买股应注意：一是平均线运行要素。当7周平均线上穿14周平均线时，坚决买进；反之，当7周平均线下穿14周平均线时，就应毫不留恋地卖出。二是成交量要素。当一周成交量超过前周4~5倍时，就可以放心买入。三是时间要素。一般而言，在周K线中寻找的黑马一旦上升，多在5周，这是指每一波上行的时间，这5周中，无论周阴线还是周阳线，到达这一时间限度，不论你赢多赢少最好是卖出了结，因为周线黑马往往以升幅大小来衡量，以上升时间来衡量，如果没有掌握这一规律，那么就有可能由盈到亏。必须依照这一时间周期办事，才能获得真实的收益。在平均线交叉、成交量放大4倍以上和5周时间这三大要素中前两大要素是买入的最佳机遇，是抓住黑马、迅速骑上的条件。而最后一条是巩固获利成果的重要条件，也就说你骑上黑马，跑了段获利的上升通道之后该让黑马休养生息了，如果超出这一限度，势必会产生人仰马翻的后果。

当周K线上出现7周与14周双双跨越34周平均线之时，便是黑马标识最为强烈的时候，也是建仓的最佳良机。

第一波的回档已近底部，显示出又一次建仓机遇，而且第二波的上升将远远超过第一波。同时7周平均线又一次与14周平均线形成黄金交叉，这一标志是黑马第二次腾飞的重要信号。当然此时5周平均线与10周平均线呈黄金交叉，MACD快线与慢线呈黄金交叉，DMI中+DI上穿－DI呈黄金叉，KDJ周线指标呈黄金交叉，RSI 7天与14天平均线呈黄金交叉，可见多项技术指标已达最佳时机，张箭待发。

例：熊猫烟花（600599）（见图73）2006年5月8~12日这一周，7周、14周平均线上叉34周平均线，成交量放量，并且5周与10周均量线也形成了金叉，可视为一个很好的买入时机。该股经过3周的上涨后，出现了震荡整理局面。此时股价仍在34周平均线上方，投资者可以不必恐慌。到了9月18—22日这一周，7周、14周平均线再次在34周平均线上方形成金叉，而均量线与MACD指标同时出现金叉，以本周均价5.90元买入，第二周股价即跳空高开上涨，该股拉开了一个小行情，到2007年6月股价已涨至13.18元。

月线金叉异曲同工。月平均线分别为3、8、17，在3月平均线与8月平均线形成黄金交叉时，月KDJ指标也形成黄金交叉，10RSI与12RSI形成黄金交叉，5月均量与10月均量形成黄金叉，DMI指标显示+DI向上，表明有买盘主动

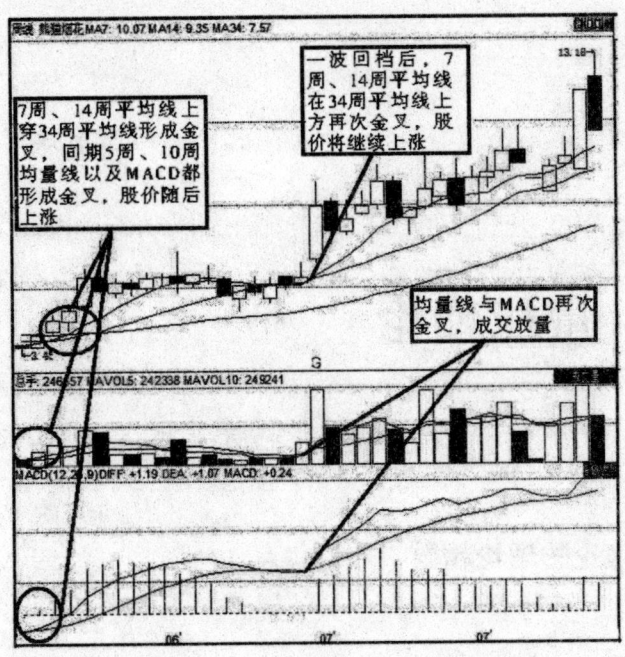

图73 熊猫烟花周线金叉买入图解

进入。技术指标显示,黑马踪迹已初露端倪,此时建仓,正是抓住黑马跃上马背的最佳时机。月K线的平均线形成黄金交叉时,便是中长线黑马初步产生的最佳时机,此时宜果断买入。

第十章　量能理论

一、量能理论的理论精要

1. 量能理论的精神实质

在股市上，股价始终在上涨下跌中不断波动着，那么股票上涨下跌的本质是什么呢？其实就是股票后面交易的所有投资者，不同的投资者买入或卖出股票，将导致股票未来的走势不同。比如一个有10亿元资金的投资人买入一个股票，跟一个有10万元的散户买入一个股票，大家的目的是不一样的，10万元的投资者买入一个股票后，只能等待其他投资者的继续买入推高股价才能获利，而有10亿元资金的投资者可以通过自己后面的不断入场而使股价出现继续的上涨，从这个简单的运作中就可以看到，不同类型的资金入场，对个股未来的影响也会不同，所以散户只要研究清楚了个股的资金性质，其实也就清楚了个股的未来，那么从而把握其中的赚钱机会岂不是轻而易举的事情了？

而这些资金性质的研判只要通过成交量与k线图其实即可完成，成交量反映了资金活跃的现象，而k线图是反映这些资金的运作结果，通过成交量与k线图的配合观察分析个股的资金性质，这就叫博弈量能，这也是量能理论产生的基础。掌握量能理论，不用通过其他特别的工具，只要能看到k线，能看到成交量，即可判断个股资金性质，从而对实战的进出作出判断。

我们以量能（成交量）最大的那天k线的收盘价为标准，画一根横线，作为主力操盘资金性质的判断标准，称其为量能平台。量能的突然变化，是资金强烈进入市场的信号！研究这些资金突然进场的目的，就成为未来行情的判断标准。

形成的量能平台越远，需要突破的量能越大，突破的价格高度不能过高，阳线实体应在 3% 以上。最关键的是把主力放量的性质分为优良的和不优良的，在量能平台上运行的股票就是强势股，这样的股就要参与，并且风险就小，反之，在下面运行的就是弱势股，对这样的股票要小心。

因此，资金性质的研判只要通过成交量与 k 线图即可完成，成交量反映了资金活跃的现象，而 k 线图是反映这些资金的运作结果，通过成交量与 k 线图的配合观察分析个股的资金性质，这就叫博弈量能。

2. 成交量的五种形态

因为市场就是各方力量相互作用的结果。虽然说成交量比较容易做假，控盘主力常常利用广大散户对技术分析的一知半解而在各种指标上做文章，但是成交量仍是最客观的要素之一。

（1）缩量。一般发生在趋势的中期，大家都对后市走势十分认同，下跌缩量，碰到这种情况，就应坚决出局，等量缩到一定程度，开始放量上攻时再买入。同样，上涨缩量，碰到这种情况，就应坚决买进，坐等获利，等股价上冲乏力，有巨量放出的时候再卖出。

（2）放量。一般发生在市场趋势发生转折的转折点处，市场各方力量对后市分歧逐渐加大，在一部分人坚决看空后市时，另一部分人却对后市坚决看好，一些人纷纷把家底甩出，另一部分人却在大手笔吸纳。放量相对于缩量来说，有很大的虚假成分，控盘主力利用手中的筹码大手笔对敲放出天量，是非常简单的事。只要分析透了主力的用意，也就可以将计就计。

（3）堆量。当主力意欲拉升时，常把成交量做得非常漂亮，几日或几周以来，成交量缓慢放大，股价慢慢推高，成交量在近期的 K 线图上，形成了一个状似土堆的形态，堆得越漂亮，就越可能产生大行情。相反，在高位的堆量表明主力已不想玩了，在大举出货。

（4）量不规则性放大缩小。这种情况一般是没有突发利好或大盘基本稳定的前提下，庄家所为；风平浪静时突然放出历史巨量，随后又没了后音，一般是实力不强的庄家在吸引市场关注，以便出货。

3. 市场成交量与价格的关系

（1）确认当前价格运行趋势：市场上行或下探，其趋势可以用较大的成交量或日益增加的成交量进行确认。逆趋势而行可以用成交量日益缩减或清淡成交量进行确认。

（2）趋势呈现弱势的警告：如果市场成交量一直保持锐减，则警告目前趋势正开始弱化。尤其是市场在清淡成交量情况下创新高或新低，以上判断的准确性更高。在清淡成交量情况下创新高或新低应该值得怀疑。

（3）区间突破的确认方法：市场失去运行趋势时即处于区间波动，创新高或新低即实现对区间的突破，将伴随成交量的急剧增加。价格得到突破但缺乏成交量的配合预示市场尚未真正改变当前运行区间，所以应更加谨慎。

（4）成交量催化股价涨跌：一只股票成交量的大小，反映的是该股票对市场的吸引程度，反映更多的人或更多的资金对股票未来看好或看淡。

4. 量能理论的应用原则

（1）量在价先。一般而言，量在价先，但也有特殊情况。例如，突然利多改变市场预期，大盘无量或很少量就大涨，就像2008年9月18日大反弹。其实如果你仔细观察，量还是提前有变化，之前已经有价跌量增的趋势。

（2）量和价是应该是协调的。一定水平的量对应一定水平的价格，量能的扩增助涨价格，如果量价不协调就会出现背离，出现背离量价就会相互协调调整。

（3）量有一个趋势变化过程。短期量能趋势服从长期量能趋势，长期趋势的改变从短期趋势改变开始。

（4）量能的大小是有极限的。根据物极必反的道理，量缩到极致就会爆发，熊市中往往很多股缩量下跌时却突然放量大涨；股市中很多个股放量大涨，但放量到一定程度往往会缩量调整。

（5）量能对比是在一定基础上的。比如，大小非解禁的股，流通盘突然增加，成交量看似增加，但并不是在同一基础之上的，分析时要注意这种大小非解禁的股对成交量的影响。

二、量能理论的规律形态

1. 量能理论的 8 种变化规律

（1）量增价升（见图 74）：这是一个买入信号：成交量持续增加，股价趋势也转为上升，这是短中线最佳的买入信号。"量增价升"是最常见的多头主动进攻模式，应积极进场买入与庄家共舞。

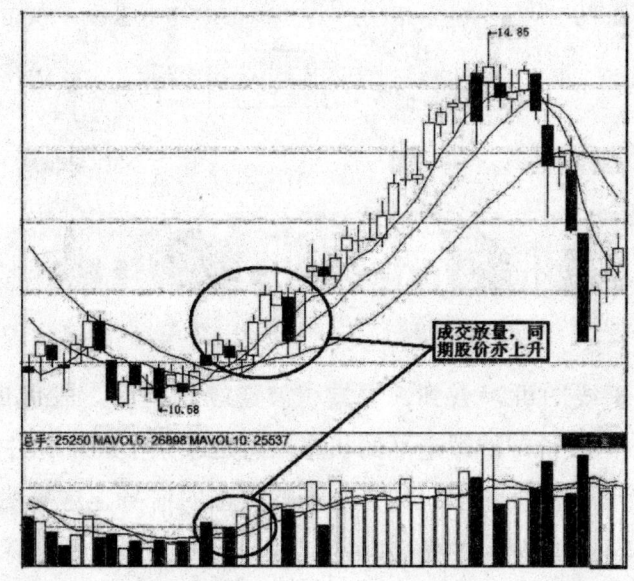

图 74　量增价升图解

从图 74 我们可以看到，股价售出一根小阳线时，量能开始逐步放大，很明显是主力入场的信号，当然还不明确，因为量能并没有明显放大。但是两个交易日后，量能开始快速放大，当天股价收出一根中阳线，属于加速信号，表明主力建仓完毕，之后将会开始拉升股价。此根中阳线及量能的快速放大就是一个买点信号。因此，倘若根据量能快速放大，投资者可以捕捉到该股的后面主升行情。

（2）量增价平（见图 75）：这是一个转阳信号，股价经过持续下跌的低位区，出现成交量增加股价企稳现象，此时一般成交量的阳柱线明显多于阴柱，凸凹量差比较明显，说明底部在积聚上涨动力，有主力在进货，为中线转阳信号，可以适量买进持股待涨。有时也会在上升趋势中途出现"量增价平"，则说明股价上行暂时受挫，只要上升趋势未破，一般整理后仍会有行情。

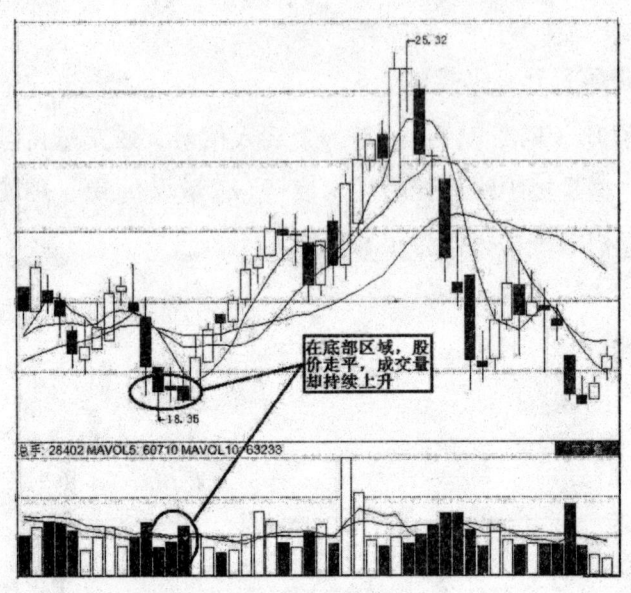

图 75　量增价平图解

从图 75 的 K 线图可以看到，经过一波连续调整后，股价抵达底部区域。成交逐步增加，而股价却持续走平的状态，这是股票下跌通道中逐步企稳的迹象。随后量柱明显是阳柱多于阴柱，这是空翻多的信号，这表明主力开始即将做多，底部凝聚了一股强大的做多动能，有即将向上爆发的迹象。操作上，可适当买进，但不能重仓或满仓。

一旦出现类似量能的股票，首先采取观望态度。一旦出现一根阳线突破均线大关，可以采取适当买入策略。如果后期阶段，量能逐步放大，而股价也持续抬高，那么表明主力开始入场，可以加仓买进。

（3）量平价升（见图76）：这是一个持续买入信号，成交量保持等量水平，股价持续上升，可以在期间适时适量地参与。

从图 75 中我们可以看到，此股量能保持平衡状态，这表明多空正在争夺，一旦出现量平价升现象，投资者可以继续买入。一旦出现量能快速放大的迹象，就表明多头胜利，主力开始建仓入场。

实战中，当出现类似量能的股票，首先保持观望，因为多空开始争夺方

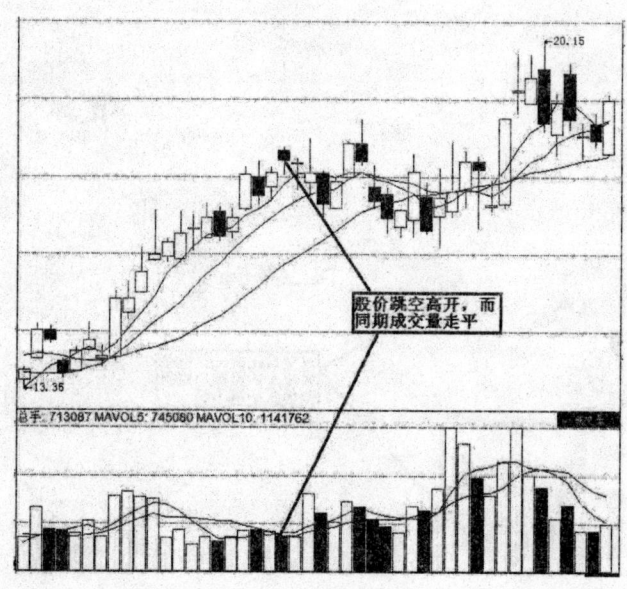

图76 量平价升图解

向，我们必须要等待方向选择。如果一旦出现一根长阴下跌破位，这样就代表空方胜利，投资需要放弃关注，另寻他股。如果出现一种量能快速放大，配合一根中长阳进行突破，那么可以买进，因为表明主力建仓完毕，操作可以持续买入，等待后期行情的爆发。

（4）量减价升（见图77）：这是继续持有信号。成交量减少，股价仍在继续上升，适宜继续持股，即使锁筹现象较好，也只能是小资金短线参与，因为股价已经有了相当的涨幅，接近上涨末期了。有时在上涨初期也会出现"量减价升"，则可能是昙花一现，但经过补量后仍有上行空间。

从图77中我们看到，此股量能持续萎缩，这表明主力有拉高出货的嫌疑。而股价却反而持续走高，这也证明主力想抬高股价让散户接盘，然后高位套牢散户，自己暗里出货。遇到此种类型的股票最好不要买进，因为我们必须要防止"昙花一现"，如此股后面就出现一波调整，之后才进行上涨。所以倘若你没有辨别量与价的关系，你可能会导致自己高位接盘的风险，最终"高位站岗"。

在实战中，如果遇到这种类型的股票，首先拒绝投资买入，因为主力正在拉高出货，所以对于新手而言最好不碰为好，即使买进去有利润也只是高手游戏。最好的方法是等待一个信号：就是量能逐步放大，而不是逐步萎缩，并且

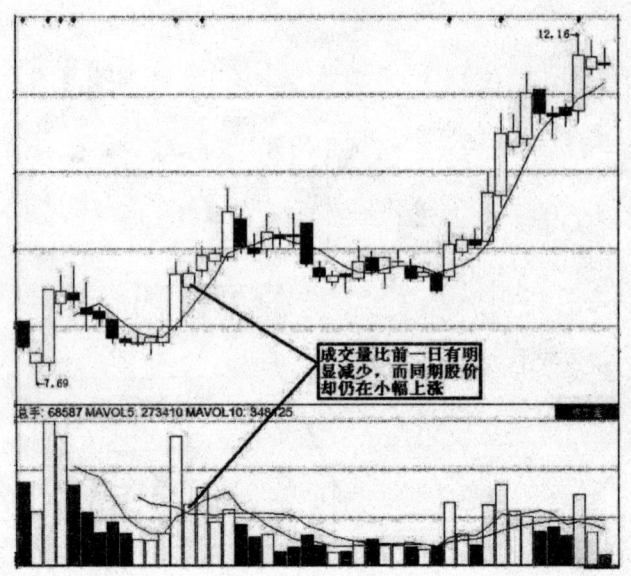

图 77 量减价升图解

还要配合股价也伴随着抬高,一旦出现这种情况才可以买进,否则前面买进就会有套牢的风险。

(5) 量减价平(见图 78):这是一个警戒信号。成交量显著减少,股价经过长期大幅上涨之后,进行横向整理不再上升,此为警戒出货的信号。此阶段如果突发巨量天量拉出大阳大阴线,无论有无利好利空消息,均应果断派发。

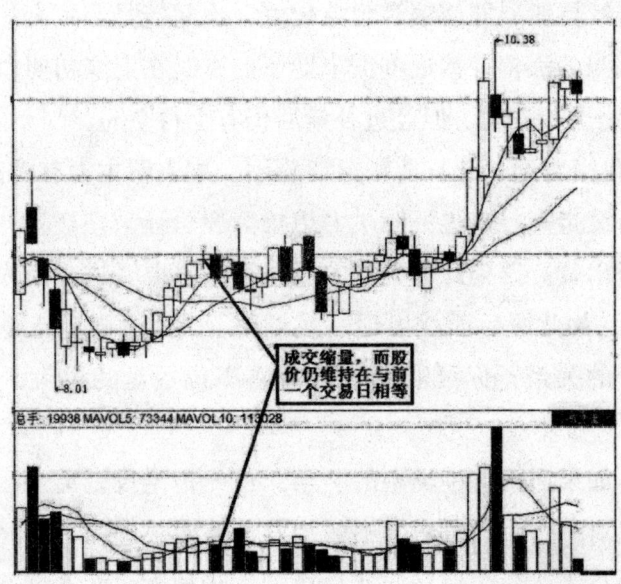

图 78 量减价平图解

在图 78 中，此股在股价大幅攀升后的一天拉出了一根十字星线，尽管股价与前一交易日持平，但量能却逐步萎缩，尽管不明显。经过一波拉升后，主力开始进行出货，而并非拉高出货，利用一个平台整理进行诱多。这种信号为出货信号，所以对于此类股票不要碰。

投资者一旦遇到量减价平类型的股票，尽量避免买入，放弃关注也可以，因为这明显是主力出货的信号，操作上多看少动，任何一根长阳或长阴的突破多属于出货行为。

（6）量减价跌（见图 79）：这是一个卖出信号。成交量继续减少，股价趋势开始转为下降，为卖出信号。此为无量阴跌，底部遥遥无期，所谓多头不死跌势不止，一直跌到多头彻底丧失信心斩仓认赔，爆出大的成交量，跌势才会停止，所以在操作上，只要趋势逆转，应及时止损出局。

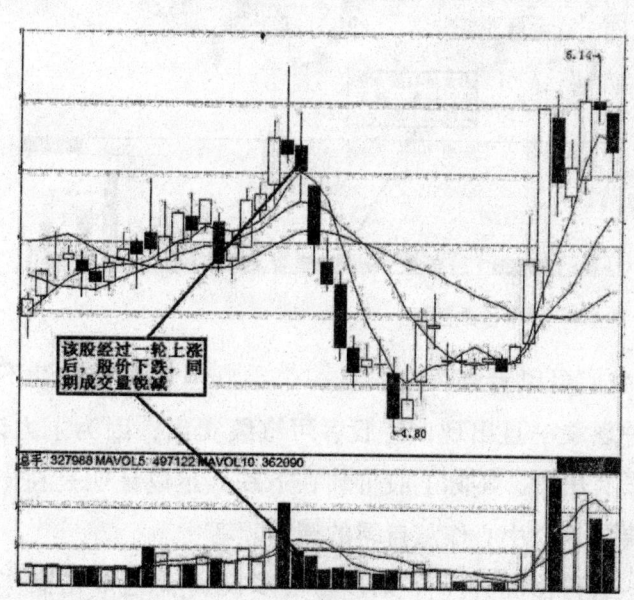

图 79　量减价跌图解

从图 79 看到，此股在经过一段时间上涨后出现天量级别的量能，而同时也开出了天价，而在第二个交易日久出现了量减价跌，所以这是主力经典的拉高出货信号。持股者为卖出信号，场外资金是观望信号。放出天量后，股价快速调整，而量能也快速萎缩，这表明空头正在发泄。

在操作类似股票时，首先要保持观望，持股者坚决卖出。那么，什么时候可以买进呢？如此股在 2 月 22 号就出现放量突破，该股出现一根中长阳进行突破，这是就是买点的出现。在操作上，对于此类股，首先是观望，等待量能的放大，做到不放量不买入，一旦放量果断买进的策略。量能是严控风险的技术指标。

（7）量平价跌（见图80）：继续卖出：成交量停止减少，股价急速滑落，此阶段应继续坚持及早卖出的方针，不要买入，当心"飞刀断手"。

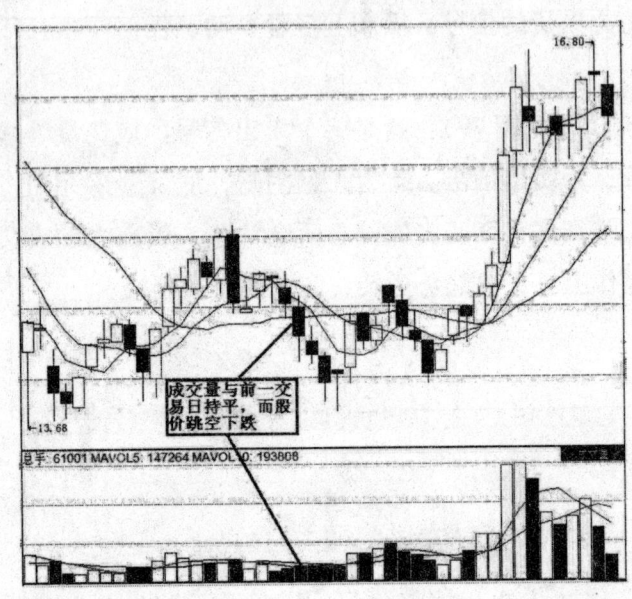

图80　量平价跌图解

从图80中我们可以看到，此股从一个小反弹后股价持续下跌，但量能却持续走平，这种现象一旦出现，持股者可继续卖出，因为主力以量为诱多点，让散户误以为没有出货，实际上股价却在下跌，足以证明是在出货。出现这种股票，千万不要买入，小心作茧自缚的痛苦。

在实战中，这种情况并不罕见，而很多投资者也常在操作上犯错误，例如，部分投资者看到股价下跌会认为是在洗盘，实际上是主力出货。所以我们坚决不要碰这种类型的股票。唯一的买点应该如何捕捉呢？我们可以先持币观望，待该股正常运行，股价稳健攀高，而量能也持续温和放大，这种状态就表明主力开始进入，一旦出现明显突然放量和中长阳加速，那么就可以买进。

（8）量增价跌（见图81）：这是弃卖观望信号。股价经过长期大幅下跌之后，出现成交量增加，即使股价仍在下落，也要慎重对待极度恐慌的"杀跌"，所以此阶段的操作原则是放弃卖出，空仓观望。低价区的增量说明有资金接盘，说明后期有望形成底部或反弹的产生，适宜关注。有时若在趋势逆转跌势的初期出现"量增价跌"，那么更应果断地清仓出局。

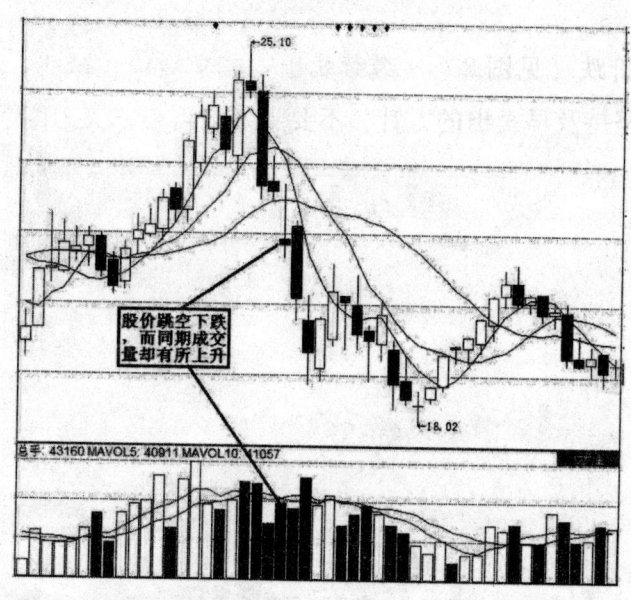

图81 量增价跌图解

从图81可以看到，此股从标记的那一日开始，量能逐步增大，但股价却下跌。这种类型的股票属于主力洗盘行为。持有此股的投资者可以适当逢低补仓，或者坚决持股。观望的投资者继续观望，等待洗盘结束后的买点。

在实战中，如果碰到这种类型的股票，那么操作的手法就是既不要买，也不要卖，因为这属于经典的洗盘股票，洗盘过后将会继续拉升，所以操作上不要割肉。而对于观望的投资者，尽量找个安全性比较强的买点杀进去。洗盘期间尽量观望为主，免得导致结构性被套或浪费资金成本和时间成本。我们可以根据量价战法，一旦出现量增价升时可以买入，这种操作才不是赌博，而是非常踏实安全的操作。

2. 量能平台突破形式

以量能（成交量）最大的那天K线的收盘价为标准，在这个收盘价格划一根横线，这根线就作为主力资金性质的判断标准，这个也称为量能平台。第一次的量能平台与第二次的能量平台在达不到10%的情况下上涨或下跌的可能性更大。

量能平台的那根平台线（见图82）如何确定呢？按照我们的量能平台突破方式，其画平台线的方法是以近期量能最大一天的收盘价为平台线的标准，无论该天K线是阴线还是阳线，都是按当天的收盘价进行。

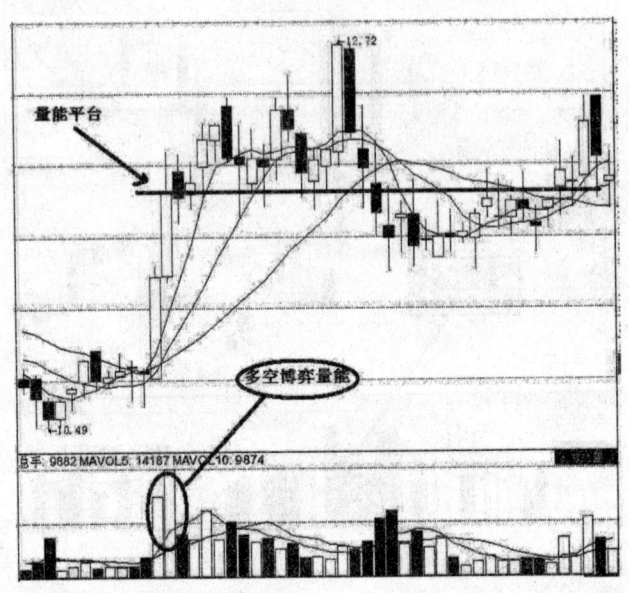

图82 量能平台线图解

那么如果后面的成交量超过前面的成交量，那么此时又该如何计算量能平台线？请记住我们计算量能平台的原则，就是以成交量最大的当天收盘价点位，所以如果后面成交量超过前期成交量，则按后面最大的成交量的收盘价来计算量能平台，此时就会出现量能平台的转移。

投资者一定要牢记一点，量能平台是动态的（见图83），常常会出现转移，这是在实战当中必须要理解的。因为股市本身就是动态的，而实战理念无法达到动态效果，则说明那些理念是无效的。所以这个市场上也有许多成功率高的指标公式，但是实战效果却并不好，就是因为他们仅仅是个数据模型的高成功率而已。

在这个动态的量能平台中，在后面的突破过程中，将会出现几种量能形式突破。

（1）横盘式平台突破型（见图84）：这是平台突破的最常见一种方式，此时一般我们要求量能的放出应该是在建立平台的时候放出，而建立平台后应该以缩量方式运行，此时的量能平台突破就是有效和有力度的。

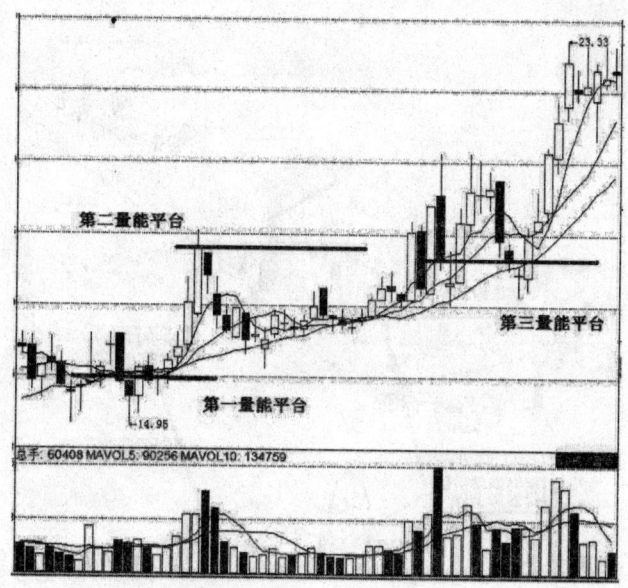

图 83　量能平台转移图解

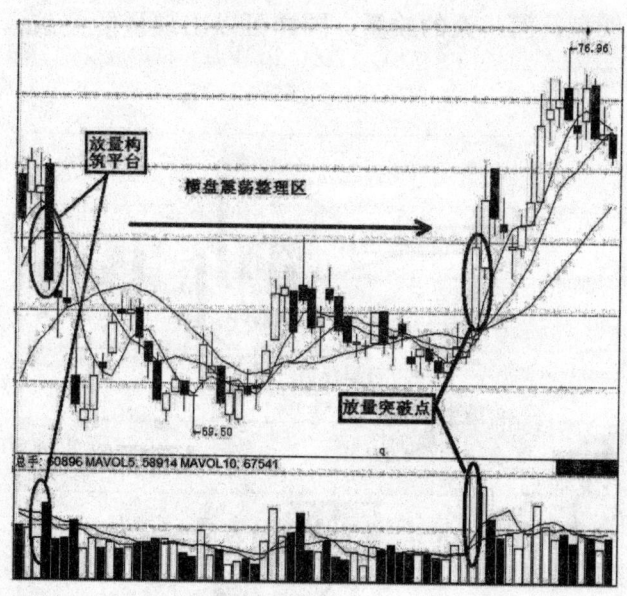

图 84　横盘式平台突破图解

（2）强势横盘调整突破型（见图 85）：强势的股票经过一段放量上攻后，会出现短暂的调整，此时的调整周期短，幅度小，此时出现的量能再次突破，将是强势追涨的又一介入点。

（3）反转量能突破型（见图 86）：在我们的概念里面，平台突破不仅仅局

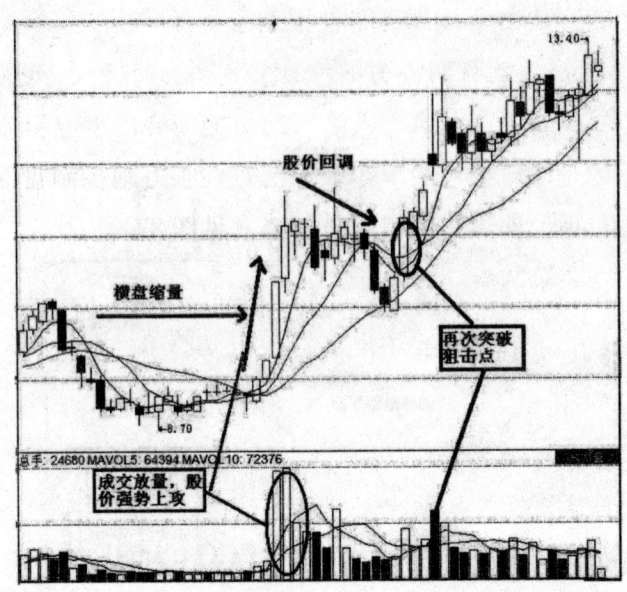

图 85　强势横盘调整突破图解

限于一段时间的横盘，而一天的放量，同样可以出现量能突破，此时狙击同样可以达到较好的赢利。

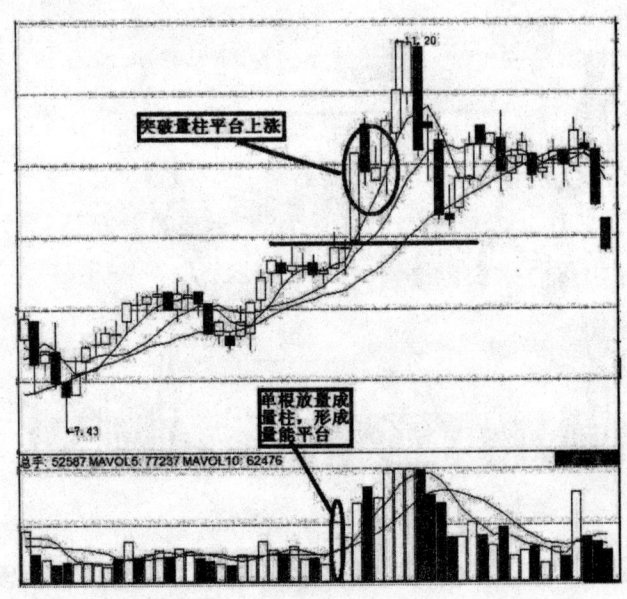

图 86　反转量能突破图解

此种量能反转型就是值得我们期待的一种暴涨赢利模式。当然，要把握此种量能突破型的难度也非常高，这里我们再重点说说这种量能反转型。

由于此时的量能突破在 K 线形态上并不属于横盘状态，仅仅是一天行情的量能平台突破，在突破时就有两种方式突破：缩量和放量。突破前期反转量能，如果呈现缩量状态，则表示第二天参与到量能博弈的多空双方都开始减小了，此时应该表示的是昨日参与的博弈多头已经能很好地控制盘面了。此时的个股一般具备波段行情，而不是井喷反转行情（见图 87）。

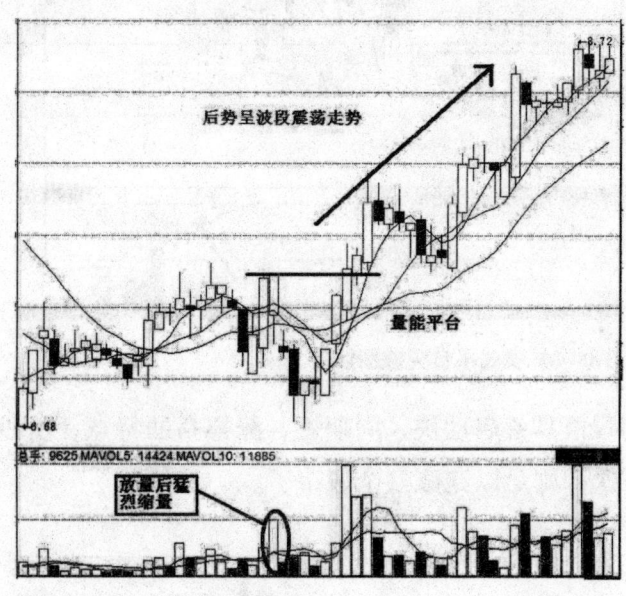

图 87　波段式突破平台图解

由于井喷行情运行时间短，所以必须短期内快速发现行情，并捕捉它，才能赢取快速行情！此时，一般是当第一天放出量能后，在第二天必须继续放量，如果出现缩量情况，则缩量调整时间不能超过 2 个交易日，此时的放量突破则会出现井喷性质。

此时的井喷量能平台突破（见图 88），大部分情况下都要后量超前量。由于量能的不断放大，新的博弈资金不断介入，从而才能掀起主升浪潮，而真正的主力才能全身而退。

从井喷行情的总结来看，启动初期一般均以大阳线的方式进行拉升，主要目的就是要快速的摆脱各种压力位，从而造成形式上的突破，才有进行井喷的基础。所以追击这样的井喷行情，一般要求高位追入，拉大阳线后（一般我们认为 7% 的涨幅为单日大阳线）再介入，才能保证此时的拉升为井喷行情，而此时的最高介入，我们仍可以收获后面快速而有力的超级上涨行情。

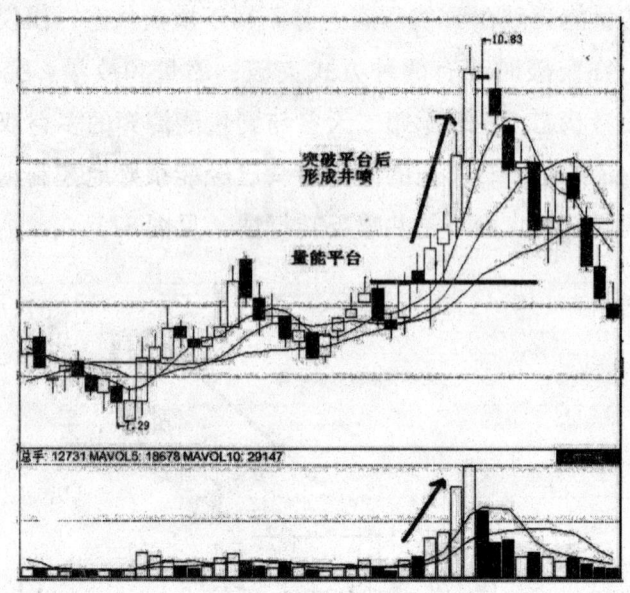

图 88　井喷式平台突破图解

由于这样的行情具备启动快、周期短、涨幅高的特点，所以这样的机会一年只要把握两三次，则足以跑赢整个股市了。

三、量能理论的实战综合

1. 短线天量买卖法则

60 分钟属短期波动，一日的 1/4，而 MACD 属中期趋势，60 分钟 MACD 作为短周期的中线指标，是极佳的超级短线秘籍。

第一步，选出近期成交突然连续放大（见图 89）：日换手率 10% 以上、大幅上涨（最好出现涨停）的个股进行观察。其主要特征是一根巨大的成交量红柱伴随一根长阳线使股价迅速脱离盘整区。这个成交量是两个月以来的最大成交量，称为天量，其换手率在 10% ~ 25%。

成交放大可能是受到利好消息的刺激，如较好的业绩和分配方案，重大合作项目的确定等。但是我们并不建议放量立即跟进。因为导致股票突然放量上攻的原因可以是多种多样的，一般投资者喜欢立即跟进，但是极易掉进庄家拉

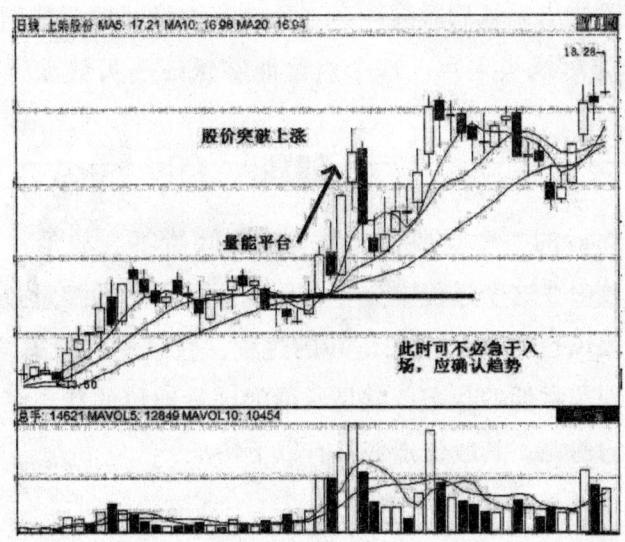

图89　上柴股份放量买入图解

高出货的陷阱。例如，2000年上半年四川长虹（600839）突然放量涨停，许多人急忙追进，然而4个月后长虹跌幅达50%。

第二步，发现目标后不急于介入，调出60分钟MACD跟踪观察。

再强势的股票也会回档，例如，上柴股份（见图90），为了避免在最高位套牢，我们宁可等到回档再买入。

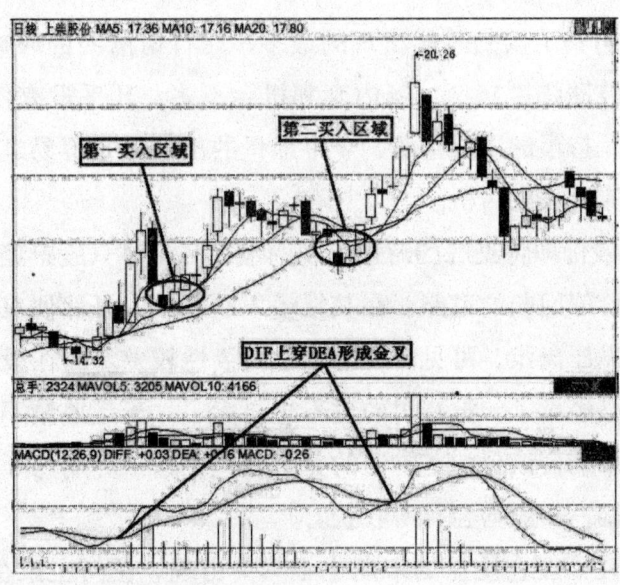

图90　上柴股份回档买入图解

第三步，该股放出天量后短线冲高之后必有缩量回调，我们就盯住其二浪调整的结束点作为短线买入点。这个点位能够保证一买就涨，充分发挥短线效率。

2. 地量买入法

股票到达底部后的一个重要标志是：庄家吸货不会放量，而是不断的缩量，慢慢吸货，散户在这个过程中会非常痛苦。在不断的缩量过程中，事实上是散户以及短线跟风盘不断的丧失信心的过程，直到已经没有多少抛盘出来，最终成交量就呈现非常低的状态，就是所谓的地量地价的状态了。成交量的改变将是趋势反转的前兆。其股价走势具有以下特征：

（1）波动幅度逐渐缩小。

（2）量缩到极点。

（3）量缩之后量增。突然有一天量大增，且盘出中阳线，突破股票盘局，股价站在10日平均线之上。

（4）成交持续放大，且收阳线，加上离开底价3天为原则。

（5）突破之后，平均线开始转为多头排列，而盘整期平均线叠合在一起。

投资者必须清楚地知道，地量一般在什么情况下出现，这对判断后市操作具有重要意义。

（1）地量在行情清淡的时候出现的最多。在行情清淡的时候，人气涣散，交投不活，股价波动幅度较窄，场内套利机会不多，几乎没有任何赚钱效应。持股的不想卖股，持币的不愿买股，于是地量的出现就很容易理解了。这一时期往往是长线买家进场的时机。

（2）地量在股价即将见底的时候出现的也很多。一只股票经过一番炒作之后，总有价格向价值回归的道路。在其慢慢下跌途中，虽然偶有地量出现，但很快就会被更多抛压淹没，可见现在的地量持续性较差。而在股价即将见底的时候，该卖的都已经卖了，没有卖的也不想再卖了，于是地量不断出现，而且持续性较强。如果结合该公司基本面的分析后，在这一时期内介入，只要能忍受得住时间的考验，一般均会有所收获。

（3）地量在庄家震仓洗盘的末期也必然要出现。任何庄家在坐庄的时候，都显然不愿意为别的投资者抬轿子，以免加大自己拉升途中的套利压力，于是，拉升前反复震仓、清洗获利盘就显得非常必要了。那么，庄家如何判断自己震仓是否有效，是否该告一段落呢？这其中方法与手段很多，地量的出现便是技术上的一个重要信号。此时，持股的不愿意再低价抛售，或者说已经没有股票可卖了，而持币的由于对该股后市走向迷茫，也不敢轻易进场抢反弹，于是成交清淡，地量便油然而生，而且一般还具有一定的持续性。这一时期往往是中线进场时机，如果再结合其他基本面、技术面的分析，一般来说均会有上佳的收益。

在实战中，投资者可以应用股价运行于20日平均线上方，出现地量小阳线买进的方法。说得具体一点，就是当股价运行于20日均线上方，说明股价已经相对走强，出现地量小阳说明近期相对最低价就在这里。

最安全的操作为：股价刚从低部上穿20日平均线上方，或在20日平均线上方上徘徊，出现地量小阳。还有就是股价经过一波拉升后缩量回调到20日平均线附近，出现相对的地量小阳。

例：北京旅游（000802）（见图91）2009年1月，月股价一直在20日平均线上下徘徊，到了23日股价拉出一根小阳线，同时成交量出现地量，可趁此时低价买入待涨。

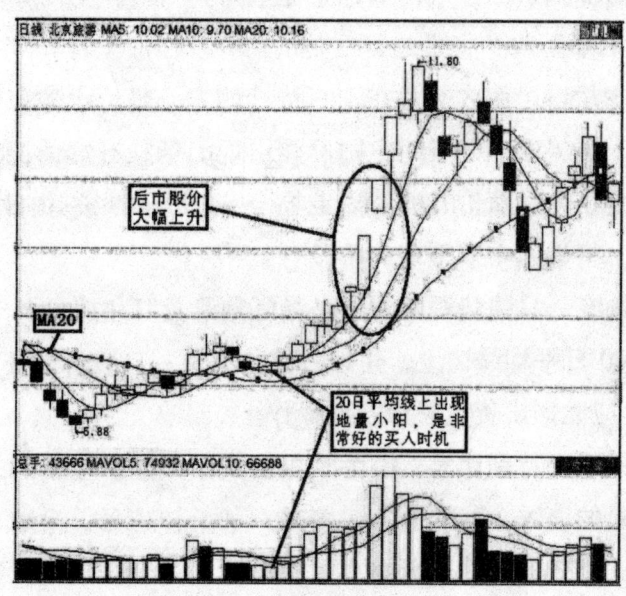

图91　北京旅游地量买入图解

但在实际使用中，投资者又会遇到放量之后的缩量，股价持续调整的情况，这是由于日线图表上容易产生骗线。

3. 量能把握长牛股底部

（1）成交量可以说是股价的动量。一只股票在狂涨之前经常是长期下跌或盘整之后，这样在成交量大幅萎缩，再出现连续的放大或温和递增，而股价上扬。一只底部成交量放大的股票，就像在火箭在升空前必须要有充足的燃料一样，必须具有充分的底部动力，才能将股价推升到极高的地步。因此，一只狂涨的股票必须在底部出现大的成交量，在上涨的初期成交量必须持续递增，量价配合，主升段之后往往出现价涨量缩的所谓无量狂升的强劲走势。

一只会大涨的股票必须具备充足的底部动力才得以将股价推高，这里所说的充足的巨量是相对过去的微量而言。也就是说，当一只股票成交量极度萎缩后，再出现连续的大量才能将股价推高。成交量是衡量买气和卖气的工具，它能对股价的走向有所确认。因此，精明的投资人对于底部出现巨大成交量的股票必须跟踪，因为当一只股票的供求关系发生极大变化时，将决定股价的走向，投资者绝对不可以忽略这种变化发生时股价与量的关系，一旦价量配合，介入之后股价将必然如自己预期的那样急速上扬。

（2）成交量的形态改变将是趋势反转的前兆。个股上涨初期，其成交量与股价的关系是价少量增，而成交量在不断持续放大，股价也随着成交量的放大而扬升。一旦进入强势的主升段时，则可能出现无量狂升的情况。最后升段的时候，出现量增价跌，量缩价升的背离走势，一旦股价跌破10日平均线，则显示强势已经改变，将进入中期整理的阶段。

因此，当你握有一只强势股的时候，最好是紧紧盯住股价日K线图，在日K线一直保持在10日平均线之上，可以一路持有，一旦股价以长阴线或盘势跌破10日平均线，应立即出货，考虑换股操作。

盘整完成的股票要特别注意，因为其机会大于风险。盘整的末期成交量萎缩，代表抛盘力量的消竭。基本上，量缩是一种反转信号，量缩才有止跌的可能，下跌走势中，成交量必须逐渐缩小才有反弹的机会。但是，量缩之后还可能再缩，到底何时才是底部呢？只有等到量缩之后又到量增的那一天才能确认底部。如果此时股价已经站在10日平均线之上，就更能确认其涨势已经开始了。

所以，基本上我们应重视的角度是量缩之后的量增，只有量增才能反映出供求关系的改变，只有成交量增大才能使该股具有上升的底部动量。

例：深振业（000006）（见图92）该股在2008年7月以后经过了一段时间的低位震荡，成交缩量。10月28日，股价跳空高开，拉出一根中阳线，成交亦明显放量，可以判断底部启动。从这里开始后的4个交易日是最好的买入时机，股价站到了10日平均线上方且不断上涨。

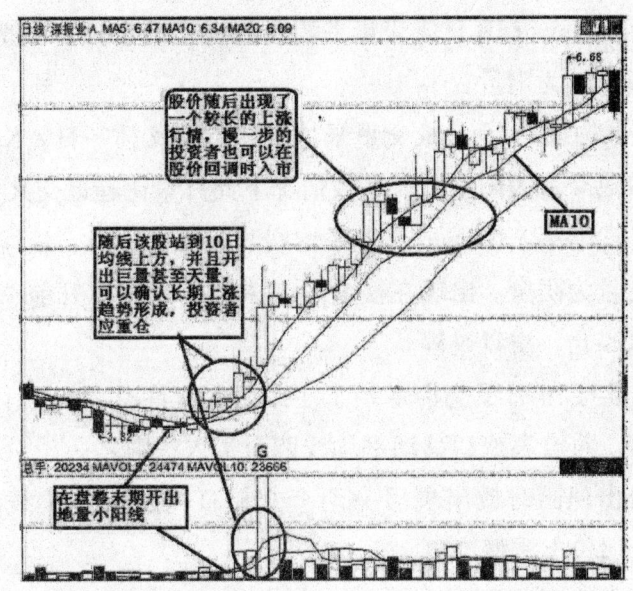

图92 深振业底部买入图解

根据上面的内容，我们总结可知，在盘局的尾段，股价走势具有以下特征：

（1）波动幅度逐渐缩小。

（2）量缩到极点。

（3）量缩之后是量增，突然有一天量大增，且盘出中阳线，突破股票盘局，股价站在10日平均线之上。

（4）成交量持续放大，且收中阳线，加上离开底价3天为原则。

（5）突破之后，平均线开始转为多头排列，而盘整期间平均线是叠合在一起。

4. 成交量组合选股

下面介绍以成交量为核心的成交量组合："搭下中小阳增后阴"成交量组合，将它与广泛流行的K线组合的相互配合使用，效果很好。

定义及使用注意事项：

5日成交量平均线在上，10日成交量平均线下，5日成交量平均线自上向下搭，与10日成交量平均线趋近交叉，5日成交均量与10日成交均量趋于一致，大致持平。

5日成交量平均线与10日成交量平均线趋近交叉当日，K线为阳线，与此相对应以当日成交量为阳量。

5日成交量平均线与10日成交量平均线趋近交叉前一日，K线为阳线，与此相对应以当日成交量为阳量，大多数情况下此日量比趋近交叉日量小。

5日成交量平均线与10日成交量平均线趋近交叉次日，K线为阴线，与此相对应当日成交量为阴量。出现在横盘整理末期、大幅拉升前夕，K线上相对应的往往是庄家震仓、洗盘过程。

5日成交均量与10日成交均量趋于一致时，允许有10%以内的正负误差，两者越接近越好。符合葛南碧移动平均线四个买入法则之一。

成交量组合出现同时或出现后一两个交易日内，如有K线组合出现相配合，则该只股票股价上涨概率更大。

按此方法买入股票且股价上涨一段后，如果葛南碧移动平均线八大法则中四个卖出法则之一出现，应出脱持股。

例：中南传媒（601098）（见图93），2013年12月24~26日3个交易日的成交量，组成一个"搭下中小阳增后阴"的基本图形。从12月24日起，股价强劲上涨，一涨至14.86，涨幅近40%。

5. 以成交量判断主力洗盘

下面要介绍的这种选股法的基本原理是"量是因，价是果；量在先，价在后"。但在实际中，人们会发现根据量价关系来进行具体买卖股票时，常常会出现失误，尤其是在根据成交量判断主力出货与洗盘方面，失误率更高，不是错把洗盘当出货，过早卖出，从而痛失获利良机，就是误将出货当洗盘，该出不出，结果是痛失出货良机。

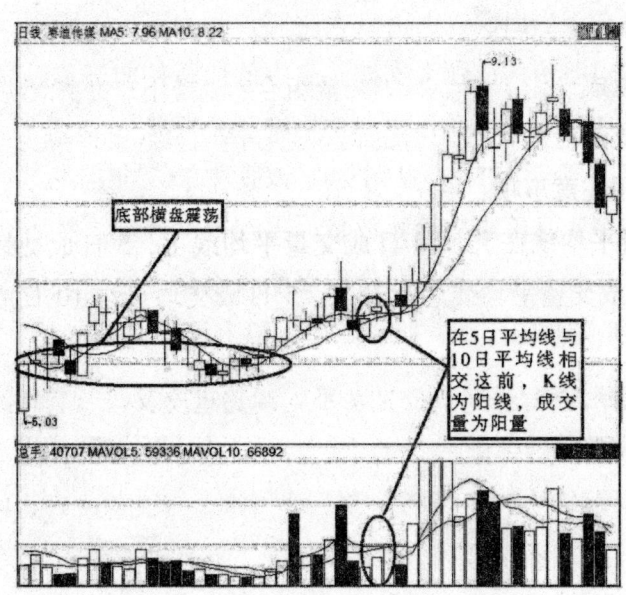

图93　中南传媒成交量组合买入图解

那么，在实际投资中如何根据成交量的变化，正确判断出主力的进出方向，或者说，如何根据成交量的变化，准确判断出主力是在出货还是洗盘呢？

一般说来，当主力尚未准备拉抬股价时，股价的表现往往很沉闷，成交量的变化也很小，此时研究成交量没有实际意义。也不好断定主力的意图。但是，一旦主力放量拉升股价时，主力的行踪就会暴露，我们把这样的股票称为强庄股，此时研究成交量的变化就具有非常重要的实际意义。此时，如果能够准确地捕捉到主力的洗盘迹象，并果断介入，往往能在较短的时间内获取非常理想的收益。

实践证明，根据成交量变化的以下特征，可以对强庄股的主力是不是在洗盘作出一个较为准确的判断。

首先，由于主力的积极介入，原本沉闷的股票在成交量的明显放大推动下变得活跃起来，出现了价升量增的态势。然后，主力为了给以后的大幅拉升扫平障碍，不得不将短线获利盘强行洗去，这一洗盘行为在K线图上表现为阴阳相间的横盘震荡，同时，由于主力的目的是要一般投资者出局，因此，股价的K线形态往往成明显的"头部形态"。

其次，在主力洗盘阶段，K线组合往往是大阴不断，并且收阴的次数多，且每次收阴时都伴有巨大的成交量，好像主力正在大肆出货，其实不然，仔细观察一下就会发现，当出现以上巨量大阴时，股价很少跌破 10 日移动平均线，短期移动平均线对股价构成强大支撑，主力低位回补的迹象一目了然，这就是技术人士所说的"巨量长阴价不跌，主力洗盘必有涨"。

例：中牧股份（600195）（见图 94）该股在 2007 年前期进过一段较长时间的平台整理，到了 4 月份成交温和放量，出现上涨迹象。然而到了 4 月 24 日，股价突然回落，连续几个交易日股价均以阴线收盘，但成交量却未减少，应是主力洗盘。5 月 8 日收出阳线，股价随后大幅上涨。

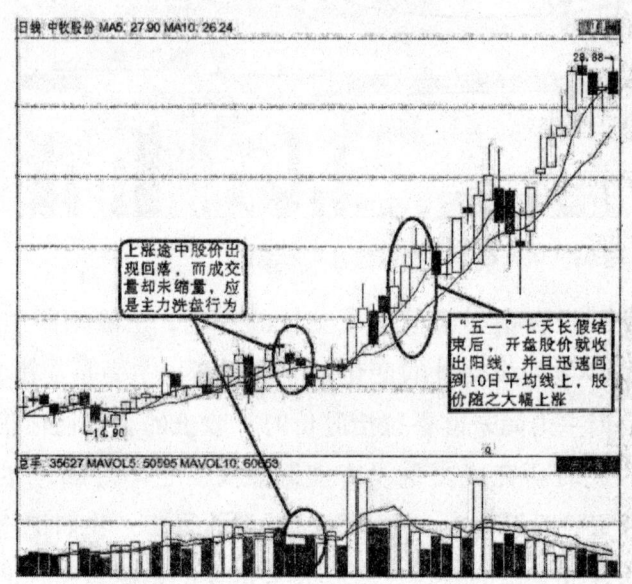

图 94　中牧股份主力洗盘判断图解

再次，在主力洗盘时，作为研判成交量变化的主要指标 OBV、均量线也会出现一些明显的特征，主要表现为：当出现以上大阴巨量时，股价的 5 日、10 日均量线始终保持向上运行，说明主力一直在增仓，股票交投活跃，后市看好。另外，成交量的量化指标 OBV 在股价高位震荡期间，始终保持向上，即使瞬间回落，也会迅速拉起，并能够创出近期的新高，这说明单从量能的角度看，股价已具备大幅上涨的条件。

6. 平均线与成交量组合看股法

在技术分析领域里，移动平均线以它简洁明了的特点深受投资者的青睐。人们利用不同时期的移动平均线来指导操作，特别利用不同时期的移动平均线的排列来判断是多头市场还是空头市场。

1）移动平均线的优缺点

（1）优点：运用移动平均线理论，在买卖交易时，可以界定风险程度，将亏损的可能性降至最低；在行情趋势发动时，买卖交易的利润相当可观；移动平均线的组合可以判断行情的真正趋势。

（2）缺陷：当行情牛皮盘整时，买卖信号过于频繁，投资者无所适从；移动平均线的最佳日数与组合，确定起来十分困难；仅靠移动平均线的买卖信号，无法给予投资者充足的信心，必须依靠其他技术指标的辅助。

2）成交量、股价、均线共同作用

为了投资者在运用移动平均线时能够扬长避短，从而发现成交量、股价、均线三者的共同作用，总结如下：股价突破、支撑和压力的有效性与均线的角度和成交量有关。根据这一理论，投资者可以较为有效地实施正确的买卖策略。

（1）突破：股价突破移动平均线时，成交量必须放大，特别是向上突破移动平均线时。

如果移动平均线的运行角度与股价的运行角度相反时，突破后的股价会有回抽的要求，当日成交量过大（当日成交量比前一日成交量放大3倍以上时），若当日收盘为中线特别是光头K线出现时，这种反抽会发生在次日或者第三日。

例如，2001年10月23日，沪深两市在暂停国有股减持消息的作用下，放量突破相反运行的5日移动平均线，并当天收出光头中阳线，从而在次日才出现回抽，如果在突破移动平均线时成交量减少或者持平（特别是股价无量突破相反运行的移动平均线时），这种突破往往是假的（见图95）。

（2）支撑：移动平均线能否对股价构成有效支撑，不仅要看移动平均线的运行角度，同时也要注意成交量的多寡。例如，移动平均线是向上运行而股价回落，这种移动平均线的支撑力度就大于走平或者回落的移动平均线。如果股价回落至移动平均线，发生支撑反弹时，必须有成交量的配合，否则投资者可视这种支撑为无效支撑。

例如：深成指（见图96）在2001年10月26日出现止跌走红，但是成交量则比前一日减少，说明这种支撑的可信度不高，投资者可不按传统的移动平均线的买卖技巧来进行。

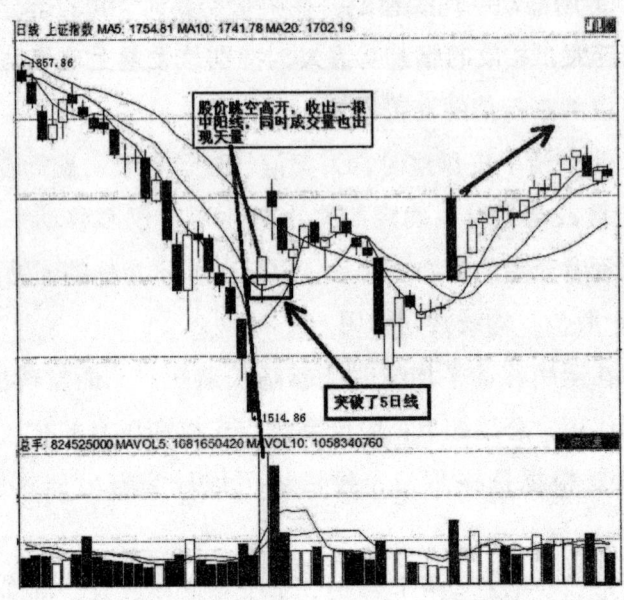

图95 沪市成交量突破图解

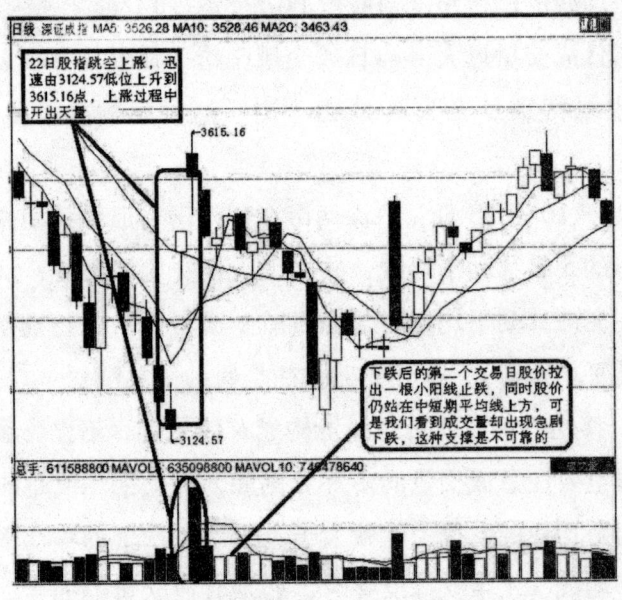

图96 深成指均线支撑图解

（3）压力：股指或者股价在下跌过程中出现的反弹，往往会遇上移动平均线的压力。这一压力的大小不仅与移动平均线的期数有关，同时还与移动平均线的角度及成交量有密切关系。在反弹行情中移动平均线的运行角度与股价或者股价运行角度越大，相反的压力就越大，特别是无量上攻移动平均线，失败的可能性就越大。

第十一章 缺口理论

一、缺口理论的理论精要

1. 缺口的基本概念

缺口是指股价在快速大幅变动中有一段价格没有任何交易，显示在股价趋势图上是一个真空区域，这个区域称之"缺口"，通常又称为跳空。

当股价出现缺口，经过几天，甚至更长时间的变动，然后反转过来，回到原来缺口的价位时，称为缺口的封闭，又称补空。

造成缺口的原因通常有以下三种：

其一是除息、除权缺口，由于除权或除息，在K线图上留下缺口，这一缺口并没有研究的必要。

其二是由于平时价位波动所造成的普通缺口，今日与昨日价位并不完全连贯，上下落差不大，通常出现在一个交易频繁的整理区域。

其三是由于股价突破而造成的爆炸性缺口，这是在操作中最有意义的缺口，这种缺口通常分为突破缺口，中继缺口，竭尽缺口，这里主要研究突破缺口。

缺口分普通缺口、突破缺口、持续性缺口与消耗性缺口等四种。从缺口发生的部位大小，可以预测走势的强弱，确定是突破，还是已到趋势之尽头。它是研判各种形态时最有力的辅助材料。

2. 缺口的市场意义

（1）普通缺口并无特别的分析意义，一般在几个交易日内便会完全填补，它只能帮助我们辨认清楚某种形态的形成。当发现发展中的三角形和矩形有许多缺口，就应该增强它是整理形态的信念。

（2）突破缺口的分析意义较大，经常在重要的转向形态如头肩式的突破时出现。这个缺口可帮助我们辨认突破讯号的真伪。如果股价突破支持线或阻力线后以一个很大的缺口跳离形态，可见突破十分强而有力，形成原因是其水平的阻力经过争持后，供给的力量完全被吸收，短时间内缺乏货源，投资者被迫要以更高价求货。又或是其购买力完全被消耗，沽出的须以更低价才能找到买家，因此便形成缺口。

假如缺口发生前有大的交易量，而缺口发生后成交量却相对地减少，则有一半的可能不久缺口将被封闭。若缺口发生后成交量并未随着股价的远离缺口而减少，反而加大，则短期内缺口将不会被封闭。

（3）持续性缺口的技术性分析意义最大，它通常是在股价突破后远离形态至下一个反转或整理形态的中途出现。因此持续缺口能大约地预测股价未来可能移动的距离，所以又称为量度缺口。其量度的方法是从突破点开始，到持续性缺口始点的垂直距离，就是未来股价将会达到的幅度。

（4）消耗性缺口的出现，表示股价的趋势将暂告一段落。如果在上升途中，即表示即将下跌；若在下跌趋势中出现，就表示即将回升。不过，消耗性缺口并非意味着市道必定出现转向。

持续缺口是股价大幅变动中途产生的，因而不会于短时期内封闭。但是消耗性缺口是变动即将到达终点的最后现象，所以多半在2~5天的短期内被封闭。

3. 缺口的要点提示

（1）一般缺口都会填补。因为缺口是一段没有成交量的真空区域，反映出投资者当时的冲动行为，当投资情绪平静下来时，投资者反省过去行为有些过分，于是缺口便告补回。其实并非所有类型的缺口都会填补，其中的突破缺口、持续性缺口未必会填补，最少不会马上填补。只有消耗性缺口和普通缺口才可能在短期内补回，所以缺口填补与否对分析者观察后市的帮助不大。

（2）突破缺口出现后会不会马上填补，我们可以从成交量的变化中观察出来。如果突破缺口出现之前有大量成交，而缺口出现后成交相对减少，那么迅即填补缺口的机会只是五五之比；但假如缺口形成之后成交大量增加，股价在继续移动远离形态时仍保持十分大量的成交，那么缺口短期填补的可能便会很低了。就算出现后抽，也会在缺口以外。

（3）股价在突破其区域时急速上升，成交量在初期量大，然后在上升中不断减少，当股价停止原来的趋势时成交量又迅速增加，这是好淡双方激烈争持的结果。其中一方得到压倒性胜利之后，于是便形成一个巨大的缺口，这时候又开始再减少了。这就是持续性缺口形成时的成交量变化情形。

（4）消耗性缺口通常是形成缺口的一天成交量最高（但也有可能在成交量最高的翌日出现），接着成交减少，显示市场购买力（或沽售力）已经消耗殆尽，于是股价很快便告回落（或回升）。

（5）在一次上升或下跌的过程里，缺口出现愈多，显示其趋势愈快接近终结。例如当升市出现第三个缺口时，暗示升市快告终结；当第四个缺口出现时，短期下跌的可能性更加浓厚。

二、缺口理论的形态种类

1. 一般缺口形态图解

（1）普通缺口（见图97）：在图形里，普通缺口经常出现在一个交易频繁的整理与反转区域，然而它出现在整理形态的机会较反转形态大，因此若发展中的矩形与对称三角形出现缺口时，就能确定此形态为整理形态。因此，它的特征是出现跳空现象，但并未导致股价脱离形态而上升或下降，短期内走势仍是盘局，缺口亦被填补。

短线操作者如果预测此一发展迹象，则可在此价格区域内高出低进，赚取差价。普通缺口由于很容易被封闭，在多空争斗里亦不代表何方取得主动，其短期技术意义近乎于零，但是对于较长期技术分析却有很大的帮助，因为一个密集形态正逐渐形成，终究多空双方要决出胜负。

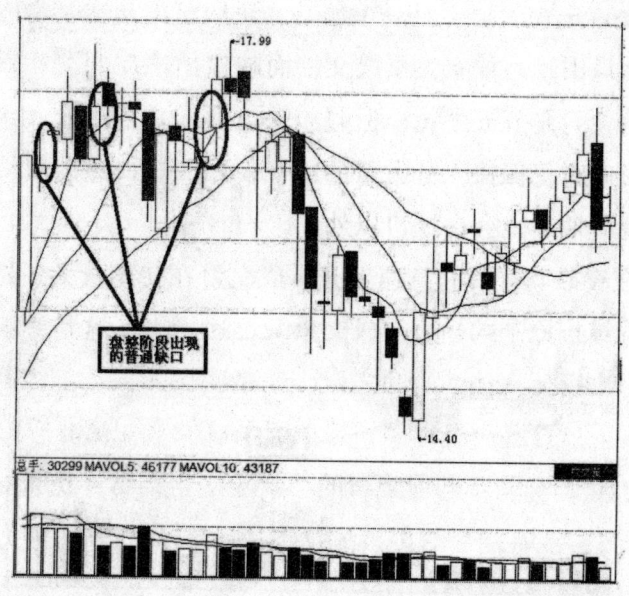

图97 普通缺口图解

（2）**突破缺口**（见图98）：当形态确立后，从K线表示股价以一个大小不一的缺口跳空上升或下降远离形态，突破盘局，此缺口就是表示真正的突破已经形成，行情将顺着股价趋势行进下去。也就是说，股价向形态上端突破，整理区域便成为支撑区，将有一段上升行情出现，股价向形态下端突破，整理区域就成为阻力区，将有一段下跌行情出现。

通常导致突破缺口的K线是强而有力的长阳线或长阴线，显示一方的力量得以伸展，另一方则败退，同时缺口亦显示突破的有效性，突破缺口愈大，表示未来变动愈强烈。成交量的配合则扮演重要的角色，如果发生缺口前成交量大，突破后成交量未扩大或随价位波动而相形减少，表示突破后并没有大换手，行情变动一段后，由于获利者回吐承接力量不强时，便回头填补缺口。突破缺口发生后，成交量不但没有减少，反而扩大，则此缺口意义深远，近期内将不会回补。与突破形态一样，下跌突破缺口并不一定出现大成交量，但仍有效。

（3）**持续缺口**（见图99）：亦称逃逸缺口。它出现的次数比前两种缺口要少，通常是当股价突破形态上升或下跌后远离形态而至下一个整理或反转形态的中途出现，因此继续缺口可大约地预测股价未来可能移动的距离，所以又称为测量缺口。首先，如果行情进行中出现两个缺口，股价变动的中点就可能在

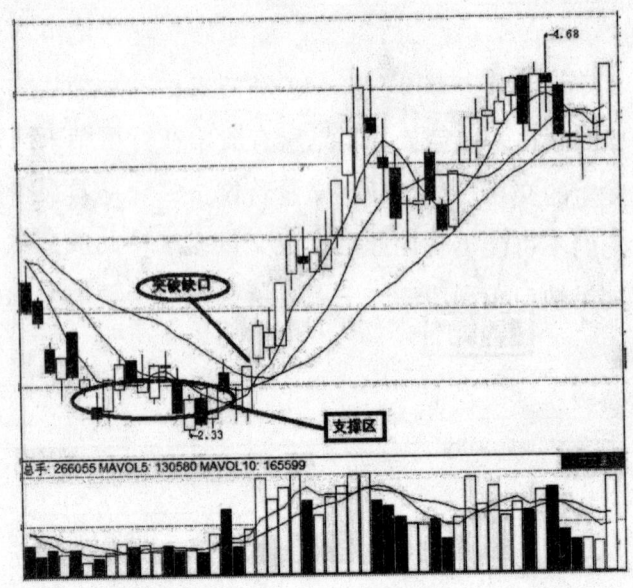

图98 突破缺口图解

两个缺口之间。所以,就可以计算出此段股价波动终点的大概价位。其次,若跳空现象连续出现,表示距变动终点位置愈来愈近。股市有句名谚:"(股价)跳三空,气数尽"便是此意。

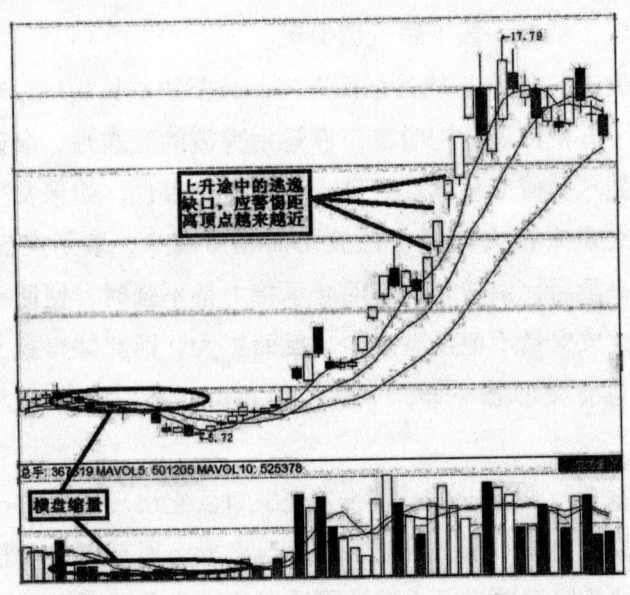

图99 逃逸缺口图解

(4) 竭尽缺口（见图100）：在多头市场出现此类缺口，是长期上涨行情即将结束的信号，空头市场出现此类缺口，暗示跌势接近尾声，将进入整理或反转阶段，任何一种热门的股票的上升或下跌行情出现竭尽缺口，绝大部分均已先出现其他类型的缺口。然而，并不是所有股票在行情结束前都会产生竭尽缺口现象。缺口发生的交易日或次日成交量若比过去交易日显得特别庞大，而预期将来一段时间内不可能出现比此更大成交量或维持此成交量水准，极可能就是竭尽缺口。如果缺口出现后的隔一天行情有当日反转情形而收盘价停在缺口边缘，就更加肯定是竭尽缺口。同理，下跌行情结束前出现向下跳空K线，成交量萎缩，此缺口亦是竭尽缺口。

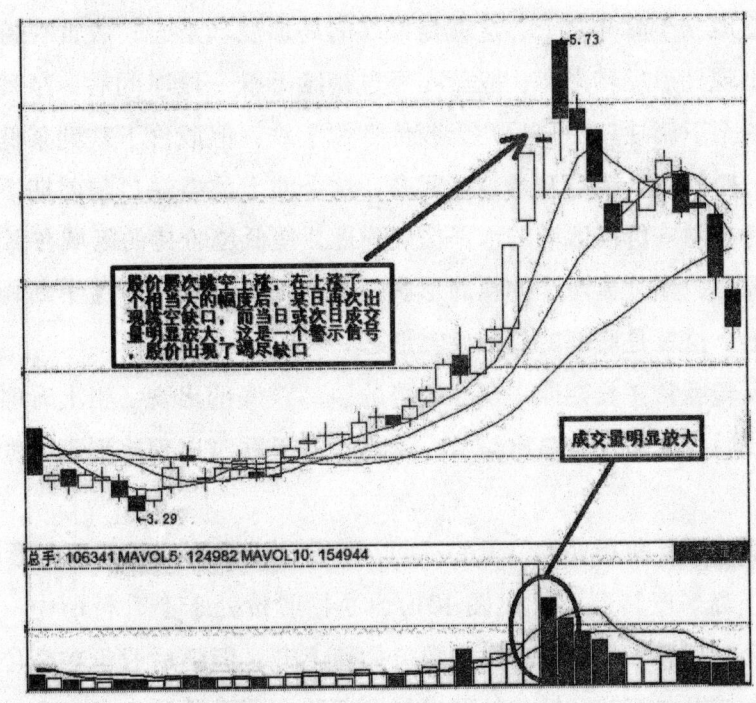

图100 竭尽缺口图解

有时会发现K线图形在同一价位区发生两个缺口，也就是上升与下跌行情里产生竭尽缺口后，股价继续朝相同方向移动，经过一星期或稍长时间的变动，开始朝反方向移动，而在先前竭尽缺口价位跳空，反转下跌或上升，形成突破口。由于两个缺口大约在同一价位发生，而整个盘档密集区在图形上看起来就像孤立的小岛形反转，但极少出现。

2. 特殊岛形缺口形态图解

岛形反转是股票形态学中的一个重要反转形态，这种形态出现之后，股票走势往往会转向相反方向。投资者看到这种形态应及时作出买入（顶部）或卖出（底部）决定。岛形反转分为顶部岛形反转和底部岛形反转。这是强烈反转的信号。

股价在经过持续上升一段时间后，某日出现跳空缺口性加速上升，但随后股价在高位徘徊，不久股价却以向下跳空缺口的形式下跌，而这个下跌缺口和上升向上跳空缺口，基本处在同一价格区域的水平位置附近，使高位争持的区域在K线图表上看来，就像是一个远离海岸的孤岛形状，左右两边的缺口令这个岛屿孤立地立于海洋之上，这就是顶部的岛形反转形态；股价在持续下跌过程中也会出现岛形反转形态，股价在经过持续下跌一段时间后，某日突然跳空低开留下一个下调缺口，随后几天股价继续下跌，但股价下跌到某低点又突然峰回路转，股价向上跳空开始急速回升，这个向上跳空缺口与前期下跌跳空缺口，基本处在同一价格区域的水平位置附近，使低位争持的区域在K线图表上看来，就像是一个远离海岸的孤岛形状，左右两边的缺口令这个岛屿孤立地立于海洋之上，这就是底部的岛形反转形态。

岛形反转经常在长期或中期性趋势的顶部或底部出现。当上升时，岛型反转明显形成后，这是一个沽出信号；反之，若下跌时出现这形态，就是一个买入讯号。

而根据岛形反转所处的位置的不同，可分为上岛形反转与下岛形反转。

（1）上岛形反转形态（见图101），是指股价处于上升行情中，在经过持续上升一段时间后，某日出现跳空缺口加速上升，但随后股价在高位徘徊一段时间，不久却以向下跳空缺口的形式展开下跌，而下跌缺口和上升缺口基本处在同一价格区域的水平位置附近，使高位争持的区域从图形上看，就像是一个远离海岸的孤岛形状，一般在形成的上岛形期间，成交量十分巨大。

（2）下岛形反转形态（见图102），是指股价处于下跌行情中，在经过持续下跌一段时间后，某日突然跳空低开留下一个下跌缺口，随后几天股价在缺口之下的某一低位波动或继续下跌，但下跌到某低点又突然峰回路转，股价向上跳空并以缺口形式开始急速回升，而向上跳空缺口与前期下跌跳空缺口，基

上岛形反转形态

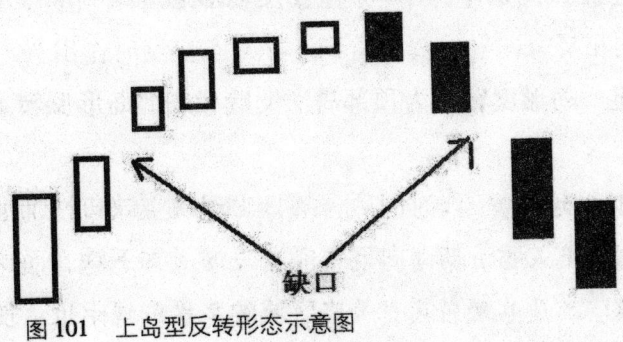

图 101　上岛型反转形态示意图

下岛形反转形态

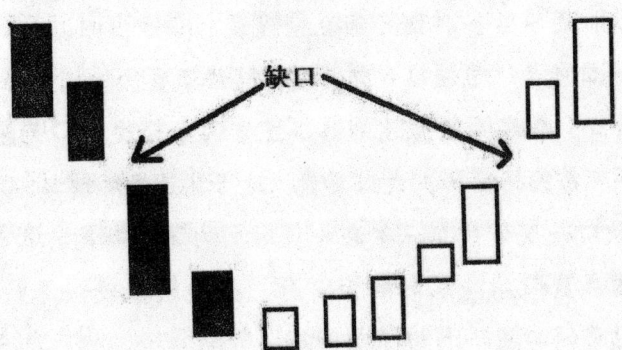

图 102　下岛型反转示意图

本处在同一价格区域的水平位置附近，使低位争持的区域从图形上看，就像是一个远离海岸的孤岛形状，成为多头主力在吸货时制造的最大空头陷阱。

上岛形往往在市场一片看好股价时出现，想买入股票但又没法在预期价格上买进，而平缓的升势又使投资者按捺不住高价买进，于是出现上涨缺口。但股价却无法继续上涨，看好看淡的开始相互易手，但多空争斗的结果无法维持高股价，出现跳空缺口向下转折，开始一轮跌势。而下岛形反转正好与之相反。岛形经常在长期或中期性趋势的顶部或底部出现。在上升过程中，岛形明显形成后，这是一个沽出信号；反之，若下跌过程中出现，就是一个买入信号。因此一旦形成岛形，投资者必须当机立断作出判断：上岛形出现后应做空，而下岛形出现时应做多。

3. 缺口的研判标准

缺口现象在K线图形里并不罕见，究竟如何辨别种类？大致可以各类缺口的特征去推敲。

（1）普通缺口与竭尽缺口都会在几天之内被封闭，由缺口所在位置极易分辨此两种缺口。

（2）普通缺口与突破缺口发生时都有区域密集的价格形态陪衬。前者在形态内发生，没有脱离形态，后者则在股价变动要超越形态时发生。逃逸缺口没有密集形态伴随，而是在股价急速变动，也就是在行情中途出现。

（3）突破缺口表明一种股价移动的开始，逃逸缺口是快速移动或近于中点的讯号，竭尽缺口则表示已至终点，前面两种缺口借着它们的位置和前一个价格形态可以辨认，而最后一种则不能立刻确认、分辨出来。

（4）竭尽缺口就像逃逸缺口一样，是伴随快而猛的价格上升或下跌而生。若要分辨此两种缺口，最好的依据就是缺口发生的当天或隔一天的成交量非常大，而预料短期内不容易维持或再扩大成交量，这可能是竭尽缺口，而非逃逸缺口。

（5）逃逸缺口与突破缺口一般在一段时间内不会封闭，而普通缺口与竭尽缺口在几天之内会被封闭，从时间上区分，普通缺口较竭尽缺口更易被封闭，突破缺口则较逃逸缺口更不易被子封闭。

（6）岛形反转缺口。在岛型前出现的缺口为消耗性缺口，其后在反方向移动中出现的缺口为突破性缺口。这两个缺口很短时间内先后出现，最短的时间可能只有一个交易日，亦可能长达数天至数个星期左右。形成岛型的两个缺口大多在同段价格范围之内。岛型以消耗性缺口开始，突破性缺口结束，这情形是以缺口填补缺口，因此缺口已是被完全填补了。岛形反转的两个缺口之间的总换手率（可以是短时间内的大量换手或长时间内的微量换手）越大，其反转的信号越强。如果是短时间内的巨量换手，则成为岛形与"V形反转"的复合形态，其信号非常强大。

到底如何运用缺口作为操作时的依据也是非常重要的一环。一般而言，股价以大成交量向上突破性，留下缺口，这就是多头行情的征兆。继续上涨时应持有股票，不论是否在下一个次级行情顶点卖出，你都需承认日后仍将有高价出现，在回跌时可以加码买进。

三、缺口理论的实战综合

1. 普通缺口实战应用

普通缺口是指没有特殊形态或特殊功能的缺口，它可以出现在任何走势形态之中。普通缺口具有一个比较明显的特征，即缺口很快就会被回补，因此给投资者的短线操作带来了一个简便的机会：即当向上方向的普通缺口出现之后，在缺口上方的相对高点应抛出股票，然后待普通缺口封闭之后再买回股票；而当向下方向的普通缺口出现之后，在缺口下方的相对低点应买入股票，然后待普通缺口封闭之后再卖出股票。

这种操作方法的前提是必须判明缺口是否是普通缺口，而且股票价格的涨跌必须有一定的幅度，才能采取这种高抛低吸的策略。但对普通缺口如果把握好的情况下，利润是相当可观的。

那么投资者在实战操作中怎么做呢？

在选股时，应注意把握股票经过了一段时间或者长期的下跌以后出现的第一个上升缺口。至于怎样才算下跌完成呢？在这方面我们不妨借助一下技术指标，最简单的，可以通过 MACD 和 RSI 指标的背离来判断。

当普通缺口形成以后，一般情况下股票必定会回补缺口。时间是 3～5 天甚至更长，当然是不补缺口的股票更加具备投资价值。

此外，还要注意的一点是成交量的萎缩是买进股票的关键。

来看一个案例：青岛碱业（600229）（见图 103）。2006 年，该股经过一段横盘整理后，再次下跌，以 3.23 元创新低。11 月 22 日，股票底部出现了一个向上的跳空缺口，当日成交量极度低迷，第二日该股拉出了一根漂亮的中阳线，这是介入的最好时机。

缺口回补了的股票尽量还是不要买，这样的股票可能还会继续下跌。

另外，上文中提到的成交量的萎缩情况一般是换手率在 2% 以下，越低越好！买进的时间可以是在形成缩量后的带下影线的阴线或者阳线，下影线越长越佳，（一定是在缺口之上）下午收盘前买进的成功率将大大增加。

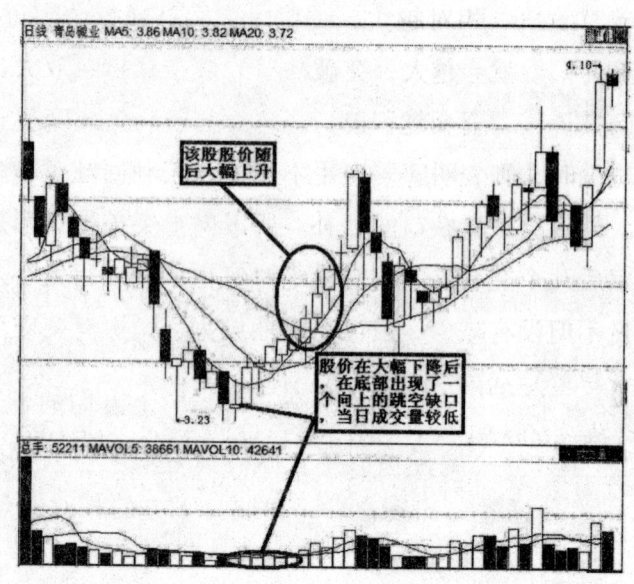

图 103 青岛碱业普通缺口买入图解

2. 突破缺口实战应用

突破缺口一般预示行情走势将要发生重大的变化，而且这种变化趋势将沿着突破方向发展。在实际运作中，突破缺口后可以作为买进信号，因为这代表转势的确立，持续缺口也可以作为买进信号，因为理论升幅还有一半。如果突破缺口3天之后还未回补，其基本可以确认不是普通缺口，而是突破缺口，此时如再出现持续缺口，后面的升势就确实无疑，此时介入可获得一段短线的利润。

投资者在判断是否是低位突破性缺口以及在缺口启动点区域的操作显得尤为重要。

在操作时，尤其要注意在股指严重超跌后所出台的消息面、政策面的内容，有无实质性的能够从根本上推动股指大幅上涨的原动力；政策的出台是否有救市的性质以及政策出台利好的连续性。

从技术上来判断，是在股指严重超跌后，受消息及政策的刺激所引发的向上突破性缺口的大小（原则上缺口相对越大越好），并要求能够有效突破下降压力线，同时还要求有绝对持续放大的成交量配合。值得注意的是，大多数突破性的缺口发生的同时，MACD指标在0轴之上再度金叉，这样的股票在成交量的配合下，不涨才怪呢！

低位向上突破时的缺口相对越大，说明多头回补或低位买进的资金越多，那么将来股价上涨的幅度就会越大；突破缺口时成交量持续放大，说明多头回补的资金或低位区域进场的资金越积极；若向上突破后的成交量未能配合股价上升，反而大幅减少时，则表明筹码换手不积极，获利回吐盘增多，从而容易引发套牢盘涌出，导致突破性缺口的回补。所以向上突破缺口形成后，次日成交量必须放大，以后几个交易日的成交量绝对值也不应缩得太小。如果突破缺口形成后，成交量不但没有减少，反而间歇性放大，则更有突破反转或大幅反弹的意义，起码意味着短期内这个缺口将不会被回补。

例1：明天科技（600091）（见图104）该股1999年除权后的第二波上扬初期，上扬幅度较为温和，时间跨度较长，在同年4~5月，股价围绕13、14元，做了两个月平台整理。6月17日，脱离平台形成突破型缺口，此时介入，随后仍有一段颇丰的获利空间。

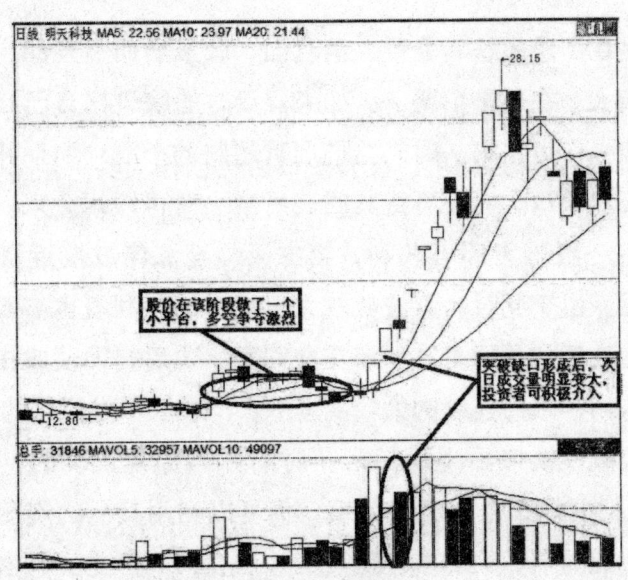

图104　明天科技突破缺口买入图解

例2：日照港（600017）（见图105）2008年年末至2009年年初，该股在低价区作了一个矩形整理形态，在2009年2月2日形成第一个跳空缺口，突破矩形整理形态，并伴随有较大成交量，形成突破缺口，随后也有一段40%左右的升幅。

当投资者在短时间内确认是低位突破性缺口时，短线操作上就必须突出一

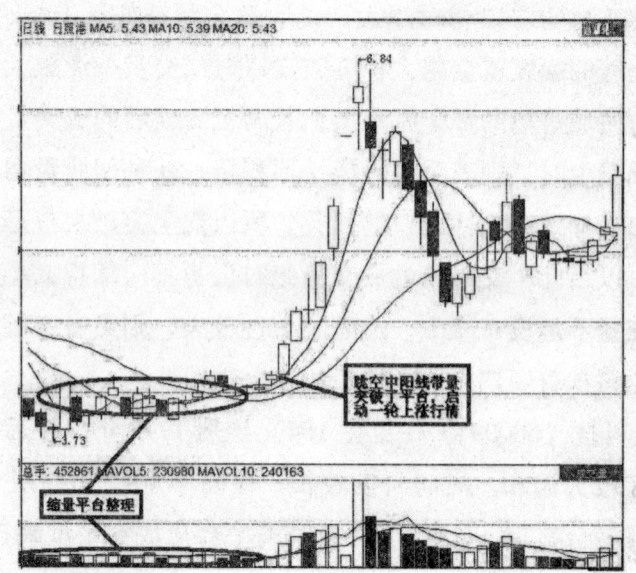

图105 日照港突破缺口买入图解

个快字,由于是在严重超跌后受重大消息面、政策面而引发的,一般开盘时缺口的幅度都比较大。在通常情况下,如果开盘时的缺口比自己心理预计的开盘缺口小时,短线操作可在第一时间抢进严重超跌的个股;如果开盘时缺口比自己心理预计的开盘缺口大时,可待其回调后半小时再短线介入,以上两种开盘介入法操作得好一般当天即可获利,第二天冲至涨停或接近涨停板时坚决卖出,在卖出之后,由于此时大盘波幅较大,短线的获利盘也需要回吐,所以卖出之后还有机会在低位买回来。如果在获利卖出之后,即使股指还在上涨,也不要急于追涨买回,因为连续的大幅度上涨,反而会引发股价的快速回落。

总之,当突破性缺口出现后,第一时间介入都是正确的,如果第一时间(即当日)没能把握好介入点也没关系,仍可以利用其后的震荡回调收阴时介入,或者利用我们前期介绍的多种低位买入法介入。但是投资者在操作时一定要注意突破缺口后的成交量不能大幅萎缩,不能回到前期的水平,缺口不能被回补。

3. 持续性缺口实战应用

持续缺口标志行情趋势加速和接近行情的中点,即未来升跌幅度很可能会达到该缺口与突破缺口的距离那么长。

持续缺口作为量度缺口,一般而言可以预测股价今后上涨或下跌的目标位,即从持续缺口突破处,未来升跌幅度很可能会达到该缺口与突破缺口的距离那么长,从而估计出该趋势今后的发展余地。但这并不是强制性要求,仅是提供参考,有时股价并没有实现这种量度跌幅,但这并不影响缺口理论的实战运用。如沪综指从 2 245 点下跌以后,在 2001 年 7 月底 8 月初出现 2 063 ~ 2 056 的周向下突破缺口,确定了中长期调整市道;随后在 2002 年 1 月初又出现了 1 608 ~ 1 607 的周向下持续缺口,但股指并没有完成量度跌幅才止跌,在 2002 年 1 月中旬就出现了第三个跳空缺口即 1 523 ~ 1 519 点缺口。从时间上看由于前后相隔一两周,该缺口作为第二个持续缺口的可能性较大;但从实战角度来看,随后大盘就成功探底 1 339 点,因此实质上为竭尽缺口,只不过股指没有完成持续缺口的量度跌幅。

还有值得注意的一点是,强势板块中的领头羊在上涨时所形成的持续跳空缺口,值得短线客的积极介入。市场在每一个时期都有一个主流板块,而每一个热点形成时都有一个龙头。如 2000 年年初的梅林、海虹就曾出现持续十几个甚至几十个的涨停跳空缺口。跟踪这种股票要有敏锐的眼光和果断的勇气,特别是对其内在的价值要有深刻分析,参与这种个股炒作要有短线思维。

例:楚天高速(600035)(见图 106)。2007 年 7 月,该股经过了一段时间的低位震荡,7 月 25 日,该股突破缺口形成的当日,可以明显看出成交量巨大,当日股价最高 7.19 元。第二天,股价以 7.40 元开盘,形成向上跳空的突破缺口,后续的 7 个交易日里,股价回落反抽确认,成交量缩小,最低价(巨阴 K 线的当日)7.19 元仍然未跌破缺口当日的最高价 7.19 元。实际上,此突破缺口未被回补。自此之后,该股股价一路上扬。从 K 线图中我们可以看到,持续性缺口形成的当日最高价 8.53 元,次日以 8.78 元开盘,之后加速上扬。根据持续性缺口来度量该股股价未来可能达到的位置在 10 元左右。[8.78 - 7.4 = 1.38(元),8.78 + 1.38 = 10.16(元)]

4. 衰竭性缺口实战应用

当股价出现了突破缺口,又再出现持续缺口,最后的冲刺,又再出现缺口上升的就叫做衰竭性缺口。当然,下跌过程中,也同样会出现突破性缺口、持续性缺口和衰竭性缺口。

一般来说,上升过程中出现衰竭性缺口意味着升势即将结束,下跌过程中

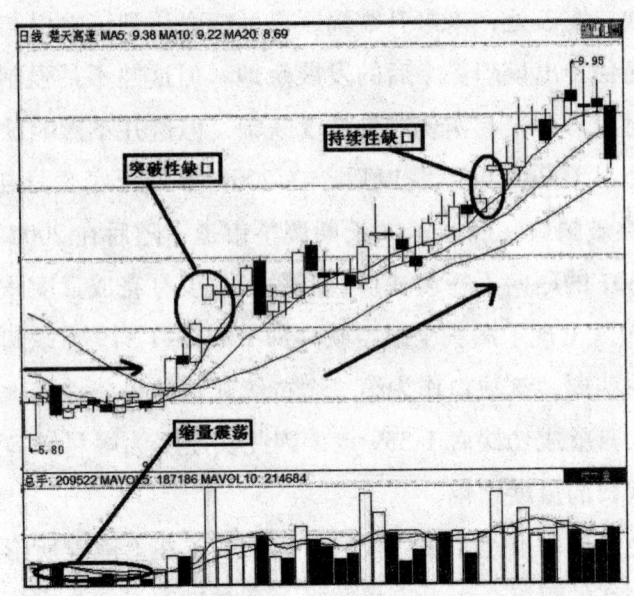

图106 楚天高速持续性缺口量度图解

出现衰竭性缺口意味着即将止跌企稳。例如，热门股票的上升或下跌行情出现衰竭性缺口前，绝大部分均已先出现其他类型的缺口，然而并不是所有股票在行情结束前都会产生衰竭性缺口。判断竭尽缺口的标准是：缺口发生的当日或次日成交量若相比过去交易日显得特别庞大，而预期将来一段时间内不可能出现比这更大成交量，极可能就是衰竭性缺口。如果缺口出现后的隔一天行情有当日反转情形而收盘价停在缺口边缘，就更加肯定是竭尽缺口。同理，下跌结束前出现向下跳空 K 线，成交量萎缩，此缺口亦是衰竭性缺口，投资者需要做的是找到空头市场中的衰竭性缺口，这是即将转势的信号。

在上升过程中一般有完整的突破缺口、持续缺口、衰竭缺口。在下跌过程中由于大多具有阴跌特点，速度并不快，缺口也就不多见，完整出现突破缺口、持续缺口的就更为罕见。我们发现，下跌中仅出现一个衰竭缺口的概率相对来说要大一些。

案例分析：三爱海陵（000892）（现名 ST 星美）（见图107）。该股在1999年年初上市后即缓慢下跌，第一波滑落至 7.70 元后微弱反弹，至 8.70 元左右后第二次滑落。5月10日，向下跳空开盘，低开低走，综合各方面分析，该缺口为衰竭性缺口，空头即将结束，多头市场即将确立，可以逢低建仓。随后会有一段可观的利润。

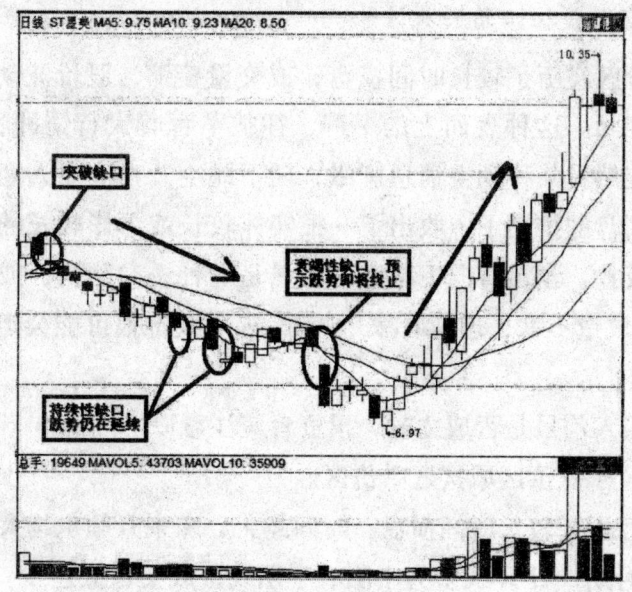

图107 三爱海陵衰竭性缺口图解

衰竭性缺口就像持续缺口一样，是伴随着快而猛的价格上升或下跌，若要分辨此两种缺口，最好的依据就是缺口发生的当天或隔一天的成交量情况，如果成交量非常大，预计短期内不会再扩大成交量，这可能是衰竭性缺口，而非持续性缺口。值得注意的是，下跌衰竭缺口不像上升衰竭缺口，它不需要成交量增加来印证。

竭尽缺口像持续缺口一样伴随快而猛的上升或下跌出现。在上升趋势中这两种缺口的区别在于，若发生缺口的当天成交量放大，且短期无法再放出大量的话，则为竭尽缺口；否则量能继续放大的话，则为持续缺口。例如，6.24行情当日，仅沪市就放出531亿的成交金额，大盘之后再也很难继续放量，因此为竭尽缺口。

投资者应该明白一点，从突破缺口到竭尽缺口实际上反映的是多空双方的斗争，由产生到强盛到消亡的过程，因此它们是按次序出现。对于个股而言，热门股的分析意义和效果比较肯定，但在冷门或全控盘庄股中，缺口分析虽不可忽视，但较难作为判断的依据。因为控盘庄股较少出现多空斗争情况，走势往往出现一边倒，完全由庄家控制。特别在庄家资金链断裂情况下出现的跳水时，将会出现"空中飞刀"，绝不可伸手去接。

5. 向下跳空放量收阳的买入信号

股价在低价区经历了较长时间横盘，成交量萎缩，股价波动幅度小，日K线小阴、小阳相间。这种表面上的平静，往往孕育着大行情即将来临。例如，某一日，股价突然受某种利空消息刺激，向下跳空开盘。令人意外的是，股价最终却在巨大买盘的推动下，收出了一根实体较长或下影较长的阳线，这是一个多么强烈的反差。预示着向下跳空开盘只是一种诱空陷阱，或是一种骗筹行为。股谚云："放量不跌，理应看涨"，那么未来股价很可能会走出一波升幅可观的中级行情。

在判断该买入信号是否成立时，投资者应注意以下问题：

(1) 股价位于低价区域接近中价区。

(2) 股价经历了较长时间横盘，时间越久，未来升幅也越大。

(3) 横盘时期，日K线多为小阴、小阳线，成交量低迷。

(4) 在向下跳空前两三个交易日，股价与成交量往往有异动。

(5) 向下跳空当日，日K线最终以收盘价接近最高价大阳线或长下影阳线报收，同时要有巨量配合。

例：亚太实业（000691）（见图108）在2014年7月22日走出了一个"跳空放量"后收阳"信号谱"，此后股价中线上涨。

买卖技巧：

(1) 从中长期看，成交量应该经历密集放量到长期逐步缩量的平台过程，单日成交量峰值阳多阴少。

(2) 中长期OBV指标持续向上盘升。

(3) 震仓阳线的成交量如果得不到有效放大，则介入应非常谨慎，仓位要轻。

激进型的投资者可在大幅震仓当日收盘前果断介入。稳健的投资者应该在后一日确认之后，果断加仓。

因这类走势属于行情启动前夕，低价位时机不会太多，操作上应该果断坚决。而资金规模大的投资者应把握单笔成交大小，不应超过盘中最大单的2/3，以免引起主力次日洗盘。

6. 跳空放量小阴线

跳空放量小阴线常出现于股价加速上升的启动初期，是一个短线买入信

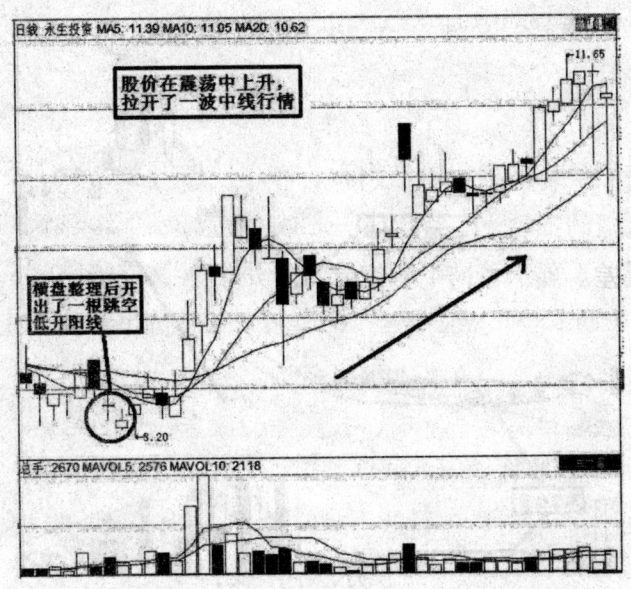

图 108 亚太实业低开阳线买入图解

号,宜快进快出。

股价在刚刚脱离底部区域之后,又经历了一段横盘整理。当成交量再次萎缩到接近前期地量,显示盘中筹码已清洗得比较干净,机构主力会趁机将股价迅速拉离其成本区域。所以,此后股价开始上扬,并且,某天突然跳空开盘,股价在巨大买盘推动下迅速拉升。随后,在短线获利盘的打压下,最终以小阴线报收,但收盘价仍较前一日收盘价为高,并留下了一个跳空缺口。此信号日K线虽然是一条通常留有上影的小阴线,但巨大成交量及留下的跳空缺口,却预示着低位买盘力量强劲,多方会乘胜追击,股价有望继续攀升。

例:兴业房产(600603)(现名 ST 兴业)(见图 109)。1998 年 5 月 11 日,股价在经过连续 3 日拉升之后,日 K 线收出了一个跳空放量小阴线。此后,股价连升 10 个交易日,从 12 元升至 18 元,升幅达 50%,如图 109 所示。

(1) 此信号出现于低价区,股价连续 2~3 个交易日上扬之后。

(2) 成交量要比前几个交易日大。

(3) 均线已呈多头排列。

(4) 留有跳空缺口。

(5) 第二天 K 线收阳可追进。

176 | 12套交易理论让你在家学完大师投资课

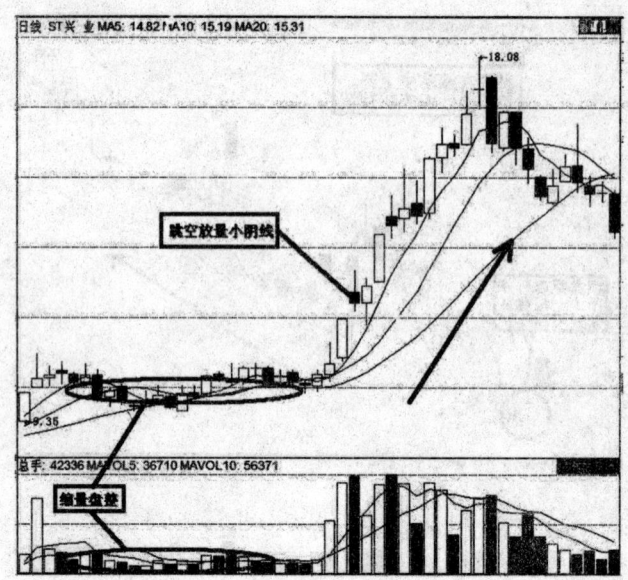

图109 兴业地产跳空阴线买入图解

第十二章 形态理论

一、形态理论的理论精要

1. 形态理论的基本概述

形态分析是技术分析的重要组成部分，它通过对市场横向运动时形成的各种价格形态进行分析，并且配合成交量的变化，推断出市场现存的趋势将会延续或反转。价格形态可分为反转形态和持续形态，反转形态表示市场经过一段时期的酝酿后，决定改变原有趋势，采取相反的发展方向，持续形态则表示市场将顺着原有趋势的方向发展。

股价的移动是由多空双方力量大小决定的。股价移动的规律是完全按照多空双方力量对比大小和所占优势的大小而行动的。

股价的移动应该遵循这样的规律：第一，股价应在多空双方取得均衡的位置上下来回波动。第二，原有的平衡被打破后，股价将寻找新的平衡位置。即持续整理，保持平衡→打破平衡→新的平衡→再打破平衡→再寻找新的平衡→……

2. 形态理论的分析假设

建立股票形态分析基于以下几种假设的成立：

（1）股票是具有典型统计特性的事物，它是按规律运行的。
（2）历史走势特别是近期走势对后来形态具有直接的影响。

(3) 股票的上涨是交易能量积累的结果，其中，主动性买盘中大单交易的影响具有决定意义。反之，股票的下跌也是量能释放的结果，其中主动性卖盘中大单具有决定性的影响。

(4) 具有一定规模的上涨一定是主力促成的，不能希望散户抬起一只股票。而有一定规模的下降则主要是散户所为。

(5) 所有的股票中都有主力存在。只是它们的性质不同，强弱不同，善恶程度不同，表现方式不同。表现主力所有性质和意图的最好方式是K线图。因为现有的股票信息除了K线外都可以低成本造假。K线是实实在在用金钱堆起来的。也就是说，K线造假是所有股票虚假信息中成本最高的一种。

3. 形态理论的必然规律

股票的形态是有其必然性的，也就是说，一只股票的形态的形成，是必然按它特定的规律往前走的。这是因为以下几点。

(1) 股价是主力掌握的。主力的操作方法有很多种，但进货→拉升→出货是铁律，少了任何一个环节，这个操作就没有完成。进货有进货形态，拉升有拉升形态，出货有出货形态，这三个环节最终会清楚地摆上K线图。主力操作手法的区别在于时间的长短，拉升的幅度和出货的方法。但有一条，它们是为了赚钱，这种游戏规则是永恒的。

(2) 后期形态必然是先期形态的结果，万事万物都有因果关系，这是一个哲学定理，股票当然不能例外，可以说，具有统计特性的股票在这一点上有过之而无不及。没有前面的积累，哪有后面的拉升？相反，没有前期的抛售，哪有后期的急跌？从这一点说，形态分析理论其实与波浪理论、均线理论、箱体理论等很多经典的股票理论是暗合的。

(3) 股价是有底和顶的。股价的底和顶分为大底、大顶和小底、小顶。正如波浪理论所描述的数波方法，其实就是底顶分析，但它有一个致命的弱点，就是你不知道从哪里数起，不知道在哪里结束，也就是不知道哪个是第一波，哪个是最后一波，这就导致波浪理论不能普及为大众掌握，有些分析师往往用其神秘的一面，说得头头是道，但他们是一错再错，原因就是他们自己也不知道从哪里数起，恐怕这个理论的原发者也有相当大的失算比例，否则在所有论述中为什么不把这一点进行结论性的表述而给分析师留下这么大的骗人空间？

但是我们看到,股价总是一波一波地运行,大底套着小底往前走,不论你能否把握它,它就这么不以人的意志为转移地走着。股票形态分析理论成功地解决了这一问题,它不仅可以用定性的方法指出股票底顶,而且探索建立了简便易行的数学模型、可以快捷地、高成功率地计算股票的中短期底顶价格,虽然其原理有待进一步论证,其精确率也有待进一步检验,但在当前没有一个更好的理论和模型的情况下,做到这一点也确实不易。

(4) 股票形态是可以分析和利用的。分析研究股票形态,最终目的只有一个,就是利用它赚钱。本学科的实质就是找出股票形态运行规律并加以利用,从而以最小的风险获得最大的收益。当投资者成了一个掌握了股票形态理论精髓又得到实战洗礼的一个形态高手时,就会纵横股场,得心应手,屡战屡胜。

二、形态理论的形态分析

1. 反转形态分析

反转形态是指股票价格改变原有的运行趋势所形成的运动轨迹。反转形态存在的前提是市场原先确有趋势出现,而经过横向运动后改变了原有的方向。反转形态的规模,包括空间和时间跨度,决定了随之而来的市场动作的规模,也就是说,形态的规模越大,新趋势的市场动作也越大。在底部区域,市场形成反转形态需要较长的时间,而在顶部区域,则经历的时间较短,但其波动性远大于底部形态。交易量是确认反转形态的重要指标,而在向上突破时,交易量更具参考价值。

常见的反转形态主要有:双重顶和双重底、头肩顶和头肩底、三重顶(底)形态、圆弧形态等。

以下是反转形态所共有的几个基本要点。

(1) 在市场上事先确有趋势存在,是所有反转形态存在的前提。

(2) 现行趋势即将反转的第一个信号,经常是重要的趋势线被突破。

(3) 形态的规模越大,则随之而来的市场动作也越大。

(4) 顶部形态所经历的时间通常短于底部形态,但其波动性较强。

（5）底部形态的价格范围通常较小，但其酝酿时间较长。

（6）交易量在验证向上突破信号的可靠性方面，更具参考价值。

2. 持续形态分析

所谓持续形态是指股票价格维持原有的运动轨迹。市场事先确有趋势存在，是持续形态成立的前提。市场经过一段趋势运动后，积累了大量的获利筹码，随着获利盘纷纷套现，价格出现回落，但同时对后市继续看好的交易者大量入场，对市场价格构成支撑，因而价格在高价区小幅震荡，市场采用横向运动的方式消化获利筹码，重新积聚了能量，然后又恢复原先的趋势。持续形态即为市场的横向运动，它是市场原有趋势的暂时休止。

与反转形态相比，持续形态形成的时间较短，这可能是市场惯性的作用，保持原有趋势比扭转趋势更容易。持续形态形成的过程中，价格震荡幅度应当逐步收敛，同时，成交量也应逐步萎缩。最后在价格顺着原趋势方向突破时，应当伴随大的成交量。

常见的持续形态有：三角形态、矩形形态、旗形、楔形形态等。

持续形态与反转形态的差异有以下两点：

（1）这类形态通常表示，图表上的横向价格伸展仅仅是当前趋势的暂时休止，下一步的市场运动将与事前趋势的原方向一致。

（2）另一个差别是它们的持续时间不同。反转形态的发展过程通常花费更长的时间，并且它也构成了主要的趋势变化。相反，持续形态通常为时较短暂，在更多的情况下，明显属于短暂形态或中等形态的类别。

3. 颈线分析

在接触形态分析过程中必然要接触到颈线（见图110），无论任何形态，不论是反转形态，还是整理形态，都以颈线的有效突破作为研判后市走向的依据。

何谓颈线？就人类而言，每个正常人都有颈，它是头部与身体的分水岭。一般而言，颈属于头的一部分，而头部与身体真正的分界线即是由左肩贯穿左颈部、右颈部而与右肩相连之直线，这条线被称为颈线。事实上颈线的意义十分简单，就是指一个形态的支撑与阻力。

回顾所有颈线的传统画法，仔细观察可以发现，几乎所有的底部颈线画

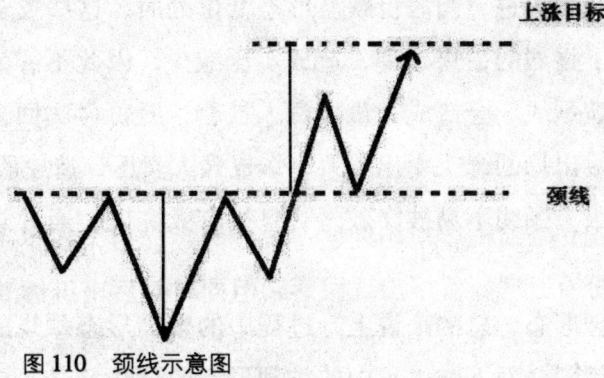

图 110 颈线示意图

法，基本上都是将每次反弹高点加以连接得出。而顶部颈线是将每次回落的低点加以连接形成的。

底部颈线的意义包括以下几项：

（1）心理预期。股价在连续下跌之后反弹，随后在某一价位处止涨回落，当股价再次上涨至这一价位处时，投资人就自然而然的担心这一价位是否会再次产生阻力，于是产生卖出观望的心理。同时短线客会产生高抛低吸的念头，在低点买进而在反弹高点卖出，以求利润最大化，每当股价涨至高点处就开始卖出。因为这些原因，使颈线处出现很大的卖压。

（2）平均成本。在整个底部形成过程中，很多投资人在这一价格区域买进股票，他们的平均成本都在颈线之下，一旦股价向上突破颈线，这些买进的投资人就全部获利，获利卖出的欲望，使颈线处出现强大卖压。

因为以上原因，所以颈线很难被突破。形态持续时间越长，颈线被冲击次数越多，越不易被突破，除非强大的购买力量介入，才会造成被突破的局面。既然有大量的资金介入，后市就极有可能开始大幅上涨。

顶部颈线的意义包括以下几项。

（1）心理预期。当股价在连续上涨过程中突然回落，在一价位处止跌继续上涨，当股价再次回落这一价位处时，很多投资人预期这一价位还会出现支撑，因而减少卖出。另一些高位卖出的短线客预计股价不会再跌，产生高抛低吸的念头在此买进，形成惜售和买进的力量。和底部颈线相同的是，这一点位被冲击的次数越多，这一价位处买进的意愿就越强。

（2）平均成本。一个顶部的形成不是一朝一夕可以完成，一方面，很多投资人在这一价位区域买进，当股价跌至形态低位处时，这些投资人就毫无利润可言，因此产生了强烈的惜售心理，造成卖压减少，因此不容易突破。另一方面，一旦股价跌破颈线，会造成大量投资人被套，股价再次回升到颈线处，投资人就会产生少亏出局的念头卖出股票，形成强大卖压，造成股价继续下跌。

因为以上原因，颈线不易被突破，一旦被有效突破，通常意味着行情已经发生反转。

另外还有整理形态，总的来说上升过程中的整理形态颈线的意义，与底部形态的颈线意义相同。而下跌过程中的整理形态的颈线意义，与顶部形态的颈线意义较为一致。不论是在上涨过程还是下跌过程中，只要一个形态形成，我们就应该迅速寻找这个形态的支撑与阻力，而不是仅仅是支撑或阻力。因为只要股价没有明显的选择波动方向，我们就不能断定它必然是涨是跌，而寻找支撑与阻力就是为了在第一时间，判断股价波动的方向，加以正确投资。

很多时候，颈线并不是水平的，常常略微向上或向下倾斜，这都不影响颈线的意义。重要的是，它必须正确的反映股价的支撑或压力。所以说颈线的意义是非常简单的，一句话就可以概括，就是代表一个形态的支撑与阻力。

确认股价向上，突破颈线的有效性，必须以当日收市价高于颈线的3%以上为依据，幅度越大越好。

之所以要求必须3%以上涨幅，这是因为大多数投资人在形态形成过程中，平均成本都在颈线附近，加上交易费用，股价涨至颈线处没有什么利润可言。另外还有一些投资者在其中屡次坐车，产生固执的念头——除非在新高价卖出，否则决不卖。只有新进场的力量，有能力使股价一口气推高至颈线3%以上，释放这些急于出局的筹码，才表明行情是由大资金推动造成的，确实选择了突破的方向。

将收盘价作为确认突破的依据，是因为当投资人发现股价某一天大幅突破之后，他们就会赶到交易所认真注视股价的波动，经过一天充分思考，在收盘价之前已经作出了买卖的指令，所以最具参考价值。而开盘价或者最高价，往往不是在大多数的持股人的关注中出现的，因此意义较小。

突破颈线当天的成交量必须放出大量。巨大的成交量代表高额的换手，表示低位买进的投资人获利回吐遭遇大资金进场产生。

但是放大到怎样的程度才算有效放大，在所有的技术分析书籍中并没有一个明确的说法。根据以往经验，一般来讲，向上突破之日的成交量，最少是在整个形态日均换手率2倍以上，才可以称为有效成交量，在这一基础上换手率越高越好。

对于确认股价向下突破的有效性，以突破当日收市价低于颈线的3%以上为依据即可，而不需要有成交量的配合。因为只要实质造成投资人较大的亏损，就可以造成恐慌。每当股价靠近颈线时，就会出现卖压，而不需要实质换手。

三、形态理论的形态实战

1. 双重顶反转形态

一只股票上升到某一价格水平时，出现大成交量，股价随之下跌，成交量减少。接着股价又升至与前一个价格几乎相等之顶点，成交量再随之增加却不能达到上一个高峰的成交量，再第二次下跌，股价的移动轨迹就像M字。这就是双重顶，又称M头走势（见图111）。而在众多表示头部的技术形态中，反复的双重顶是被提及最多的一种。

双重顶反转形态

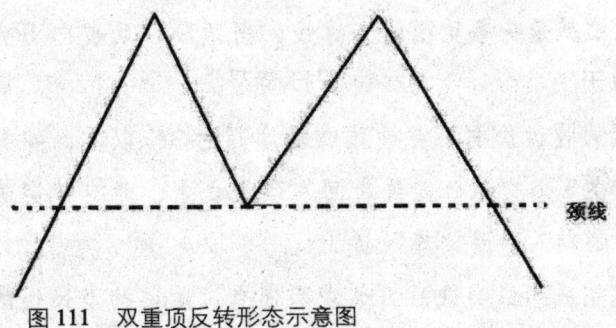

图111　双重顶反转形态示意图

判断双重顶最重要的条件是趋势。当市场或者个股处于上升的大趋势中，一些所谓的双重顶往往会演绎成双重底的形态。当然，有的个股在顶部之后出现较大幅度的下调,之后再度上涨到前期高位后再度下跌,形成了真正意义上的头部。需要了解的是,形成双重顶的内在因素是由于介入的主力资金被套后,无法顺利出局,因此被迫再度拉高,以便择机出局。这其实是一种无奈的举动。

其实,所谓双重顶更多地出现在下降通道当中。由于市场上往往有超跌抢反弹的资金在前期的低点附近做多,又在前期的高点附近做空,从而导致了双顶的形成。此时技术形态表现出来的特征往往是第二个头部低于第一个头部,这是通常出现的情况。这种下降通道中形成的双顶意味着短期的抵抗结束,市场再度向下走低。一般而言,也意味着其形成的箱体中箱底的位置具有较强支撑,是未来值得关注的位置。

那么双重顶的特征有哪些呢?

(1)双重顶的两个高点(顶部)不一定在同一水平,一般只要两者之间相差不大于10%左右的幅度就不会影响形态的分析意义。

(2)在第一个顶部形成之前,股价从底部启动后已经有了相当大的涨幅。

(3)就成交量而言前面一个顶部的成交量大多数会大于后面一个顶部的成交量。

(4)双重顶的形成周期至少在1个月以上,如果双顶形成的时间少于1个月就很可能是失败的双重顶。

为了方便读者判断,现将双重顶的研判标准总结如下。

(1)双重顶形态中的颈线位在实战中具有较强的参考意义。股价在颈线以上运行时,颈线位就是一条重要的支撑线,当颈线一旦被向下有效突破就成为极强阻力线。

(2)当股票的收盘价向下突破颈线幅度超过3%以上,并有较大的成交量放出,而且不能在3个交易日内重新回到颈线之上,为有效突破。颈线一旦被突破,股价将开始步入漫漫"熊"途。

(3)股价在完成颈线突破后,通常都还有一次反抽至颈线的机会,此时投资者应把握这最后的出货机会,卖出自己部分或全部的股票。

(4)双重顶的形态在第一个峰顶区堆积着大量的筹码,而在第二个顶峰的成交量一般将比第一个顶部减少。

(5) 双重顶在反转形态一旦形成，其准确性和杀伤性很大。当股价有效向下跌破颈线后其下跌幅度最少相当于从最高点的一个顶点到颈线的垂直距离，此即基本跌幅，而实际中双重顶的下跌幅度往往超过基本量度跌幅。

(6) 双重顶形态中有时也会有"多头陷阱"情况，即第二个顶部比第一个顶部高，使人们误以为又一波升势将要来临。当人们在突破买入情况下，股价却掉头向下，构筑了第二个顶部，这就是"多头陷阱"。

(7) 股价上升过程中的正常回调，哪怕跌幅在20%以上，也不能把它当成双重顶形态来对待，只有股价有效跌破颈线时才考虑是不是双重顶形态。

(8) 双重顶形态中形成的时间跨度越大，反转形态越能成立。如果两顶之间间隔很近，就可能是整理形态，而非大势反转。

而在实战中，投资者必须遵循以下原则操作双重顶形态：

(1) 双头的两个最高点并不一定在同一水平，两者相差小于3%是可接受的。通常来说，第二个头可能比第一个头高出一些，原因是看好的力量企图推动股价继续再升，可是却没法使股价上升超逾3%的差距。

(2) 双头的两个高峰都有明显的高成交量，这两个高峰的成交量同样尖锐和突出，但第二个头部的成交量较第一个头部显著为少，反映出市场的助买力量已在转弱。双头跌破颈线时，不须成交量的上升也应该信赖。

例：嘉宝集团（600622）（见图112）2009年从11月初至12月末走出了一个标准的双重顶形态，随后股价由12月8日的16.10元一路跌至12月22日的11.30元，累计跌幅达29%。

(3) 短线操作者不能等双顶形成后才开始行动，而应该提前做好准备。假如第一个顶点出现后股价的跌幅较深（第一个顶点与下跌后的最低点相差达8%以上），其后股价再度上升到第一个顶点附近时，而当时的成交量与前期相比显著减少，这就要怀疑它有可能构成双顶，此时就应该减仓操作。另外，投资者也可以利用趋势线来确定卖出点，股价形成一个高点后回落，落到一定价位后止跌回升，升到一定高度后又回落，形成第二个高点。当股价从第二个高点回落，跌破第二个上升趋势的趋势线时，便应该卖出该股。当股价从第二高点回落，跌破前面时间稍长一点的上涨趋势线时，应作为短线的第二个出货点。如果股价不击穿颈线，又恢复以前的升势，短线仍可以买入持有。当然，

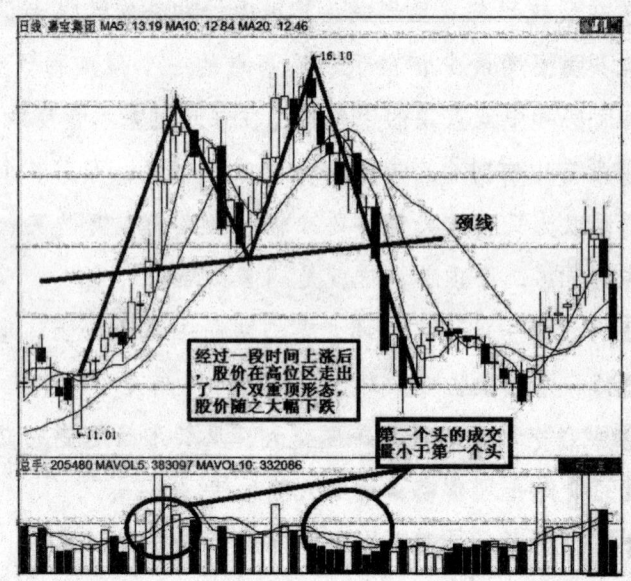

图 112　嘉宝集团双重顶形态图解

颈线被向下击穿时,投资者要坚决清仓。

2. 双重底反转形态

一只股票持续下跌到某一平底后出现技术性反弹,但回升幅度不大,时间亦不长,股价又再下跌,当跌至上次低点时却获得支持,再一次回升,这次回升时成交量要大于前次反弹时成交量。股价在这段时间的移动轨迹就像 7 字,这就双重底,又称 7 走势(见图 113)。

双重底反转形态

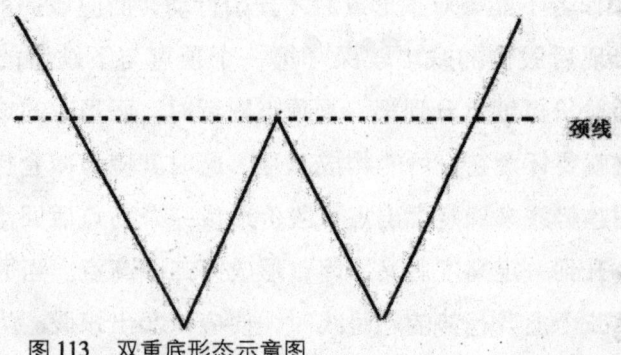

图 113　双重底形态示意图

股价从高位下来,经过较长时间的大跌,成交量越来越少,买卖股票的人数很少，市场出现低量低价的特征，而且经过前期的大幅下跌，股价已经跌无可跌，但此时股票的投资或投机价值出现，一些先知先觉的主力庄家开始悄悄进场吸货，成交量开始慢慢放大，股价小幅上升。

股价在上升途中，一些短线资金也开始买入，这使得主力很难买到更多的便宜筹码，而且随着股价的上升所遇到的短线压力也越来越大，因此，当股价上涨到一定的高度遇到阻力后，股价在本身压力和主力的故意打压的双重合力下再次下跌。

随着股价的第二次探底企稳，股价在低位盘整，成交量也慢慢萎缩，买卖双方相持不下。股价又进入一个短暂的低价低量的交易平衡状态。但这种短暂的平衡随着主力资金再次入场而很快被打破，股价在主力和其他资金的推动下迅速向上攀升，成交量也再次放大。

在买盘的推动下，股价一举冲过前期高点后，经过短暂的调整，确认双重底突破有效后，股价在大的成交量的配合下，重新开始一轮涨势。

那么双重底的研判标准有哪些呢？

（1）双重底形态中的颈线在实战中具有较强的参考意义。股价在颈线之下，颈线就是一条重要的长期压力线，当颈线一旦被有效突破后，它就是一条极重要的长期支撑线。

（2）当股价的收盘价向上突破颈线幅度超过3%以上，并伴有大的成交量放出时，为有效突破，股价将进入一个较长的上涨阶段。

（3）一般情况下，股价在完成颈线突破后，都有一个短暂的向下回落过程（3个交易日以内），确认颈线是否有效突破。而股价只要不跌破颈线就会很快向上拉升，投资者应抓住这个最好的中短线机会，大部分或全部买入股票。

（4）股价在向上突破颈线时一定要有比较大的成交量配合，而在以后的股价上升过程中成交量不一定会大量放出，只要成交量不过度萎缩就没有关系。

（5）双重底形态一旦形成，则其准确性很高且向上突破的力度很强。股价有效向上突破颈线后，其上升的幅度最少相当于底部至颈线的垂直距离，即基本量度升幅（基相上涨空间）。而且实际中双重底的上升幅度往往会超过基本量度升幅，特别是流通股在1亿股以下的中小盘股。

（6）颈线和基本量度升幅是双重底形态中两个重要的研判标准，在实际研判和操作中，投资者一定要加以注意。

（7）双重底的两个底点（即底部）往往不是在同一水平，只要两者之间幅度相差不超过10%就不影响分析。在一般情况下，双重底形态中后一底应该比前一个底位置要高，而且后一个底的成交量要大于前一个底的成交量，这样的双底形态更为可靠。

在实战中，双重底的操作主要有以下三点：

（1）当出现"W"底时，即表示调整结束，在可见的一段时间里企稳回升。

（2）当"W底形成时，我们可以肯定双底的最低点就是底部，突破颈线可以抄底。

（3）"W"底最少升幅的量度方法，是由颈线开始计起，至少会再上涨从双底最低点至颈线之间的差价距离。

例：兖州煤业（600188）（见图114）。2000年9月6日，该股以9.10元探底，随后股价向上弹升，在9.80元处再度回落，以9.15元触底后再次回升，这样就在低价区形成了一个双重底形态。后市股价大幅上涨，一路涨至12.49元。

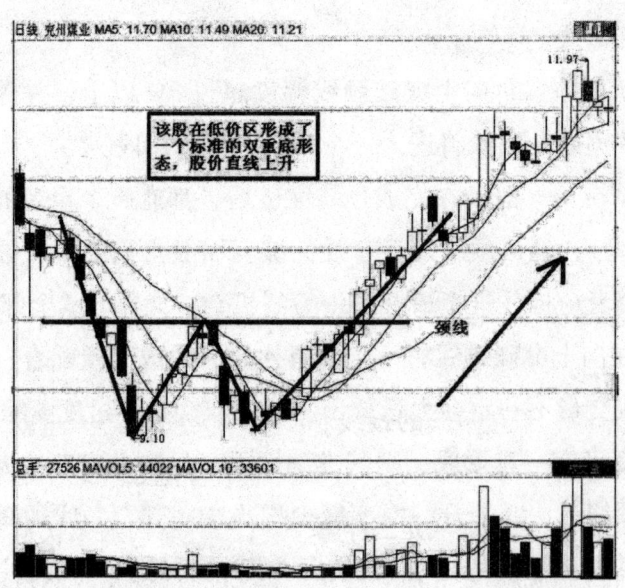

图114　兖州煤业双重底形态买入图解

此外，在应用双重底抄底的过程当中，投资者还应该注意，双底形成过程当中，有两个最好的买点：一是在二次探底时适当买入；二是股价突破颈线时加码买入。而且，在突破双底颈线时，应该带有明显放大的成交量，否则，突破的效应可能大打折扣。当然，如果股价在二次探底时，并没有形成企稳，反而下破前面的低点，再次探出新低，则说明双底形态流产，投资者应该注意止损出局。

3. 三重顶反转形态

三重顶又称为三尊头。它是以三个相约之高位而形成的转势图表形态，通常出现在上升市况中。典型的三重顶，通常出现在一个较短的时期内及穿破支持线而形成。另一种确认三重顶的讯号，可从整体的成交量中找到。在图形形成过程中，成交量随即减少，直至价格再次上升到第三个高位时，成交量便开始增加，形成一个确认三重顶讯号（见图115）。

三重顶形态

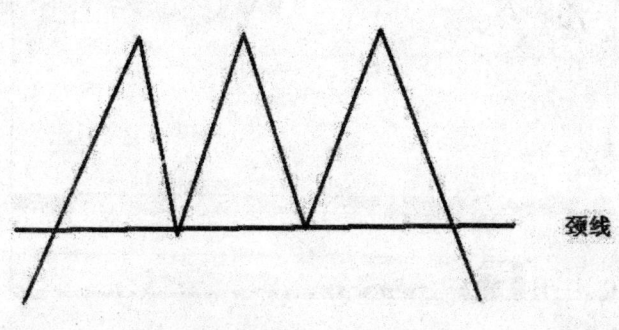

图115　三重顶形态示意图

三重顶底形态是头肩形态的一种小小的变体，它是由三个一样高或一样低的顶或底组成。另外，三重顶底的颈线和顶底线是水平的，这就使得三重顶底具有矩形的特征。比起头肩形来说，三重顶底更容易演变成持续形态，而不是反转形态。另外，如果三重顶底是三个顶（或底）的高度依次从左到右是下降（上升）的，则三重顶底就演变成了直角三角形形态。这些都是我们在应用三重顶底时应该注意的地方。

为了帮助投资者更好地辨认三重顶形态，现将其形态特征总结如下：

(1) 三重顶之顶峰与顶峰的间隔距离与时间不必相等,同时三重顶之底部不一定要在相同的价格形成。

(2) 三个顶点价格不必相等,大至相差3%以内就可以了。

(3) 三重顶的第三个顶,成交量非常小时,即显示出下跌的征兆。

(4) 从理论上讲,三重顶最小涨幅或跌幅,顶部愈宽,力量愈强。

(5) 三重顶的三个头部之中,有时也会形成圆形顶的形态。

在三重顶的要素中,最关键的是最低点的形成,投资者通常以它作为主要支持线,当价格出现双顶后回落至接近颈线(支持位),然后再次反弹至原先双顶的位置,并遭遇阻力后回落。若价格跌破颈线,便会大幅滑落,三重顶图形已被确认(见图116)。

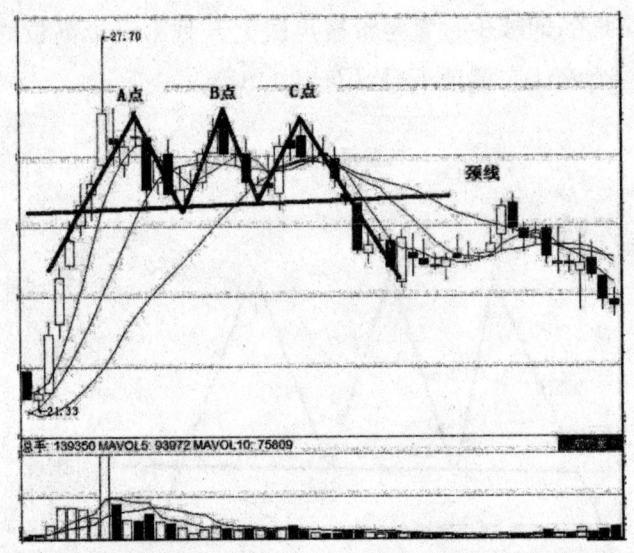

图116 三重顶形态图解

图116显示,当价格上升到A点,交易徘徊在这区域数个交易日后,仍未成功穿破B点与C点之阻力位。在没有需要的情况下,价格开始回落,而且跌破三重顶图形的支持位,确认了下跌趋势图形。随后再升回此价位,尝试穿破这图形形成的阻力位(前市的支持位)。

在这里要提醒投资者注意以下两个问题:

(1) 三重顶(底)形态结合MACD和均线一起运用,更能提高在实战中投资的准确性和安全性。

（2）它可以在顶部或底部的震荡中做些短线，入、出场时机可参考支撑与阻力，即震荡区间中的明显高位或低位。

三重顶完成后，股价未跌破颈线前，并不适于做卖出委托，因为反转时间尚未成熟，主力与做手尚未抛出手中持有的大部分股票或尚未买足预定的数量前，仍欲使股价继续整理，直到三重顶完成后，方才进行反转，突破颈线下跌。此时便是卖出时机。

例：荣华实业（600311）（见图117），2007年5月26日，到第一个高点12.38元，是庄家拉升，散户抛货，庄家吸了筹码，但没有吸够，于是抛出一根无量的-20%墓碑线再吸筹码。6月12日马上又出来第二个高点12.28元，但散户没有跟进，庄家没有机会出货，庄家顺势打压，7月9日11.39元，第三个高点出来，一个三重顶形态逐渐形成了。随后庄家高位横盘出货成功，股价就一路下跌到6.10元。

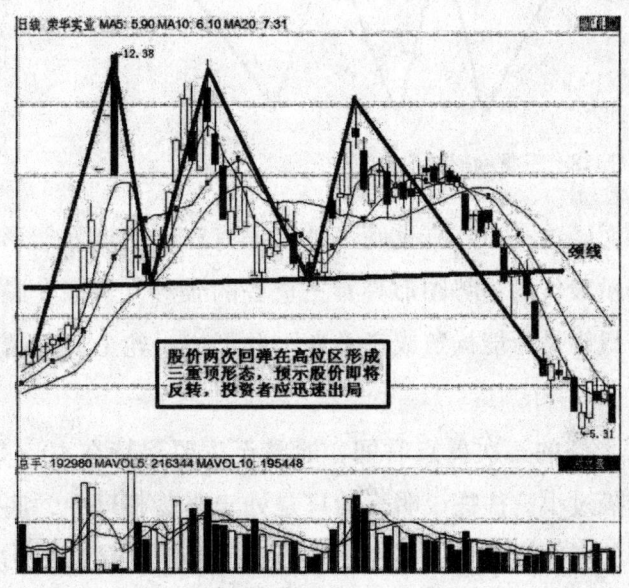

图117　荣华实业三重顶卖出图解

"三重顶"形成后，持有多头部位的投资者，大多会在此平仓。与此同时，也有人会在"三重顶"出现时做空两股空头力量汇集在一起，价格就会向下跌落，所以第三个顶部出现后，第四个顶部是很少见到的，持有多头部位的投资者，应在第三个顶部出现时平仓，平仓后，还可以反手做空。

4. 三重底反转形态

三重底在跌市中以三点相约之低点而形成。一种确认三重底的信号是在价格向上摆动时，发出重大转向信号。与三重顶相比，三重底图形通常拖延数月时间及穿破阻力线才被确认为三重底图形（见图118）。另一种确认三重底信号的方法，可从成交量中找到。当图形形成过程中，成交量会减少，直至价格再次上升到第三个低位时，成交量便开始增加，形成一个确认的三重底信号。

三重底形态

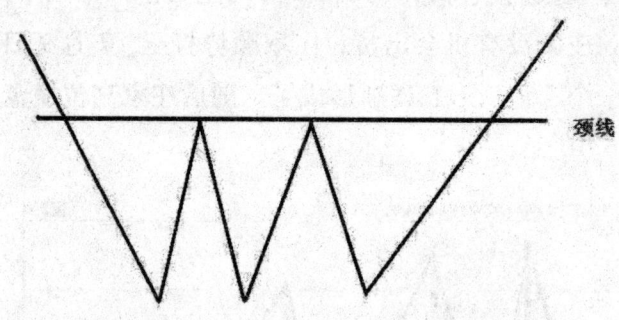

图118 三重底形态示意图

投资者必须明确这一点：三重底不是依据有三个低点就能形成的，三针探底的形态只能表示股价的走势图形具有三重底的雏形，未来发展极有可能向三重底演化，至于最终是否能构筑成三重底，并形成一轮上升行情，还需要进一步的检验。

（1）三重底形态的三次低点时间，通常至少要保持在 10~15 个交易日以上，如果时间间隔过小，往往说明行情只是处于震荡整理中，底部形态的构筑基础不牢固，即使形成了三重底，由于其形态过小，后市上攻力度也会有限。

（2）三重底的三次上攻行情中，成交量要呈现出逐次放大的势态，否则极有可能反弹失败。如果大盘在构筑前面的双底形态时，在期间的两次上升行情中，成交量始终不能有效放大的话，将极有可能导致三重底形态的构筑失败。

（3）在三重底的最后一次上攻行情中，如果没有增量资金积极介入的放量，仍然会功败垂成。所以，三重底的最后一次上涨必须轻松向上穿越颈线位时才能最终确认。股价必须带量突破颈线位，才能有望展开新一轮升势。

例如：大连控股（600747）（见图119）分别在2003年的3月27日、4月9日和4月29日3天形成了3次探底过程。该股的3次探底动作，在相互之间的时间跨度大致相等，而且3次探底的低点位置也比较接近，分别是6.23元、6.19元和6.25元，高低仅有0.06元的差距，完全符合三重底的基本技术要求。5月中旬，大连控股放量突破三重底的颈线位置。此后，该股逆势强劲上涨，在股指下跌100多点的期间，该股竟然上涨了30%多。

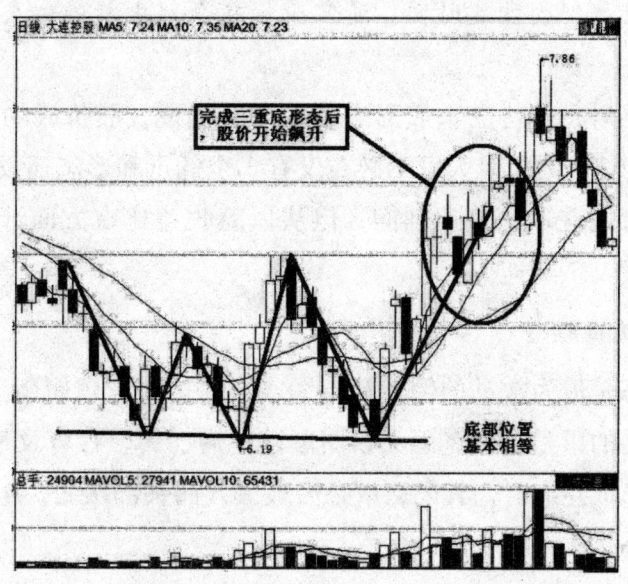

图119 大连控股三重底形态图解

投资者在实际操作中不能仅仅看到有三次探底动作，或者已经从表面上形成了三重底，就一厢情愿的认定是三重底而盲目买入，这是非常危险的。因为，有时即使在走势上完成了形态的构造，但如果不能最终放量突破其颈线位的话，三重底仍有功败垂成的可能。

所以三重底的最佳买入时机是：

（1）在股价有突破颈线位的确定性趋势并且有成交量伴随时是激进型投资者买入时机。

（2）在股价已经成功突破颈线位时是成熟型投资者买入时机。

（3）在股价已经有效突破颈线位后的回档确认时是稳健型投资者买入时机。

投资者在正确把握好三重底的介入时机买入股票后，就需要掌握三重底的最佳卖出价位。这需要研判三重底的上涨力度并推算大致的上涨力度。

一般说来，三重底的上涨力度，主要取决于以下因素：

（1）股价从三重底的第三个底部上升时，成交量是否能持续性温和放大。

（2）股价在向上突破颈线位的瞬间时成交量是否能够迅速放大。

（3）三重底的低点到颈线位的距离。距离越远，形态形成后的上攻力度越强。

（4）股价在底部的盘旋时间。通常股价在底部盘旋的越久，其上涨力度越大。

投资者需要耐心等待三重底形态彻底构筑完成，股价成功突破颈线位之后，才是最佳的建仓时机。大可不必在仅有3个低点和形态还没有定型时过早介入，虽然有可能获取更多地利润，但从风险收益比率方面计算，反而得不偿失。

5. 头肩顶反转形态

头肩顶形态是最为常见的倒转形态图表之一。头肩顶跟随上升市势而行，并发出市况逆转的讯号。顾名思义，图形以左肩、头、右肩及颈线组成。当3个连续的价格形成左肩时，其成交量必需最大，而头部次之，至于右肩应较细（见图120）。

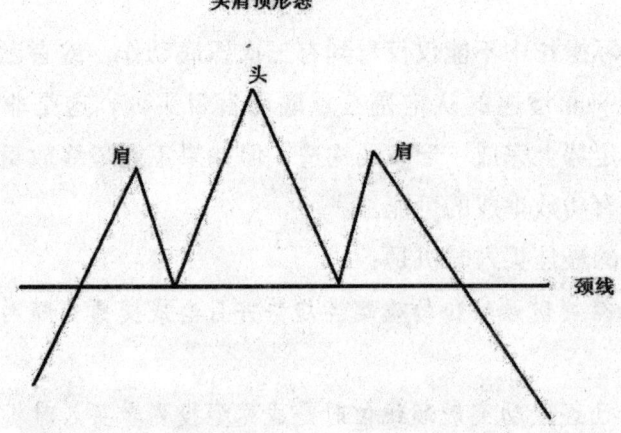

图120 头肩顶形态示意图

股价在上升途中出现了3个峰顶，这3个峰顶分别称为左肩、头部和右肩。

从图形上看左肩、右肩的最高点基本相同,而头部最高点比左肩、右肩最高点要高。另外股价在上冲失败向下回落时形成的两个低点又基本上处在同一水平线上。这同一水平线,就是通常说的颈线,当股价第三次上冲失败回落时,这根颈线就会被击破。于是头肩顶上式宣告成立。在头肩须形成过程中,左肩的成交量最大,头部的成交量略小些,右肩的成交量最小。成交量呈递减现象,说明股价上升时追涨力量越来越弱,股价有涨到头的意味。

而头肩顶走势,可以划分为以下不同的部分:

(1) 左肩部分——持续一段上升的时间,成交量很大,过去在任何时间买进的人都有利可图,于是开始获利沽出,令股价出现短期的回落,成交较上升到其顶点时有显著的减少。

(2) 头部——股价经过短暂的回落后,又有一次强力的上升,成交亦随之增加。不过,成交量的最高点较之于左肩部分,明显减退。股价升破上次的高点后再一次回落。成交量在这次回落期间亦同样减少。

(3) 右肩部分——股价下跌到接近上次的回落低点又再获得支持回升,可是,市场投资的情绪显著减弱,成交较左肩和头部明显减少,股价没法抵达头部的高点便告回落,于是形成右肩部分。

(4) 突破——从右肩顶下跌穿破由左肩底和头部底所连接的底部颈线,其突破颈线的幅度要超过市价的3%以上。

简单来说,头肩顶的形状呈现3个明显的高峰,其中,位于中间的一个高峰较其他两个高峰的高点略高。至于成交量方面,则出现梯级型的下降。

头肩顶是一个不容忽视的技术性走势,我们从这形态可以观察到好淡双方的激烈争夺情况。

初时,看好的力量不断推动股价上升,市场投资情绪高涨,出现大量成交,经过一次短期的回落调整后,那些错过上次升势的人在调整期间买进,股价继续上升,而且攀越过上次的高点,表面看来市场仍然健康和乐观,但成交已大不如前,反映出买方的力量在减弱中。那些对前景没有信心和错过了上次高点获利回吐的人,或是在回落低点买进作短线投机的人纷纷沽出,于是股价再次回落。第三次的上升,为那些后知后觉错过了上次上升机会的投资者提供了机会,但股价无力升越上次的高点,而成交量进一步下降时,差不多可以肯定过去看好的乐观情绪已完全扭转过来。未来的市场将是疲弱无力，一次大幅的下跌即将来临。

对此形态的分析是：

（1）这是一个长期性趋势的转向形态，通常会在牛市的尽头出现。

（2）当最近的一个高点的成交量较前一个高点为低时，就暗示了头肩顶出现的可能性；当第三次回升股价没法升抵上次的高点，成交继续下降时，有经验的投资者就会把握机会沽出。

（3）当头肩顶颈线击破时，就是一个真正的沽出信号，虽然股价和最高点比较，已回落了相当的幅度，但跌势只是刚刚开始，未出货的投资者继续沽出。

（4）当颈线跌破后，我们可根据这次形态的最少跌幅量度方法预测股价会跌至哪一水平。这个量度的方法是——从头部的最高点画一条垂直线到颈线，然后在完成右肩突破颈线的一点开始，向下量出同样的长度，由此量出的价格就是该股将下跌的最小幅度。

招商银行（600036）（见图121）在2007年8月24至2008年1月14期间，经过94个交易日的运行，股价形成明显的3个波峰，且成交量依次递减，2008年1月22日价格跌破颈线（线1）头肩顶形态完成，价格走熊，中线交易者应选择卖出股票。按照头肩顶价格测算原则，头部到颈线的竖直高度平移到颈线破位点，得到目标价格，即途中线2所示。价格在2008年3月18日跌到目标价格附近反弹，但最终没能回到颈线上方，后市下跌再创新低。

在实战中，投资者还应注意以下要点。

（1）一般来说，左肩和右肩的高点大致相等，部分头肩顶的右肩较左肩为低。但如果右肩的高点较头部还要高，形态便不能成立。

（2）如果其颈线向下倾斜，显示市场非常疲乏无力。

（3）在成交量方面，左肩最大，头部次之，而右肩最少。不过，根据有些统计所得，大约有1/3的头肩顶左肩成交量较头部为多，1/3的成交量大致相等，其余的1/3是头部的成交大于左肩的。

（4）当颈线跌破时，不必成交增加也该信赖，倘若成交在跌破时激增，显示市场的抛售力量十分庞大，股价会在成交量增加的情形下加速下跌。

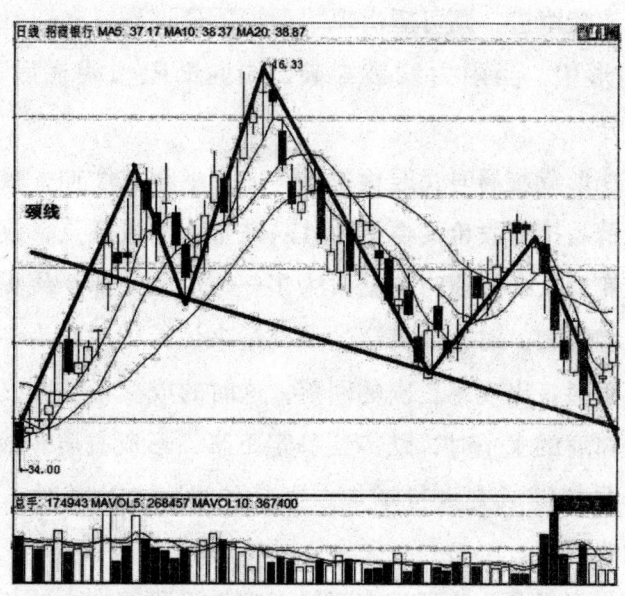

图 121　招商银行头肩顶形态图解

（5）在跌破颈线后可能会出现暂时性的回升（后抽），这情形通常会在低成交量的跌破时出现。不过，暂时回升应该不超越颈线水平。

（6）头肩顶是一个杀伤力十分强大的形态，通常其跌幅大于量度出来的最少跌幅。

（7）假如股价最后在颈线水平回升，而且高于头部，又或是股价于跌破颈线后回升高于颈线，这可能是一个失败的头肩顶，不宜信赖。

6. 头肩底反转形态

头肩底跟随下跌市势而行，并发出市况逆转的讯号。顾名思义，图形以左肩、头、右肩及颈线组成。3个连续的谷底以中谷底（头）最深，第一及最后谷底（分别为左、右肩）较浅及接近对称，因而形成头肩底形态。当价格一旦升穿阻力线（颈线），则出现较大幅上升。

成交量可为头肩底形态充当一个重要的指标，在大多数例子中，左肩较右肩和头部为大，下降的成交量加上头部创新低可充当第一个警号，警戒市势正在水平线上逆转。

第二个警号是当价格由头部的顶峰上升时，即价格向上突破颈线后，再次回落至颈线支持位，然后才大升。最后逆转讯号是在价格向上窗破颈线后，把握时机入货，若未能跟进，则可望出现"后抽"回试颈线支持位时买入。

在大多数图形中，当阻力线被穿破，相同的阻力线在后市中转变为支持线。

头肩底形态在形成左肩时，股价下跌，成交量相对增加，接着为一次成交量较小的次级上升。接着股价又再下跌且跌破上次的最低点，成交量再次随着下跌而增加，较左肩反弹阶段时的交投为多——形成头部；从头部最低点回升时，成交量有可能增加。对整个头部的成交量来说，较左肩为多。当股价回升到上次的反弹高点时，出现第三次的回落，这时的成交量很明显少于左肩和头部，股价在跌至左肩的水平时，跌势便稳定下来，形成右肩。最后，股价正式策动一次升势，且伴随成交大量增加，当其颈线阻力冲破时，成交更显著上升，整个形态便告成立。

头肩底的分析意义和头肩顶没有两样，它告诉我们过去的长期性趋势已扭转过来，股价一次再一次的下跌，第二次的低点（头部）显然较先前的一个低点为低，但很快地掉头弹升，接下来的一次下跌股价未跌到上次的低点水平已获得支持而回升，反映出看好的力量正逐步改变市场过去向淡的形势。当两次反弹的高点阻力线（颈线）打破后，显示看好的一方已完全把淡方击倒，买方代替卖方完全控制整个市场。

例：重庆啤酒（600132）（见图122），从2004年3月初到2006年1月底近两年时间的周K线就是一个比较标准的头肩底形态。该股从2004年3月5日最高价19.78元下跌到2005年6月10日头部最低价6.45元，跌幅达到67.39%。2004年9月初形成左肩，2005年12月初形成右肩，颈线位价格约12.50元。2006年1月下旬放量突破颈线位。

按理论升幅度量方法，突破颈线位后相对12.50元的理论升幅约为93%。而该股实际上之后经过股改每10股转增3.85股和分红每10股转增3股两次转增股本，2007年6月13日最高价还涨到54元，远远超过理论升幅。当然这其中有正逢大牛市的原因。

而在实战中，投资者应注意以下要点：

（1）头肩顶和头肩底的形状差不多，主要的区别在于成交量方面。

（2）当头肩底颈线突破时，就是一个真正的买入信号，虽然股价和最低点

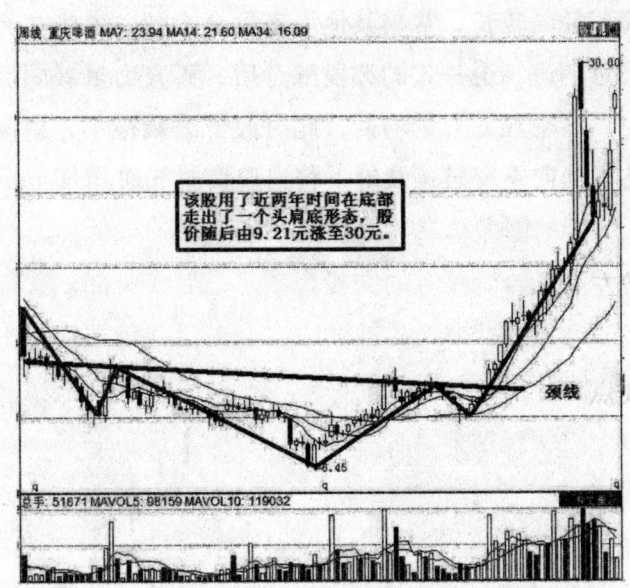

图122　重庆啤酒头肩底形态图解

比较，已上升一段幅度，但升势只是刚刚开始，表示买入的投资者应该继续追入。其最少升幅的量度方法是从头部的最低点画一条垂直线相交于颈线，然后在右肩突破颈线的一点开始，向上量度出同样的高度，所量出的价格就是该股将会上升的最小幅度。另外，当颈线阻力突破时，必须要有成交量激增的配合，否则这可能是一个错误的突破。不过，如果在突破后成交逐渐增加，形态也可确认。

（3）一般来说，头肩底形态较为平坦，因此需要较长的时间来完成。

（4）在升破颈线后可能会出现暂时性的回跌，但回跌不应低于颈线。如果回跌低于颈线，又或是股价在颈线水平回落，没法突破颈线阻力，而且还跌低于头部，这可能是一个失败的头肩底形态。

（5）头肩底是极具预测威力的形态之一，一旦获得确认，升幅大多会多于其最少升幅的。

7. 圆弧顶反转形态

圆弧顶形态（见图123）比较少见。圆弧顶形态代表趋势很平缓的、逐渐的变化。在顶部，交易量随着市场的逐步转向而收缩。最后，当新的价格方向占据主动时，又相应地逐步增加。圆弧顶是见顶图形，预示后市即将下跌。圆弧顶整个形态完成耗时较长，常与其他形态复合出现。市场在经过初期买方力量略强于卖方力量的进二退一式的波段涨升后，买方力量减弱而卖方力量却不断加强，中期时，多空双方力量均衡，此时股价波幅很小，后期卖方力量超过买方，股价回落，当向下突破颈线时，将出现快速下跌。

圆弧顶形态

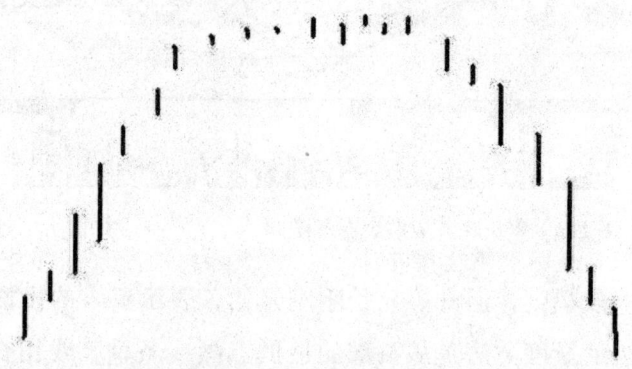

图 123　圆弧顶形态图解

从形态上来看，在到达圆弧顶的顶点之前，股价呈弧形上升，虽不断创出新高，但涨不了多少就回落，只是比前一个高点稍高而已，随后涨升到顶点附近时卖压加大，高点走平，出现盘局，最后是每波回升点都略低于前点，把这些短期高点连接起来，就形成了圆弧顶，在成交量方面是逐级减少，表明追涨乏力，当突破颈线时，技术派会止损出局，成交量会稍有放大。个股出现圆弧顶，则要警惕庄家水煮青蛙式的出货。

一般说来，圆弧顶形成的特征及条件如下。

（1）在形态形成的初期市场中往往弥漫着极度乐观的气氛。

（2）成交量没有固定明显的特征，盘面上有时出现巨大而不规则的成交量，一般呈 V 形，有时也呈圆顶形状。

（3）圆顶反转的理论目标点位价格很难确定，一般只有通过支撑压力、百分比、黄金分割等方法来预测价格。

（4）有时当圆形头部形成后，股价并不马上快速下跌，只是反复横向发展形成徘徊区域，当股价一旦向下突破这个横向区域，就会有加速下跌的趋势。当出现圆弧顶走势后我们可以遵循以下的操作策略。由于圆形顶没有像其他图形有着明显的卖出点，但其一般形态耗时较长，有足够的时间让投资者依照趋势线、重要均线及均线系统卖出逃命。

在实战操作中，投资者应注意以下要点：

（1）圆弧顶突破后的最小跌幅一般是圆弧颈线到圆弧顶最高点之间的垂直距离。

（2）圆弧顶的理论下跌目标位很难确定，一般只有通过支撑位、百分比、黄金分割等方法来预测。

（3）成交量没有固定特征，一般呈逐级递减，在股价开始上升时成交量增加，在升至顶部时显著减少，在股价下滑时，成交量又开始稍放大，有时也出现巨大而不规则的成交量，有时也会呈圆顶形状或v形。

（4）圆弧顶多出现于绩优股中，由于持股者心态稳定，多空双方力量很难出现急剧变化，主力在高位慢慢派发，k线易形成圆弧顶。

圆弧顶形态一般在沪市中出现较多，一旦出现这种形态，投资者就可以按照以下操作策略操作：

（1）由于圆弧顶形态耗时较长，没有像其他图形有着明显的卖出点，但其有足够的时间让投资者依照趋势线、重要均线系统及其他指标在形成之前及早退出。

（2）圆弧顶最小跌幅为圆弧顶至颈线的垂直距离，在跌破颈线3%，向下突破确立后，可采取卖出策略。

（3）在圆弧底末期，股价跌到一定程度时，会引起持股者恐慌，会使跌幅加剧，常出现跳空缺口或大阴线，此时是一个强烈的出货信号，应果断离场。

（4）圆弧顶成交量多呈现不规则状，一旦圆顶右侧量小于左侧量甚为明显时，圆弧顶形成的概率就高。随时关注，当感觉有风险时，可考虑提前卖出。

湘电股份（600416）（见图124）自2002年7月18日上市翻番高定位以后，在2002年8月6日创出14.09元的最高价，到2002年10月初正式向下破位，时间跨度近3个月，从时空上看已具备形成圆弧顶的条件。其中7月18日至8月6日期间形成圆弧顶的上升半圆，8月6日至10月10日形成圆弧顶的下跌半圆。10月11日一根跌幅近8%的巨阴，使股价一举跌破了圆弧顶的颈线，而后到11月8日反弹到12.5元则是其回抽确认段。湘电在10月11日的破位巨阴为止损点，回抽中在11月8日创出12.5元的中阴为最后的止损点。

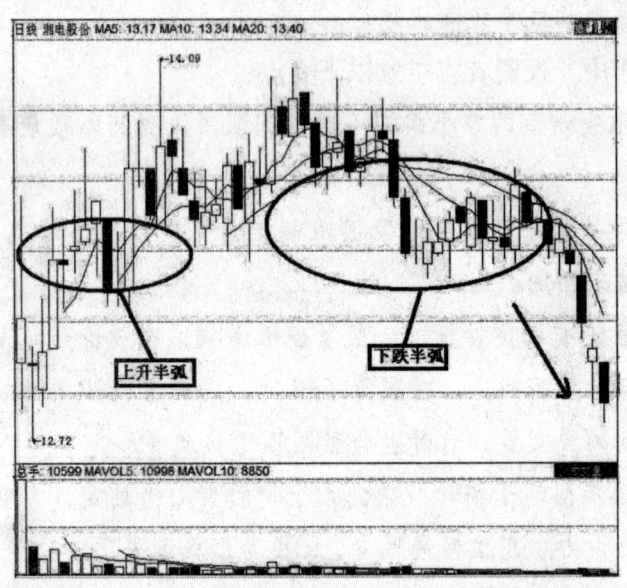

图124　湘电股份圆弧顶形态图解

有时当圆弧顶形成后，股价并不立刻下跌。而是反复横向发展，形成徘徊区域，称作碗柄。一般来说碗柄很快便会被突破，股价会继续朝着预期中的下跌方向发展，但却提供给了投资者在下跌之前一个退出的机会。

8. 圆弧底反转形态

圆弧底（见图125）是指呈圆弧状的一种不太常见的底部反转形态，又称为"蝶形""圆形""碗形"等。圆弧底形态属于一种盘整形态，多出现在价格底部区域，是极弱势行情的典型特征。

从形态上看，其辨别特征有如下几点。

（1）股价处于低价区。

（2）股价变动简单且连续，先是缓缓下滑，而后缓缓上升，K线连线呈圆弧形。

（3）成交量变化与股价变化相同，先是逐步减少，伴随股价回升，成交量也逐步增加，同样呈圆弧形。

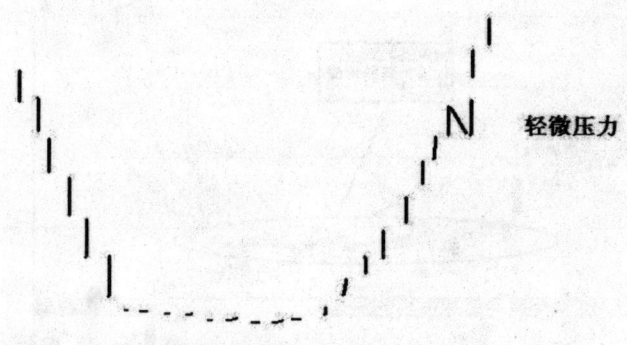

图 125　圆弧底形态图解

（4）耗时较长。

（5）"圆弧底"形成末期，股价迅速上扬形成突破，成交量也显著放大，股价涨升迅猛，往往很少回档整理。

圆弧底形态的形成是由于价格经过长期下跌之后，卖方的抛压逐渐消失，空方的能量基本上已释放完毕，许多的高位深度套牢盘，因价格跌幅太大，只好改变操作策略，继续长期持仓不动。但由于短时间内买方也难以汇集买气，价格无法上涨，加之此时价格元气大伤，价格只有停留在底部长期休整，以恢复元气，行情呈极弱势。持仓人不愿割肉，多头也不愿意介入，价格陷入胶着，振幅小的可怜，此时，价格便会形成圆弧底形态，该形态也被称之为价格"休眠期"。

单纯从形态上来分析，圆弧底股价呈弧形上升，价格变动简单且连续，先是缓缓下滑，虽不断创出新低，但跌不了多少就弹升，比前一个低点稍低，随后在回落到弧底附近时，多空平衡，低点走平，出现盘局，最后是每波回落点都略高于前点，把这些短期低点连接起来，就形成了圆弧底。

在此期间，成交量变化与股价同步，先是逐渐减少，随后伴随股价回升，成交量渐次增加，也呈圆弧状，由于圆弧底形成耗时较长，多空换手充分，所以当带量突破颈线位，形成向上有效突破后，股价迅速上扬，涨升迅猛，往往很少回档整理（见图126）。

了解了圆弧底的市场含义后，投资者还应进一步掌握其操作要点。

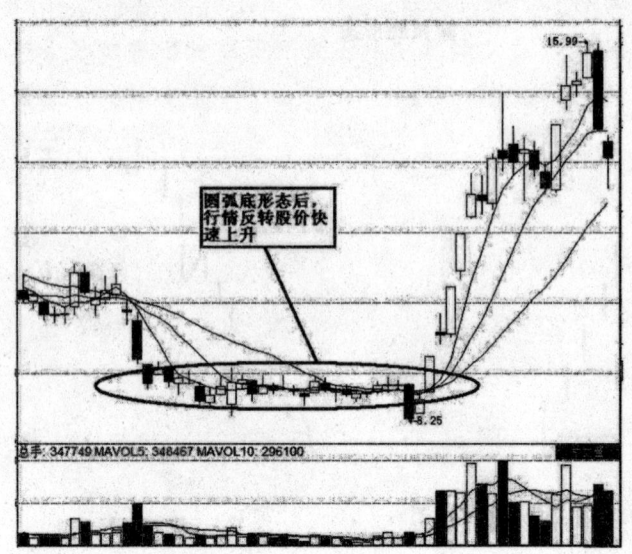

图126 圆弧底形态图解

(1) 有时当圆弧底部形成后,股价并不随即上涨,而是先走出一个来回窄幅拉锯的平台,也称进货平台,此处买进较佳。

(2) 在圆弧底形成中,由于多空双方皆不愿意积极参与,成交量极小,价格显得异常沉闷,这段时间显得很漫长,所以不要过早介入,可选择在突破颈线时买入。

(3) 圆弧底形态通常是机构庄家吸货区域,由于其炒作周期长,故在完成圆弧底形态后,其涨升的幅度也是很大的,投资者如在圆弧底形态内买进,则要注意在启动前的震仓洗盘。因为在涨升初期,会吸引大量散户买进,给机构庄家后期拉抬增加负担,清扫出局一批浮动筹码与短线客后,机构才会大幅拉抬股价格,在上涨途中,还会不断地利用旗形、楔形等多种整理形态调整上升角度,延续涨升,所以圆弧底形态从某种角度上也可说是黎明前的黑暗,在形态内价格貌似平静如水,实际上是在酝酿着一波滔天巨浪。

(4) 圆弧底的最终上涨高度往往是弧底最低点到颈线距离的3~4倍,但是圆弧底如果距离前期的成交密集区太近,尽管底部形成的时间足够长了,后市上涨高度也有限,因为原有的股票持有者没有经历一个极度绝望的过程,导致底部的换手率不高,限制了未来的涨升空间。

(5) 圆弧底常见于低价股中,呈现一种平底延伸状,通常需要数月才能完成。在圆弧底形成期间，有时还常伴随蝶形底。

（6）在所有的底部技术形态中，圆弧底形成的概率较低，这是因为形成圆弧底的条件严格：首先它要求股价处于低价区；其次低价区的平均价格应该至少低于最高价的50%以上，距离前期成交密集区要尽可能的远；最后在形成圆弧底之前，股价应该是处于连续下跌状态。

在实战中，投资者要遵循以下投资策略：

（1）在刚刚经过底部的中点时，某日成交量突然放大，股价蹿升，但很快又恢复到平缓的上升趋势中。而在形态形成的结束位置会出现一个平台，随后平台被突破，大幅上升行情开始。

（2）选择最佳买入时机："圆弧底"耗时长，所以不应过早介入，首先，在买入之前必须确认成交量的底部已形成；其次，要在连续几日和放量收阳线之后；另外，如果在"圆弧底"形成末期出现整理平台，则应在成交量萎缩至接近突破前成交量水平时及时抢进。

中国宝安（000009）（见图127）从1997年10月至1998年4月走出了一个圆弧底形态：这是在上涨一浪后，股价经过近6个月的时间形成圆弧底，同时成交量配合良好，在突破颈线后，股价一直涨到8.25元。

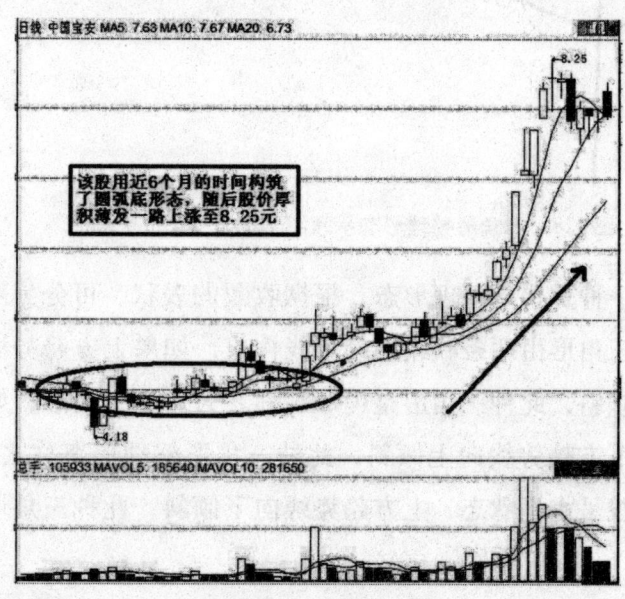

图127 中国宝安圆弧底形态图解

由于圆弧底易于辨认，有时太好的圆弧底反而被主力利用来出货形成骗线。像某些个股除权后在获利丰厚的情况下，庄家就是利用漂亮的圆弧底来吸引投资者。因此，如果公认的圆弧底久攻不能突破或突破后很快走弱，特别是股价跌破圆弧底的最低价时仍应止损出局观望。

9. 三角形整理形态

三角形整理（见图128），是指股价变动进入密集区，有时上下振荡幅度大，有时则愈来愈窄，渐渐失去弹性，从线路图看，就如三角形状，盘旋时间不会长，当股价走入三角形尖端时，表示整理形态结束。

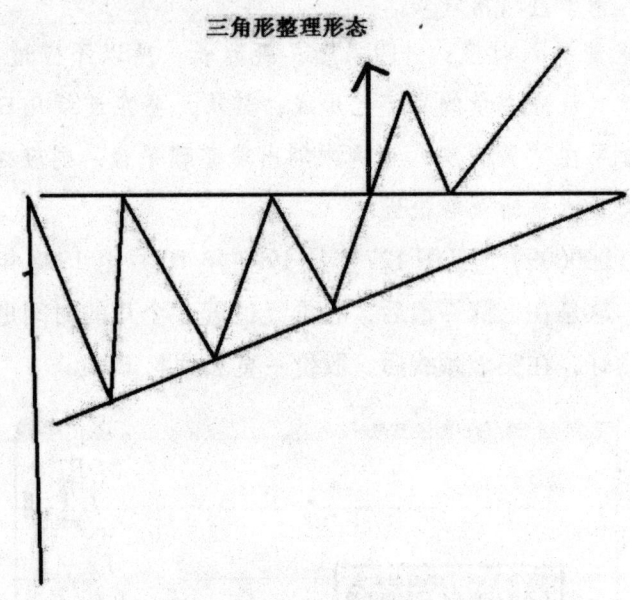

图128　三角形整理形态示意图

三角形是一种重要的整理形态，根据收敛的表状，可分为对称、上升、下降三种形态。三角形由两条收敛的趋势线构成，如果上方趋势线向下倾斜，下方趋势线向上倾斜，此种三角形整理形态称之为对称三角形；如果上方趋势线呈水平状态，下方趋势线向上倾斜，此种三角形整理形态称之为上升三角形；如果下方趋势线呈水平状态，上方趋势线向下倾斜，此种三角形整理形态称为下降三角形。

对称三角形整理形态（见图129）的特征：此种形态由一系列价格变动所组成，变动幅度逐渐下降，成交量亦随着缩小，呈一收敛图形，愈向右边波动，股价愈呈静止状态。与整理形态的对称三角形不同点是，其股价朝过去变动的方向继续上升或下跌，反转形态的对称三角形是将原先上升趋势转为下跌趋势，或将原先下跌趋势转为上升趋势。

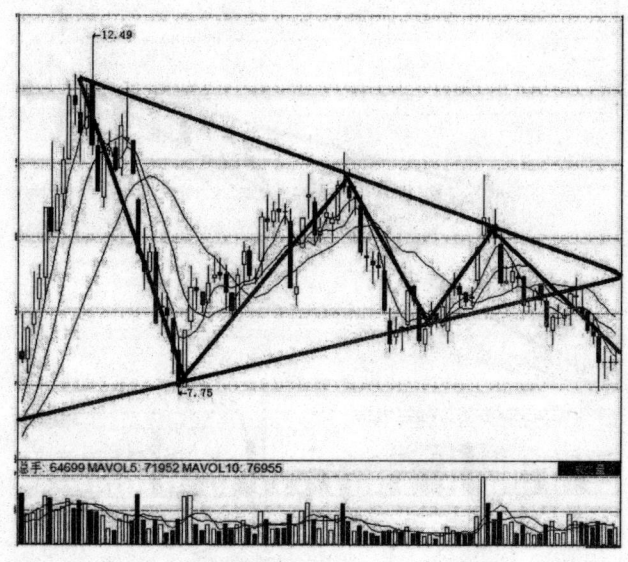

图 129　对称三角形图解

对称三角形整理形态注意事项：

（1）此形态大多出现于整理形态，反转形态之机会为 1/4。

（2）台湾地区股票图形出现反转对称三角形，多半为中级上升结束，次级下跌开始，借着盘局予以出货，然后再将行情打下去。

（3）股价变动演变成对称三角形时，供需双方得以在此获得调节，要买的人可用类似价格分天买进较多的股票，要卖的人亦有时间将大笔股票分天出清，而价格相差也不多，等到实力派买进或卖出足够的额度时，股价波动再次兴起，突破对称三角形而上升或下跌。因此，对称三角形完成后的上升或下跌是另一次极佳的买进或卖出时机。

反转形态的对称三角形特性与整理形态的对称三角形相同，股价变动愈接近其顶点或底点，突破力量愈小。向上突破时需要大的成交量伴随，向下突破时则不必。

上升三角形（见图 130）是属于整理形态，大部分的上升三角形都在上升的趋势中出现，且暗示有向上突破的倾向。总的来说，上升趋势中的上升三角形和对称三角形最终向上突破,及下降趋势中的下降三角形最终向下突破,都是以顺势突破为主,可作为比较经典的中继形态。

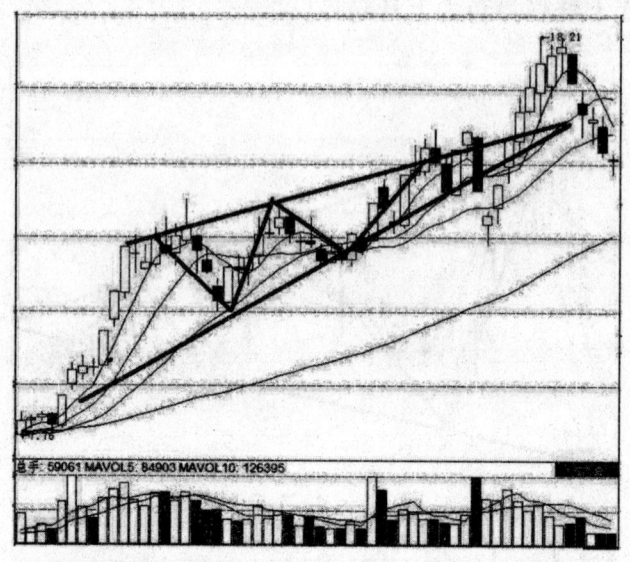

图130 上升三角形图解

上升三角形的操作要把握以下要点:

(1)此图形常出现在涨势初期或上涨途中。

(2)向上突破的时间越早,后劲越足。整理时间过长,有可能是主力设置的多头陷阱。

(3)股价向上突破时,成交量放大,形成价升量增的关系。

(4)在实际的形成和观察中,明确地看到在整理时,每一次上涨,成交量相对增大,每一次下探,成交量相对减小。

(5)整理到位后,突破时没有成交量的配合,就是假的突破。

(6)出现此图形时,同时也要考虑到,如果选择向下突破,就会形成双头或三头顶。

(7)只有股价站在上边线企稳后,方才介入。

(8)突破后它的两种形态是直接上攻和回挫后上攻。

利用上升三角形把握买卖点要注意:在上升三角形中,显著的买入点,是三角形形成过程中的最后一个点,以及有效突破后的介入点。在部分情况下,突破三角形之后会有回抽,回抽突破线时同样是比较理想的介入机会。另外需要说明的是，上升趋势中的上升三角形往往表示短线强势！一般而言，上升三角形在其横向宽度的 1/2～3/4 的某个位置就会选择突破方向，如果超过该区域仍未突破，则三角形的顺势性突破的力度将减弱，同时突破方向的变数也将增加，换句话说就是，上升三角形越早突破，越少错误发生。假如价格反复走到形态的尖端后跌出形态之外，这个突破的信号就不足为信了。在实际操作中还是以等候最终突破方向确定为主！

下降三角形（见图 131）的形状于上升三角形恰好相反，股价在某特定的水平出现稳定的购买力，因此股价每次回落至该水平便告回升，形成一条水平的需求线。可是市场的沽售力量却不断加强，股价每一次波动的高点都较前次为低，于是形成一条下倾斜的供给线。成交量在整个形态的完成过程中，一直是十分低迷！

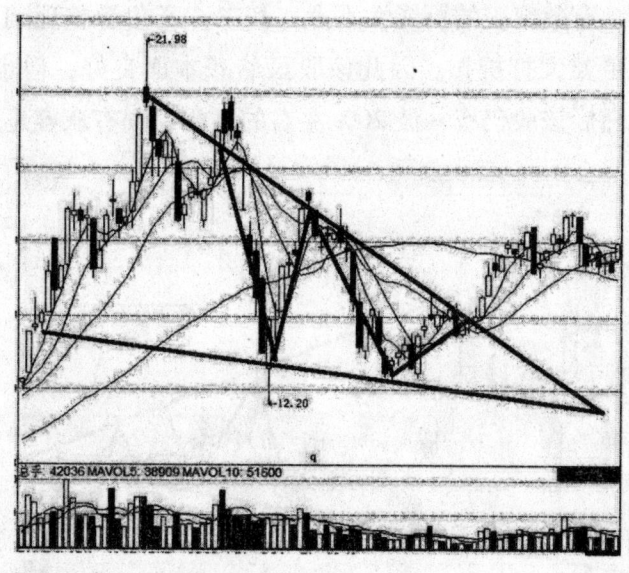

图 131 下降三角形图解

下降三角形在实战操作中应注意的要点有以下几项。

（1）此图形常出现在涨势高位区和下跌途中。

（2）整理时每次上涨，成交量相对减小，下探时成交量相对放大。背离价量关系，价升量不增，是跌势未尽的表现。

（3）形成时间较短，向下突破时，成交量没有太大表现。

（3）突破后它的两种形态：直接下探和反弹至最低位后继续下探。还有一种可能，是向上突破，但是这样的概率太小，风险太高。

三角形最终的突破可以用收盘价距离形态边线的距离3%来做确认。价格如果向上则需要交易量的显著增长为证据。缺少交易量，不能认为是有效的价格运动。但向下突破时，不需要交易量增长加以证实。

下面我们再来看两个例子。

案例分析：哈空调（600202）（见图132）1999年6月份上市当天出现一个低价12.60元，6月底拉升到16.85元遇阻回落，在13.59元企稳，再度反弹到16.09元受阻，于8月底出现另一低点13.12元；我们将几次高点低点连接起来会发现，该股已经构筑了一个典型的对称三角形，整个下半年该股一直围绕该三角形运行，12月15日，三角形整理已经到了末端，无法再度运行，当天该股出现了一根突破中阳线。当天是否有效突破可从技术上分析：其一，该股当天突破无量，有效突破的可能性不大；其二，三角形整理到了末端才发生突破，这样突破更要大打折扣。因此该股虽然基本面良好，但也可先行观望，不宜追高，果然随后该股仍有一波20%左右的跌幅，仍有从容建仓机会。

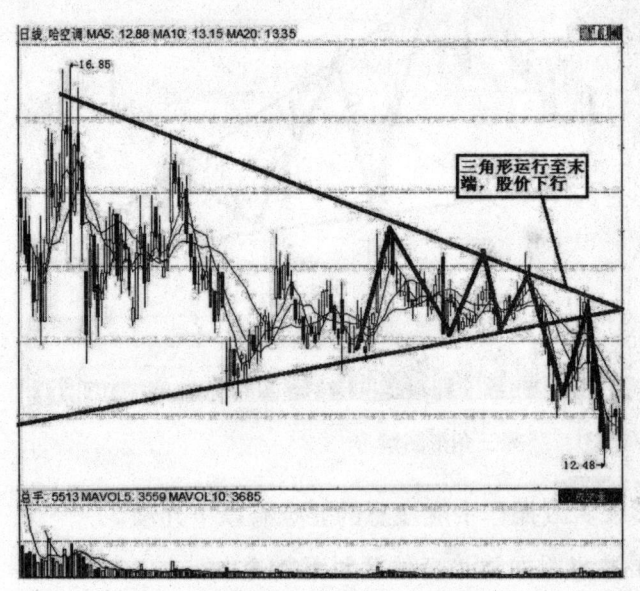

图132　哈空调对称三角形运行图解

津劝业（600821）（见图133）于1999年6月到2000年1月构筑一个下降三角形态整理形态，并于1月底成功带量向上突破。突破位置在大约2/3处，从不足7元价位，一口气拉升到近16元。显示出用三角形形态捕捉黑马的魅力。

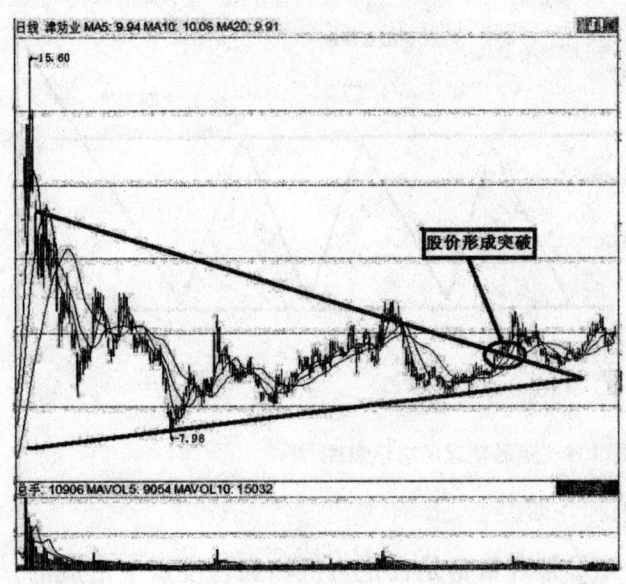

图133　津劝业下降三角形突破图解

10. 矩形整理形态

矩形整理也叫长方形或箱型整理形态（见图134），即股价上行到某个区域内出现多空完全平衡的状态。也就是说，当股价上行到某个价位附近时，即遭到主力的打压，强制股价回调；当下行到不远的另一个价位时，即遭到主力护盘或新多头吸纳。这样反反复复震荡把上档形成的高点互相连接形成一条水平阻力线，而把下档的低点也相互连接后形成一条水平支撑线，两条直线形成平行的通道，不上倾，也不下移，而是水平发展，形成长方形走势或箱体走势。市场筹码在箱体或长方形价值区域内震荡换手。这种洗盘方法适合于牛皮市、盘整市里的洗盘方式。

箱体整理代表的意义是：股价在股票箱内上下错落，由于散户和小资金持有人在主力的心理战术诱导下，失去了对市场正确的感知能力，见到股价上涨即追涨买入，买入后股价反而下跌，看到股价下跌即割肉出局，但卖出后，股价却又拐头向上．这样不断追涨杀跌，垫高其他投资者的持仓成本，也从而促进信心不坚定分子出局观望，使筹码在股票箱内充分换手，同时也逐步培养铁杆追随分子。

所以，主力进行箱体整理的目的，无非就是让低价位散户出局，最终拉升

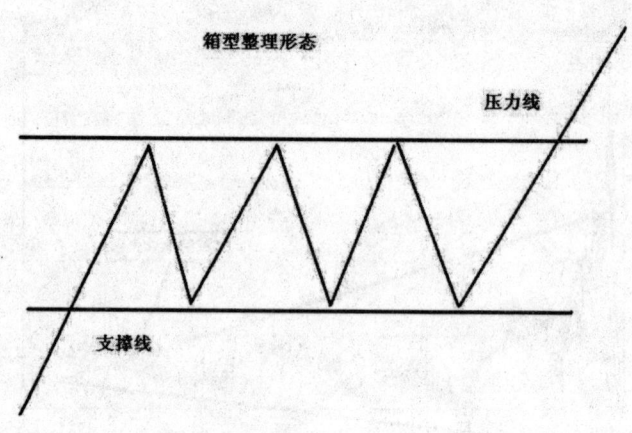

图 134 矩形整理形态示意图

股价，从而获利。

前面说过，矩形整理常常是在主力机构强行洗盘下形成的，上方水准的阻力线是主力预定的洗盘位置，下方的水准支撑线是护盘底线，在盘面上我们有时可以看到股价偶尔会跌破支撑线，但迅速回到支撑线之上，这可能是主力试探市场心态的方法。如果一个重要的支撑位跌破之后，市场并不进一步下挫，这预示着市场的抛压已尽，没有能力进一步下跌（见图135）。

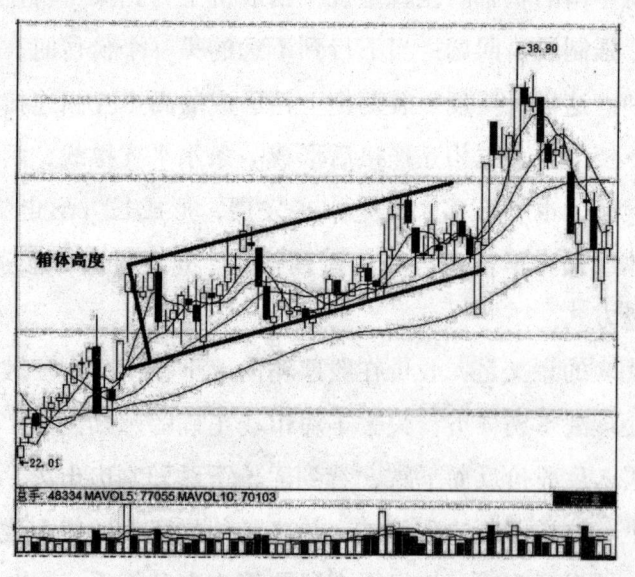

图 135 矩形整理形态图解

那么在实际操作中，矩形整理形态能够给我们提供哪些信息呢？

（1）矩形整理在形成的过程中，除非有突发性的消息扰乱，其成交量应该是不断减少的，如果在该形态的形成期间，有不规则的高成交量出现，形态就可能失效。当股价突破矩形上限水平时，必须有成交量激增的配合；但若跌破下限水平时，就不需大成交量的配合，即上破要大量而下破可少量。

（2）矩形呈现突破后，股价经常出现回抽确认突破的有效性。这种情况通常会在突破后的3天至3个星期内出现，反抽将止于顶线水平之上，往下跌破后的假性回升，将会受阻于底线水平之下。

（3）一个高低波幅较大的矩形，较一个狭窄而长的矩形形态，未来更具突破力。即一旦向上突破，将是迅猛涨升，而一旦下破，也将是快速下跌。

而当股价向上突破矩形之后，根据经典理论，股价的上升空间至少是矩形本身的高度，但实际操作中会有一些出入，但有一点可以肯定，即大的矩形形态比小的可靠得多。股价在股票箱中来回振荡的次数可多可少，这决定于市场的需要。振荡的次数越多，说明市场的浮码清洗得越彻底，但要记住，振荡的尾声必须伴随着成交量的萎缩。

在实战中，对矩形整理形态的操作策略不外乎以下两种：

（1）突破进场。在价格突破矩形区域之前，我们并不知道后市的发展如何，价格有可能延续原来的趋势，也有可能与原来趋势相反。因此，一般情况下运用矩形整理，我们建议采用突破法，只有价格突破矩形区域，我们才跟进。

（2）提前进场。所谓的提前进场是指两种情况：上升趋势中，矩形底部做多，突破矩形则继续跟进；下跌趋势中，矩形顶部做空，突破矩形则继续跟进。

提前进场的前提是看好趋势得以继续发展，因此，关键在于分析后市的走势，投资者可以结合MACD来判断。譬如在上升趋势中，当价格发动一波强烈的升势后进入矩形整理，MACD在价格整理过程中进行弱势整理，对上升趋势进行修正，升势仍保持良好。在此情况下，可在矩形整理的底部做多，并等待价格突破矩形再加码跟进。

突破箱体上涨幅度的测量方法有以下四种：

（1）利用箱体理论的跳箱原理，进行叠箱的计算。

(2) 利用 N 形理论进行等幅杠杆的计算。

(3) 利用突破点进行等距离测量。

(4) 利用原始趋势计算出的黄金螺旋目标测算。一般来讲，矩形突破之后的价格目标等于矩形盘整区的高度。

突破时间：股价最迟必须在 3~4 周内按预定的方向突破。时间不宜太长，否则有久盘必跌，有多演变为三重顶等形态。

出击点：

(1) 突破上轨线。

(2) 突破后回踩至上轨线为二次买入点。

(3) 成交量萎缩至低量进介入，缩至初始量的 1/5 以上较好。

修正条件：

(1) 调整过程中受到调整之初大阳线（可组合阳线，如红三兵）的有效支撑，要有坚强庇护。就是说，随后调整多在调整之初的大阳线实体区间运行。

(2) 调整过程中要求成交量持续萎缩，1/3~1/5 较好。

(3) 始终受到 10 日平均线的重要支撑。

(4) K 线排列有规则，浓缩紧凑较佳。

(5) 整理周期须 3~4 周内。

(6) 向上突破一定要有量能的配合，放量超过 5 日均量线 3~5 倍，否则可能假突破。

下面我们来看两个实例。

中化国际（600500）（见图 136）：作为世界 500 强企业的中国中化集团公司旗下唯一上市公司，是中国目前领先的化工品进口代理和分销商。2009 年，扩张后的化工物流将继续成为公司的盈利主力。从 K 线图上我们可以看到，股价呈矩形整理形态，后期整理受到初期阳线明显，即在初期红三兵形成价格区间内波动。

亿城股份（000616）（见图 137）：亿城股份是一家风格稳健的公司。2009 年公司新近拿下的中关村软件园项目就是符合以上投资思路的项目。在财务上，公司基本上没有净附息债务。从 K 线图上我们可以看到 2008 年 11 月到 2009 年 2 月该股出现矩形整理形态，且为叠形结构。股价沿着 10 日平均线缓

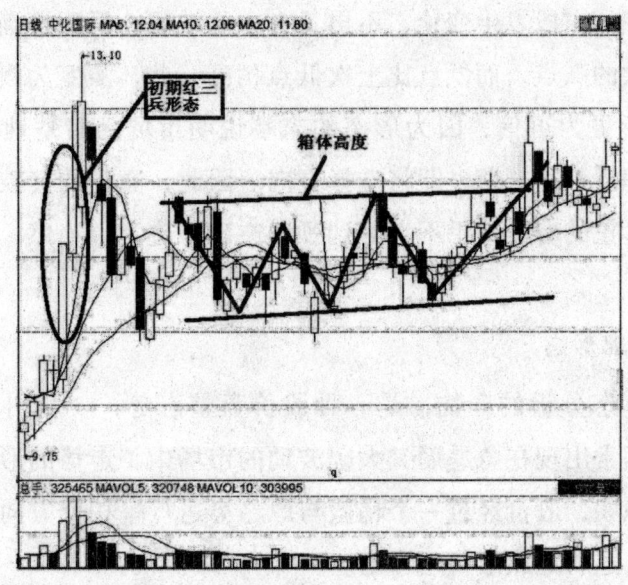

图 136　中化国际箱体运行图解

步推高，波动节奏非常具有规律性。调整低点总是能够受到矩形前面的大阳线和 10 日平均线坚定支撑，整体呈现窄幅箱体的形态特征。这是标准的上涨中继形态。

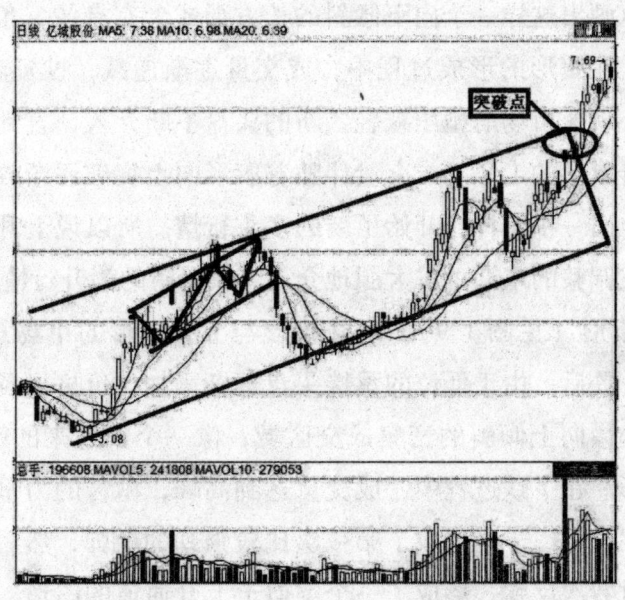

图 137　亿城股份矩形整理形态图解

最后要提醒投资者的是，在实战中，完全标准的矩形并不是常见的，股价走势常常在整理的末段发生变化，不再具有大的波幅，反而逐渐沉寂下来，高点无法达到上次的高点，而低点比上次低点稍高一些，演变为旗形。这种变形形态比标准矩形更为可信，因为形态的末端说明市场已清楚地表明了它的意愿，即说明整理已到达末期，即将选择方向。因此，真正的突破不一定发生在颈线位置上，真正的看盘高手不必等到颈线突破才进货。当然，这需要更加高超的看盘技巧。

11. 旗形整理形态

旗形属于形态分析的产物，是一种股价盘整态势，一般出现在极端行情中。旗形形态通常出现在急速而又大幅波动的市场中，走势的形态就像一面挂在旗杆顶上的旗帜，股价经过一个稍微与原趋势运行呈相反方向倾斜的平行四边形整理运动，这就是旗形整理形态。

旗形形态又分为上升旗形和下降旗形。

（1）上升旗形（见图138）。一波大幅上扬的行情发生后，获利盘大量涌出，做空力量开始加强，单边上扬的走势得到遏制，价格出现剧烈的波动，股价在波动中形成了一个类似于旗面的形态，分析者把调整的高点和低点分别连接起来，就可以画出这样一个向下倾斜的长方形或者有点像三角形的旗面，这就是上升旗形。在旗形的形成过程中，成交量逐渐递减，投资者对后市看好，普遍存有惜售心理，市场的抛压减轻，新的买盘不断介入，直到形成新的向上突破，完成上升旗形的走势。成交量伴随着旗形向上突破逐渐放大，与前一波行情一样再度拉出一根旗杆，开始了新的多头行情。所以说上升旗形是强势的特征，投资者在调整的末期可以大胆地介入，享受新的飙升行情。

（2）下降旗形（见图139）。下降旗形与上升旗形的市场意义正好相反，股价出现一波下跌后，由于低位的承接买盘逐渐增加，价格出现大幅波动，于是形成了一个稍微向上倾斜的密集成交区域，像一个倒过来的旗杆上的旗帜，这就是下降旗形。在下跌过程中，成交量达到高峰，抛售的力量逐渐减少，在一定的位置有强支撑，于是形成了第一次比较强劲的反弹，然后再次下跌，然后再反弹，经过数次反弹，形成了一个类似于上升通道的图形，但是每次反弹的力度随着买盘的减少而下降，这个倒置的旗形，往往会视为看涨，但是经验丰富的投资者根据成交量和形态来判断，排除了反转的可能性，所以每次反弹

上升旗形形态

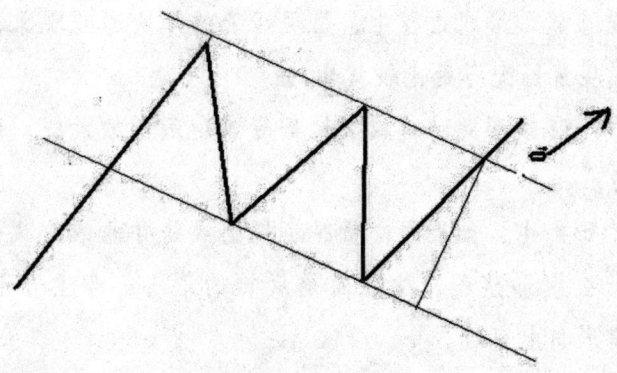

图138　上升旗形形态示意图

都是做空的机会。经过一段时间调整，某天股价突然跌破了旗形的下边沿，新的跌势终于形成。

下降旗形形态

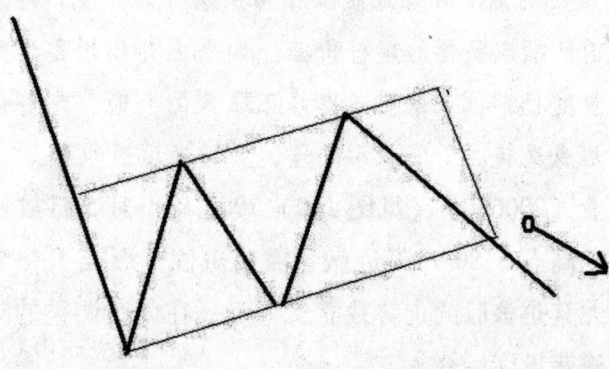

图139　下降旗形形态示意图

一般说来，旗形形态的形成与成交量关系密切。比如在形态内的成交量呈递减，由于旗形属强势整理，所以成交量不能过度萎缩，而要维持在一定的水平。但股价一旦完成旗形整理，向上突破的那一刻，必然会伴随大的成交量，而后股价大幅涨升，其上涨幅度将达到旗杆的价差，且涨升速度快，上涨角度接近垂直。一段强势行情，其整理时间必定不会太长，一般在5~10天左右。

如果整理时间太长，容易涣散人气，其形态的力道也会逐渐消失，而不能再将它当旗形看待。

在实战中，一旦遇到旗形形态，投资者应注意以下操作要点：

（1）成交量在旗形形成过程中，呈现显著的渐次递减现象，但在上升下飘旗形形态中，微观量价配合是比较健康的。

（2）上升和下降旗形突破时成交量都应该是激增放大的，这是与其他整理形态不同的地方。

（3）在旗形形态中，如果成交量是不规则或是并非依次减少的情况时，则要注意这不是什么旗形整理，往往而是反转的形态，即上升下飘旗形向下突破，上飘下降旗形向上突破。

（4）从时间上看，一般旗形整理在大多在5～10天左右，超过则要提防上述反转情况出现。

（5）旗形是一个趋势中途整理形态，一般不会改变原有的趋势运行，但上升旗形往往说明原有上升趋势已进入到了后半段，要预防最后一升后的转势；下降旗形则意味着熊市刚刚开始，后市可能还会有较大的跌幅。

（6）旗形突破后的量度升幅或跌幅相当于旗杆的高度，即从突破形态颈线算起，加上形态前涨幅或跌幅的旗杆价差。如果上升旗形整理突破后的高度没有达到技术上的量度目标位，就要考虑修正原来的判断，走势很可能将演变成其他形态，甚至形成反转。下降旗形同理，反过来运用即可。

例：仁和药业（000650）（见图140）2008年1月5日放量突破平行线上线，然后又在前期高点8.80元附近做了震荡巩固，形成了一个标准的旗形形态，后市看涨。尤其是该股的走势独立于大盘，在大盘调整的时候表现异常抗跌。投资者可在震荡巩固后介入。

在极端空头市场中，旗形为由左向右下方倾斜的平行四边形，也可看作短期内的上行通道，但随时股价会在大成交量的伴随下突破颈线，大幅滑落。投资者不要搏差价，应尽量出局，以免股价再次下跌后，形成"二度套牢"。

12. 楔形整理形态

楔形整理形态是指股票价格或指数介于二条收敛的直线中变动，但是不同于三角形整理形态的是楔形的二条界线同时上倾或下斜。楔形成交量变化和三

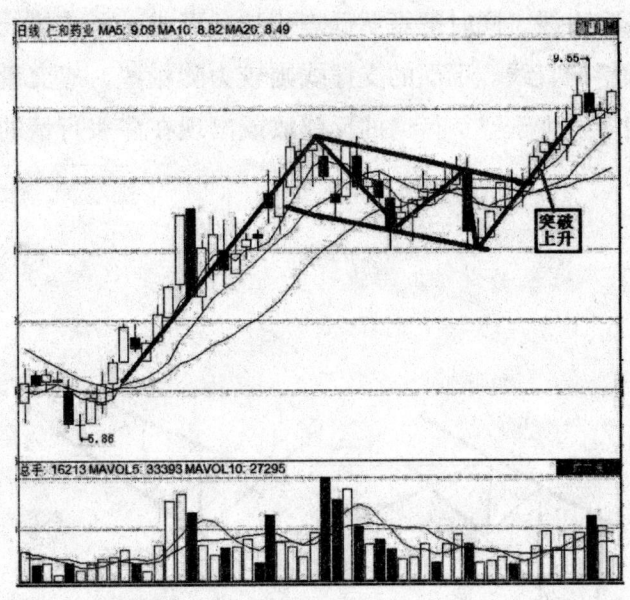

图 140　仁和药业旗形形态图解

角形一样都是向顶端逐级递减。楔型又分为上升楔形和下降楔形。在股市中，标准的楔形通常要 3 周或者更多时间来形成。楔形突破后的走势将是非常迅猛的。如果是向下突破其跌幅通常要跌掉前面楔形本身所积累的涨幅，当然有的时候还会下跌更多一些。

（1）楔形同旗形一样，必须要有一根旗杆，而且也应有成交量的配合。楔形整理属于短暂的整理形态，在整理的过程中，是以带有倾斜的三角形态出现的，这是楔形与旗形的唯一区别。

（2）目标价格的测算，同旗形一样，从突破点算起，上升、下跌的幅度一般是一根旗杆的长度。

（3）突破必须要有成交量的配合。成交量是任何形态突破的试金石，我们对于成交量必须给予高度的重视。股市有句名谚"股市什么都能骗，唯有成交量骗不了"就是这个意思。

楔形整理形态分为上升楔形和下降楔形，下面我们将分别说明。

（1）上升楔型（见图 141）是指股价或股指经过一次下跌后，有较强的技术性反弹要求，价格升至一定水平后掉头下落，但回落点较前次的低点为高，随后再次上升至新高点，其后再回落，形成一浪高过一浪的走势，把短期高点相连，形成一条阻力线。同时把短期低点相连，形成一条支撑线，最后就形成两条同时向上倾斜的直线。下面的支撑线则较为陡峭些，成交量是越接近端部越少。上升楔型多发生于空头行情的反弹波或出现在多头行情的末升段，属于**修复整理形态**。

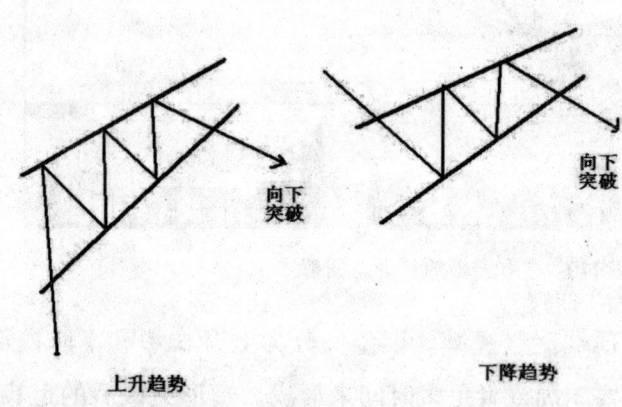

图141　上升楔形形态示意图

　　上升三角形只有一边上倾，通常代表的是向上突破的多头趋势。而从上升楔形的图面看来，有两个边同时上倾，多头趋势应该更浓些才对，但实际上并非如此，因为上升三角形的阻力线代表股价涨到一定价格投资人才卖出，当供给被吸收后，上档压力解除，股价便会往上突破。而在上升楔型中，股价上升时卖出压力虽不大，但投资人的兴趣却逐渐减小，每一个新的上升波段都比前一个弱，最后当需求完全消失时，股价便反转下跌。上升楔形同三角形一样也是一个整理形态，常在跌市中的回升阶段出现，显示尚未见底，只是一次下跌后的技术性反弹而已，后市如果向下跌破则上升楔型的下跌幅度，至少会将原上升的价格全部跌掉，而且还可能跌的更深些。

　　一般来说，出现上升楔形后，后市向下突破的概率有七成，而维持在上升高档横盘整理的概率较小。所以上升楔形通常能提供投资者一个明显的减仓信号：未来走势正在逆转中！上升楔形表示的技术性意义是，买方力量正在渐次减弱。当上升楔形下档的支持线被有效跌穿后，就是比较明显的沽出信号。此时后期走势极容易出现放量长阴或跳空下跌的走势，跌势较凶猛！"上升"楔形，这个名字是比较有诱惑性的，但最后走势却恰与其"上升"之名相反。往往是向下跌破。大家可在向下突破确立后，及时采取卖出策略。

那么在遇到楔形整理形态时，投资者应该注意哪些问题呢？

（1）无论上升楔形或是下降楔形，其形态中的上下两条线必须较明显地收敛于一点，如果形态过于宽松，形成楔形整理的可能性就该怀疑。一般来说，楔形需要两个星期以上时间才能完成。上升楔形两线延长所形成的交叉点，是未来涨升的压力点。

（2）虽然跌市中出现的上升或下降楔形，往下跌破所占的比例大，但如果相反是往上带量升破，那么就可能开始一轮新的升势了。这时候我们应该改变原来偏淡的看法，及时跟进。总之一句话：先要有对后市的看法，同时还要随着市场的变化作出适时修正。

（3）上升楔形股价或股指在形态内移动，最后会选择突破方向，如果向下突破，其理想的跌破点是由第一个低点开始，直到上升楔形尖端之间距离的2/3处。还有可能会出现的另一种情况，就是股价一直整理到楔形的尖端，还稍作上升，然后才大幅下跌。这时主要看量能的变化，向上升破需要有大量配合，否则就可能是骗线。

（4）上升楔形和下降楔形有一明显不同之处，上升楔形在跌破下档支撑后经常会出现急跌，反之，出现带量向上突破后一般是快涨。但下降楔形向上突破阻力位后，可能会横向盘升，成交依然清淡，随后价格才会缓慢上升，这时的成交量亦随之而逐级增加。如出现这种情形，投资者可在打破盘局后才考虑跟进，可节省时间！

下面我们再来说一下下降楔形（见图142）。下降楔型和上升楔形恰恰相反，一般出现在长期升势的中途，下降楔型指股价经过一段大幅上升后，出现强烈的技术性回抽，股价从高点回落，跌至某一低点即掉头回升，但回升高点较前次为低，随后的回落创出新低点，即比上次回落低点低，形成后浪低于前浪之势，把短期高点和短期低点分别相连，形成两条同时向下倾斜的直线，就组成了一个下倾的楔形，这就是下降楔形整理形态。下跌趋势时常常出现上升楔形，而上升趋势时却常常出现下降楔形。上升趋势中的下降楔形实质上是股价上升过程中的一次调整波，是前期获利多头的一次回吐，往往其后是股价继续选择向上突破。而下降趋势中的下降楔形则向下突破的可能性更大些。

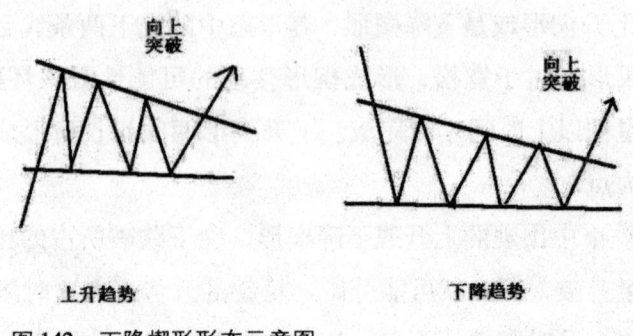

图 142　下降楔形形态示意图

下降楔形（见图 143）其市场含义和上升楔形正好相反，股价经过一段时间上升后，出现了获利回吐。下降楔形的底线往下倾斜，似乎说明市场的承接力量不强，但新的回落浪较上一个回落浪波幅为小，并且跌破前次低点之后，并没有出现进一步下跌反而很快就出现回升走势，说明沽售抛压的力量只是来自上升途中的获利回吐并且正在减弱，没有出现新的主动做空力量。经过清洗浮筹后，股价向上突破的概率很大，下降楔形也是个整理形态，通常在中长期升市的中途出现，下降楔形的出现告诉我们的是升市尚未见顶，目前仅是升势中途中的一个正常暂时性的调整。

下降楔形与三角形形态不同之处在于，两边同时向下倾斜，而与下降通道和旗形整理的区别在于，下降通道和旗形的两边几乎是平行稳定的。无论是上升楔形或是下降楔形，整体成交量都是由左向右递减，并且股价越接近顶端，成交量越小，下降楔形与上升楔形不同点是，成交量的量价匹配是理想的，即价升量增，价跌量减。当股价上升突破下降楔形的上边线时，成交量会明显放大，同时下降楔形在突破上边线之后常常会有反抽，一般会受撑于上边线的延长线。从实战的经验统计，下降楔形向上突破与向下突破的比例为 7∶3 左右。从时间上看，如果下降楔形整理时间过长，超过三四个星期，那么向下突破的可能性就会相对大一些，下降楔形的最佳买点为突破上边线和突破之后回抽确认点！

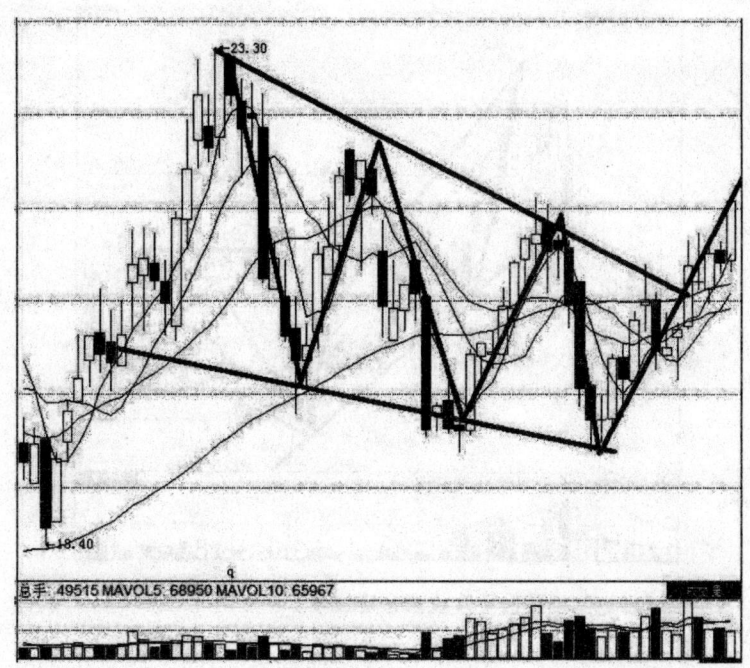

图143　下降楔形形态图解

在遭遇下降楔形时，投资者只要注意以下要点，就能做好后市操作：

楔形是一个后期反向运动的整理形态，上升楔形常常出现在下跌趋势时，而下降楔形常常出现在上升趋势时。其中，上升楔型多发生于空头市场的反弹波或出现在多头行情的末升段，有见顶的信号。而下降楔形的出现一般说明是升市尚未见顶，仅是升势途中的一个正常暂时性的调整。上升楔形（上升趋势）最终向下突破，下降楔形（上升趋势）最终向上突破都是比较经典的图形！

在操作上，上升楔形在跌破下限支撑后，经常会出现急跌，因此当其下限跌破后，投资者就应该及时跟进；而下降楔形向上突破阻力后，很可能会演变成横向发展，形成徘徊状态，成交依然非常低沉，然后再慢慢爬升，成交亦随之增加。对于这种情形，投资者可等股价打破徘徊局面后再适当跟进。

例：首创股份（600008）（见图144）2000年8月30日到10月15日走势图。该股股价在9月6日形成下降旗杆，随后股价开始了楔形整理，到了10月18日，股价突破了楔形整理开始上扬。

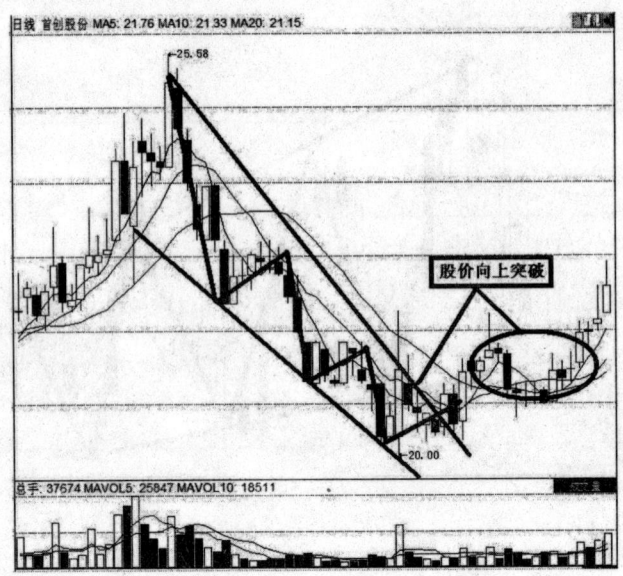

图144 首创股份下降楔形形态图解